生態人類学は挑む
MONOGRAPH 1

交渉に生を賭ける

東アフリカ牧畜民の生活世界

太田 至 著
OHTA ITARU

京都大学学術出版会

調査地で筆者を歓待してくれた女性たち

対面的な交渉は人生そのもの

彼らはなにかを決めるときに、「これは規則だから従え」とか「あなたは若いから年長者の言うことをきけ」といった高飛車な論理をもちださない。徹底的な交渉と話し合いをとおして当事者たちが納得することが、それに代わる唯一の道である。

集まって共食する人びととそれを饗応する男性(右端)

結婚式のときにともに踊る人びと

トゥルカナの人びと

結婚式のときに新婦側に贈与する去勢ウシを
連れてきて踊る新郎側の男性たち

家畜とともに生きる

牧畜社会では家畜がもっとも重要な財産である。家畜は食糧を提供するだけではなく、婚資の支払いなど重要な機会に贈与されたり、交換されたりして人間関係をつくる媒体となる。また、病気の治療などの儀礼のときに供犠されるなど宗教的な意味ももつ。

井戸からラクダに給水する少女

自分が「同一視」する去勢ウシを祝福する男性

河床にほられた井戸に集まってきたウシとヤギの群れ

集落でウシを点検する牧童

トゥルカナの少年

踊りに興ずる若者たち。中央の男性は高くジャンプしている。

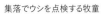

混迷する21世紀の荒野へ

地球という自然のなかで人類は長い時間をかけて多様な文化や社会を創りあげてきた。その長い歴史は、人類が自然の一部としての生物的存在から離陸して自然から乖離していく過程でもあった。その結果、現在の人類は地球という自然そのものを滅亡させてしまうかもしれない危険な存在になっている。世界がその危険性にやっと気づきはじめ、資本主義グローバリズムに変わるべき未来像を模索している。

そのような中で生態人類学は自然と文化という人間存在の二つの基盤にしっかり立脚し、人間の諸活動のすべての要素を含みながら、しかも具体的で説得力ある研究を目指すユニークな学問的営為として研究活動を続けてきた。現在地球上で急激に減少している多様な人類文化に着目し、そうした民族文化や地域文化の奥深さを描き出すため志のある研究者が実直で妥協のないフィールドワークを続けている。研究者たちはそこで得られたデータによって描かれる論文や現場に密着したモノグラフ等の作品以外に、この多様な人類のありかたを示す方法はないことを確信してきた。

生態人類学は、一九七三年五月に東京大学と京都大学の若手の人類学関係者が集まり第一回の生態人類学研究会を開催したのが始まりであった。この生態人類学研究会は二三回続き、一九九六年の生態人類学研究会を第一回の生態人類学会研究大会とすることで新たな学会となった。今年度(二〇二〇年)第二五回の生態人類学会研究大会を開催し今日に及んでいる。今や生態人類学を標榜する研究者も数多くなり、さまざまな大学や研究機関に所属している。

生態人類学会は二〇〇二年度に『講座・生態人類学』(京都大学学術出版会)八巻を発刊して、それまでの生態人類学の成果を世に問うている。この講座は、アフリカの狩猟採集民二巻、東アフリカの遊牧民、アフリカの農耕民、ニューギニアの諸集団、沖縄の諸論考のそれぞれに一巻をあて、さまざまな地域のさまざまな生業や生活を対象にした論文集という形のシリーズであった。また、エスノ・サイエンスや霊長類学と人類学をつなぐホミニゼーションに焦点をあてた領域にもそれぞれ一巻をあてている。

この『講座・生態人類学』発刊からすでに二〇年近く経過し、研究分野も対象とする地域ももはや生態人類学という名称では覆いきれない領域にまで広がっている。そして本学会発足以降、多くのすぐれた若手研究者も育ってきている。そうしたことを鑑みるならば、このたびの『生態人類学は挑む』一六巻の発刊は機が熟したというべきである。このシリーズはひとりの著者が長期の調査に基づいて描き出したモノグラフ一〇巻と従来の生態人類学の分野を超えた、領域横断的な研究分野も包摂した六巻の論集からなる。共通するのはいずれもひとりひとりの研究者が対象と向き合い、思索する中で問題を発見し、そして個別の問題を解くと同時にそれを普遍的な問題にまで還元して考究するスタイルをとっていることである。生態人類学が出発してほぼ五〇年が経つ。今回の『生態人類学は挑む』シリーズが、混迷する21世紀の荒野に、緑の風を呼び込み、希望の明りをともす新たな試みとなることを確信する。

日本の生態人類学の先導者は東京大学の渡辺仁先生、鈴木継美先生そして京都大学の伊谷純一郎先生であったが、生態人類学の草創期の研究を実質的に押し進めてきたのは六年前に逝去した掛谷誠氏や今回の論集の編者のひとりである大塚柳太郎氏である。

掛谷誠氏の夫人・掛谷英子さんより掛谷誠の遺志として本学会へのご寄進があり、本出版計画はこの資金で進められた。学会員一同、故人に出版のご報告を申し上げるとともに、掛谷英子さんの御厚意に深く謝意を捧げたい。

『生態人類学は挑む』編集委員会

目次

隣人を愛することよりも、人類を全体として愛することのほうが簡単である

――エリック・ホッファー『変化という試練』一四八頁（Hoffer 2006: 79　訳文は一部、変更した）

序章

1 家畜の放牧と個体識別……牧畜社会の生態人類学

「おー！　おまえは今日も、ヤギの放牧をしているのか」
「そうだよ、きつい日射しに焼きつくされそうだ」

一九八〇年一〇月、わたしは二回目の現地調査のために、東アフリカ・ケニア共和国の北西部のサバンナにいた。ここに住むトゥルカナという人びとは、主としてウシやラクダ、ヤギ、ヒツジなどを飼いながら生計をたてている牧畜民である。このときわたしは毎日、寄寓していた家族の家畜放牧に早朝から夕方まで同行し、道中ですれ違ったトゥルカナの人びとと、こんなあいさつをかわしていた。

わたしは大学院の博士課程三年目の学生だった。その二年ほどまえ、一九七八年七月にはじめてアフリカ大陸の地を踏み、トゥルカナ社会の調査を開始した。その年には現地に合計四か月ほど滞在したが、調査に関する明確な方針も立てられずに終わってしまった。そのために二回目の調査では、わたしは家畜の「顔を覚える」ことから始めることにして、毎日、三人の牧童のおともをして家畜の放牧に同行していたのである。それは、約二〇〇頭のヤギとヒツジの群れだった。トゥルカナ社会では、ある家族に寄寓する人が放牧に従事することはめずらしくない。そのため、わたしが勝手に家畜放牧に同行していても、人びとはそれを不審には思わなかったようだった。
わたしは、このヤギ・ヒツジの群れの一頭ずつについて葉書より少し大きめのカードをつくり、約二〇〇枚のカードをバインダで束ねて持ち歩いていた。そして放牧中には、ヤギ・ヒツジを一頭ずつ観察して、からだの模様や角のかたち、耳の長さなどの特徴を、絵をまじえてカードに書き込み、それを何度も見なおしながら全頭を識別し、記憶しようとしていた。その当時のわたしは、こうした方法によって牧畜社会を調査した研究をまったく知らなかったし、自分のその作業がどこにむかっているのかもわからなかった。そもそもこれは「調査方法」なのかと、いぶかしく思われる読者もいるかもしれない。しかしわたしは、この点について「これはまちがいなく、どこかにつながっている」という、根拠のない確信をもっていた。その理由はふたつあった。

ひとつは、人類学を志す者にとっては、フィールドワークのときには現地の人がすることをなんでもやってみる、というのが第一歩である。牧畜民であるトゥルカナは、まちがいなく自分の家畜をすべて個体識別している。本書の第2章で述べるように、彼らは千頭以上の家畜の「顔を覚えている」。当時は、そんなに気が遠くなるような数であることは知らなかったが、ともあれ、彼らと同じことを自分でもやってみようと決めたのは、わたしにとって当然のなりゆきだった。もうひとつの理由は、所属していた京都大学の大学院にあった。わたしは理学研究科の動物学教室のなかにあった「自然人類学研究室」で学んでいた。この研究室では人間を対象とした生態人類学的研究だけではなく、日本の霊長類学を世界的な水準に高めた今西錦司の影響のもとで、ニホンザルやゴリラ、チンパンジーを一頭ずつ個体識別しつつ、それにもとづく動物社会学的な研究を実施して大きな成果をあげていた。そうした研究環境のなかにいたため、わたしにとって二〇〇頭のヤギ・ヒツジを個体識別しようと思いつくことは、まったく自然なことだった。

実際にやってみると、二〇〇頭を識別し記憶することは、それほど困難ではなかった。ヤギやヒツジには、黒や茶色、薄茶、灰色など、多くの毛色があり、また、からだ全体が単色ではなく、模様をもつ個体が多いために識別しやすい。放牧に随行し始めた約二か月後には、真っ黒や真っ白といった区別しにくい数頭の個体をのぞいて、わたしはすべての個体を記憶していた。これは楽しい作業だった。

寄寓していたトゥルカナの家族にも変化がおきた。放牧中に携行していたカードに、わたしが一頭ずつの特徴を描き込んでいることに気づいた牧童は、一緒にそのカードを見ながら、色や模様、あるいは角のかたちに関するトゥルカナ語を教えてくれた。こうした情報は、彼らの目に家畜がどのように映っているのかという認識人類学的な研究につながっていった。牧童たちはまた、「このヤギとあれは親子だ」といったことも教えてくれたため、個体間を系譜関係で結ぶことができるようになった。それにしたがってわたしは各個体に、「Ａ」の家系に属するヤギには年長順に「Ａ1、Ａ2、Ａ3……」、Ａ1の子どもは年長順に「Ａ11、Ａ12……」というように記号と数字を付与し、個体カードをバインダからはずして家系ごとに整理しなおすことができた。さらに牧童たちは、「これは第一夫人のもの」「こっちは第三夫人」とか、「これは〇〇が結婚したときに婚資として□□が得たもの」といったように、一頭ずつの所有者や経歴も語ってくれるようになった。こうした情報はのちほど、家畜の所有や利用、贈与や交換に関する研究に発展していった。「根拠のない確信」をもって始めた家畜の個体識別は、汲めどもつきぬ情報の源泉になったのである。本書では、こうした調査から得た結果の一部を記述している。

2 牧畜社会の魅力──「ねだり」と相互交渉の人類学

このようにトゥルカナ社会におけるフィールドワークは、二回目になってからは順調にすべり出していた。同時にわたしは、この人びとの強烈な個性に魅せられていった。彼らは、灼熱の大地をどこまでも歩き続ける強靱な身体をもっている。家畜を連れて頻繁に移動するし、一〇〇キロメートル以上もはなれたところに住んでいる親族や友人を歩いて訪問するのは日常のことだ。サバンナのなかを人びとが頻繁に行き来するので、携帯電話がなくても、ひろい範囲の最新のニュースが集まってくる。また、人びとは誇り高く、快活で率直であり、自分たちの生き方にゆるぎない自信と矜持をもっている。なにかの問題に直面すると確信をもってそれにとり組み、うまくいかなくても落ち込んだりせず、臨機応変にいさぎよく別の道を模索する。とにかく「カッコイイ」のである。

彼らはまた、現地で暮らすわたしにも同じようにふるまうことを求めた。彼らの生活や価値観に慣れていないわたしを「あなたは外国人だから」といって特別あつかいにするのではなく、「これが正しいやり方だ」と、同じ行動様式をとらせようとした。けれどもその態度は、ときには強圧的で高慢にさえ感じられた。どうしてそんなに確信をもって自分を肯定できるのか──わたしは彼らの生き方をうらやましいと思うと同時に、ときにはとまどい、まごつき、辟易し、大きな違和感をいだいた。

もう少し具体的に説明しよう。トゥルカナの人びとは、ときには強引なまでに自己主張がつよいと感じられることがある。わたしは、彼らの強烈な「モノ乞い」「ねだり」になやまされていた。それは、以下のようなものである。

四〇代のトゥルカナの女性がやって来て、わたしを厳しい表情でにらみつけ、演説口調で言う。

「わたしはあなたに対して、なにかまちがったことでもしたのか。あなたは怒っているのか。わたしがいま、なにか食べる物をくれというのに、あなたは黙りこむのか」

これは、三回目のフィールドワークをしていた一九八二年一〇月七日の朝の出来事である。わたしは紅茶をわかし、昨夜の残りもののスープとメシで雑炊をつくって、いつもの朝食の用意をしていた。そこへやって来た彼女は、五メートルほどはなれたところに立ち、わたしにむかってだしぬけに大声でこのように言ったのである。

読者は、「いったい、これはなんの話なのか」「どうして喧嘩をしているのか」と、不可解に思われるに違いない。しかし、彼女とわたしのあいだに、なにか感情のゆきちがいがあったのではない。彼女はわたしが寄寓していた家族のメンバーで、五人の子どもの母親である。わたしは、トゥルカナの調査を始めた一九七八年にこの家族と知りあい、断続的にだがこのときまでに合計一一か月ほどをともに暮らしていた。当初はぎこちないところもあった彼らとの関係も、この頃には安定したものになり、わたしはこの家族の成員のひとりであるかのように遇してもらっていた。彼女とのあいだにも敵対的な感情があったわけでもない。わたしが「よそ者あつかい」にされたのでもない。このようにわたしたちを驚かせる「ねだり」は、彼ら自身のあいだでも日常茶飯事なのである。

この「ねだり」という特異なトピックについては、第6章でくわしくあつかうが、トゥルカナ地域を訪問した外国人は、だれもがこうした激しい「ねだり」に悩まされてきた。それは、自分がなじんできた行為の様式とは、まったくかけはなれたものだった。しかし、さきほどのべたようにトゥルカナの人びとは、日本人が「あの人は外人だから」といって特別あつかいにするのとは正反対に、外部者にも「トゥルカナらしい」態度をとることを当然のように求める。そしてわたしのように、現地の人から「来てくれ」と頼まれたわけでもない外部者は、そうした行為の様式をなんとか理解したいと思い、また、現地での日常生活のなかで彼らの期待にこたえようと悪戦苦闘する。その過程でわたしは多くのことを学んだ。

この経験は、一方ではつらいものだったが、他方では、その不可解さゆえにわたしを魅了していた。ケニアの首都ナイロビで以下のようなことがあった。一九八二年頃だったと思う。アフリカでの現地調査を終えて帰国の途にいた研究者と話していたとき、「フィールドワークのなかで、なにがつらいことだったか」ということが話題になった。その研究者は、「現地の人びとが毎日、自分のために遠くの水場まで水を汲みに行ってくれて、それが本当にもうしわけなかった」と語っていた。それを聞いていたわたしは「あれ、それじゃあ日本と同じじゃないか」と、ちょっと拍子抜けした気持ちになった。そしてわたしは自分が経験していたトゥルカナでの強烈な「ねだり」に思いをはせたが、それを語ることはできなかった。なぜなら、そのときのわたしにはトゥルカナの「ねだり」をどのように説明すればよいのか、わからなかったのである。しかし、その一方でわたしは、若者にありがちな気負いもあって、その「ねだり」を理解しようとして壁をよじ登っている自分を

村でくつろぐ男性たち

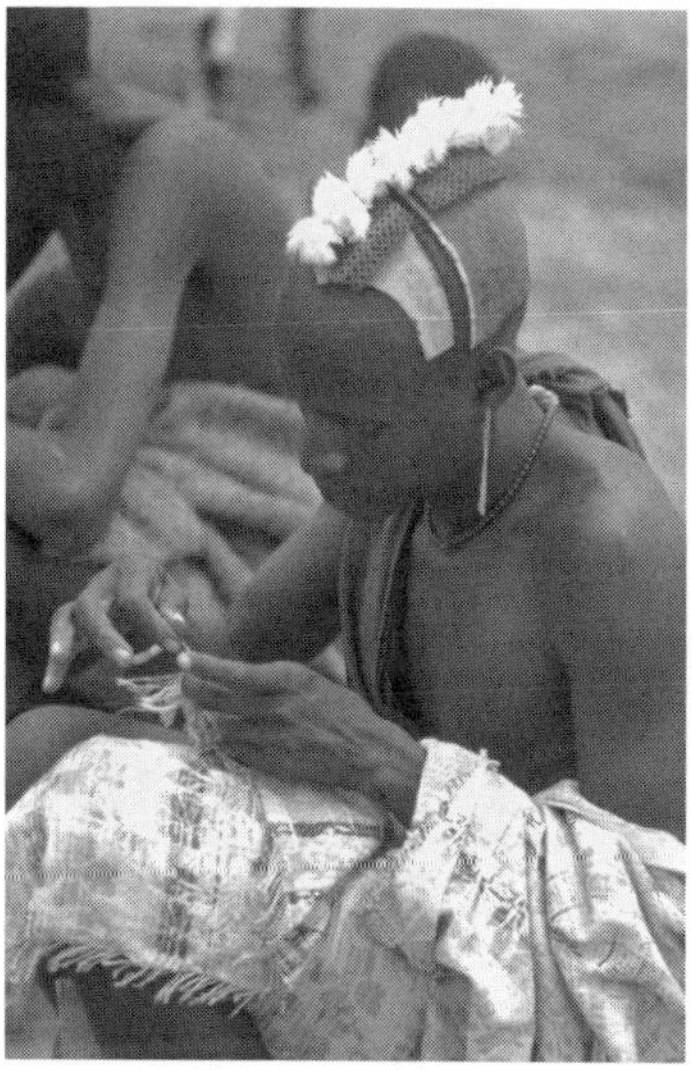

布を繕っている男性。頭には伝統的な整髪をしてダチョウの羽を飾っている

親族男性の髪の毛をととのえる少女

【右頁写真】
トゥルカナの人々。女性は首にビーズなどでできた首飾りを巻いている

少し誇らしくさえ感じていた。

本書で述べるようにトゥルカナの人びとは、多くのことを徹底的な相互交渉によって決めようとする。一頭の家畜を売らなければならないときに、どの家畜を選択するのか、その家畜に対してだれにどんな権利があるのかについて、当事者たちは徹頭徹尾、対面的な話しあいを繰りかえし、自分の意見を主張する。彼らは対人関係において押しがつよく、あえて競合的な場面をつくり出して、そこで交渉しているのだと思えるときもある。そのときの彼らの態度は、わたしたちにはとても強引で厚かましく感じられる。また、彼らは日本人のように人の心を忖度することがない。こういうと、とても冷たい人びとではないか、と思われるかもしれない。しかし彼らは、その場で明確に表明されていないことは、「ないもの」であるかのようにあつかう。「わたしの気持ちもわかってくれ」「こちらの事情も察してくれ」という、わたしたちにおなじみのやり方は、彼らにはまったく通用しない。さらに、なにかを決める相互交渉のなかで、「これが規則だから」「法律はこうなっている」とか、「あのとき、あなたはこう言ったはずだ」といったような、わたしたちには自明の理屈をもちだしてみても、トゥルカナ社会ではまったく役に立たない。

このように彼らの行動様式は、わたしたちが当然だと考えているものとは異なり、とてもわかりにくいのだが、しかし、まったく理解できないものではない。むしろ、わたしたちの生活のなかにも、彼らと共通する特徴がひそんでいるとわたしは考えている。そのことを本書では探究しよう。

3 トゥルカナの人びとから学んだこと——彼らが教えてくれたこと

このように本書では、トゥルカナ人の牧畜生活を縦糸とし、対面的な相互交渉を横糸として、その生き方を記述する。彼らの生活地域はケニアのなかでもつよく乾燥した辺境地であり、牧畜生活を基本とする彼らの文化や価値観は、いままで述べてきたように、わたしたちが慣れ親しんでいるものとは大きく異なっている。そのような辺境で暮らす「遠い他者」について記述する本書は、わたしたちにとってどのような意味をもちえるのだろうか。二〇一九年三月に出版した『遊牧の思想——人類学がみる激動のアフリカ』という論文集の序文でわたしたちは、以下のように書いた。

牧畜社会の人びとの生き方を理解することは、私たち自身の「生」をよりよく生きるための手がかりとなる……。わたしたちがアフリカのサバンナで学んできた牧畜民の考え方や生き方——遊牧の思想——は、日本人が直面している困難な状況をかえりみるとき、それを乗り越えたいという切実な要請に応える方途のひとつとなるに違いない（曽我・太田二〇一九：一三）。

「日本人が直面している困難な状況」とは、なんだろうか。この論文集に言及した栗本（二〇一九、二〇二〇）

は、日本人のあいだで規範や価値が共有されにくくなったことによって、他者に気配りしつつ、相手の心中を推しはかったり、場の雰囲気を読んで行動を同調させるという「日本的コミュニケーション」が困難になり、混乱が生じていることを指摘した。そして栗本（二〇二〇）は、他者との共生を実現するためには、対面的相互作用を基盤にした関係性を成立させることが重要であると論じている。この議論にわたしは賛同するが、「困難な状況」をわたしの言葉で表現すれば、それは、〈わたし〉を「かけがえのない」存在であると肯定的にとらえる感覚が失われていることである。

わたしたちの世界では「個人化」が急速にすすんだ。グローバリゼーションとネオ・リベラリズムの浸透によって社会は断片化し、どのような生活を選択して、なにに価値をおきながら人生をおくるのかに指針を与えていた規範や規制は、流動的で不安定になった。あらゆることが個人の選択の対象となると同時に「自己責任」が問われ、人びとの孤立化が拡大していったのである。そして人びとの不安が増大するとともに、失われた共同性への渇望もひろがっている。社会や他者から切りはなされてしまった人びとは、もはや自分を「かけがえのない」存在とは感じられなくなっている。

このようなわたしたちの現状と、本書があつかうトゥルカナの生活とはどんな関係があるだろうか。さきほど述べたようにわたしは、トゥルカナ社会で長期間のフィールドワークをしながら、彼らの自己肯定的な姿勢や誇りの高さ、いさぎよさなどに魅了されてきた。そして、日本人との対比でいうならば、彼らはだれもが自分を「かけがえのない」存在と確信して生きている。わたしは、そのような生き方を可能にしているしくみを理解したいと思い続けてきた。本書は、「個人化」したわたしたちの現在を直接に分析するものではないし、ましてや、「それではどのような生き方を選択すればよいのか」を提案するような指南書でもない。しかしわたしは、トゥルカナをはじめとする東アフリカ牧畜社会における対人関係のもち方を知ることは、わたしたちが当然のように思っているやり方を相対化する契機を与えてくれると考えている。彼らの生き方には、〈わたし〉の「かけがえのなさ」を喪失したわたしたちに対するシャープで厳しい批判力がある。本書では、一見したところではまったく異質なものに見える彼らの生き方を記述しつつ、じつはそれが、わたしたちからそれほど大きくかけはなれたものではないことを示したい。そして本書の最後には、彼らとわたしたちの生き方の「力点のおきかた」の違いを考えつつ、わたしたちがなにを学べるのかを議論したい。

4　本書の構成

本書の構成を簡単に示しておこう。第1章では、トゥルカナ社会の概要とその歴史について記述する。すでに述べたようにトゥルカナの人びとは、乾燥地域に住み、牧畜を主体とした生活をおくっている。この地域はケニアの北西端に位置し、エチオピアや南スーダン、ウガンダと国境を接している辺境地である。彼らの祖先は一八世紀の前半、いまから二五〇～三〇〇年ほどまえにウガンダからエスカープメントを東にくだり、現在の生活地域に進出していった。その後、この地域は大英帝国によって植民地化されたが、トゥルカナの人びとは一九二〇年代のなかばまで、植民地政府の武力制圧に抵抗し続けた。植民地政府はその後、トゥルカナ地域を「隔離」して、開発＝発展から排除する政策をとり、その政策は一九六三年にケニアが独立したあとも長いあいだ継続した。第1章で記述するトゥルカナの社会と歴史の概要は、そのあとに続く章の内容を理解するための基礎になる。

第2章では牧畜生活のなりたちを、とくに家畜の分類と個体識別、命名に焦点をあてて記述する。具体的には、トゥルカナがいかに家畜を詳細に分類して認識しているのか、また、家畜個体をどのように識別し、個体名を付与しつつ管理しているのかを示す。彼らにとって家畜を個体識別し、記憶することは、たんに管理のために必要な技術であるだけではなく、社会関係を語り、歴史を構築してゆく過程で人びとが操作し、活用する文化装置であることを明らかにする。

第3章では、家畜の贈与と交換をあつかう。一般的にアフリカの牧畜社会で家畜は、家畜同士で交換されるほか、いろいろなモノとも交換されてきた。そのために家畜は「原始貨幣」のひとつであると議論する研究者もいた。また、家畜はさまざまな機会に贈与されたり交換されたりして、人びとの社会関係を構築し、維持するための媒体となっている。この章ではトゥルカナの人びとが、さまざまな必要を満たすために家畜を贈与し交換していることを記述する。異なる種類の家畜の交換に関しては一定の交換レートがあるのだが、彼らは、そうした規則に盲従するのではなく、その都度、交渉をかさねて合意を形成しつつ、家畜を交換していることを論ずる。

第4章では、家畜の所有と利用に関して、人びとがどのような交渉をおこなっているかを記述する。一般的にアフリカの牧畜社会では、一頭の家畜に対して複数の人が多様な権利をもつことが論じられ、その状態は「権利の束」として記述されてきた。しかし従来の研究では、家畜に対する権利に関する当該社会のイデオロギーや信念を「法的」なものとして記述することに重点がおかれ、実際の社会生活において、人びとが家畜に対する権利をめぐってどのような相互行為をおこなっているのかは、あまり注目されてこなかった。本章では、家畜の所有や利用に関する権利をめぐって、トゥルカナの人びとがつねに対面的な相互交渉をおこなっていることを記述し、また、家畜に関する「権利の束」を固定的な実体とみなすことが誤りであることを論ずる。

第5章では、婚資の支払いがどのようにおこなわれるのかを記述する。トゥルカナ社会で婚資は家畜によって支払われるが、その頭数は、新郎の一族にどれだけの支払い能力があるのかを勘案しながら、新郎側と新婦側の交渉によって決められる。本章ではまず、婚資の支払いに関する一般論を整理したあと、トゥルカナ社会において婚姻とはどのような意味をもつのかを記述する。そして、婚資を支払って婚姻を成立させるために、公式、非公式にどのような交渉がおこなわれるのかを、具体的なひとつの事例に即して明らかにする。この交渉は、支払い側と受けとり側の両方にとって「真剣勝負」のせめぎあいであるが、同時にこれは、ゼロサム・ゲームの「値切りあい」ではなく、どちらの側も納得のゆくゴールをめざして双方が協働するという性格のものであることを明らかにする。

第6章では、トゥルカナの「ねだり」の交渉をとりあげる。アフリカ社会では一般に、「持たざる者」が「持てる者」にモノをねだることはよく見られる現象であるが、さきほど述べたようにトゥルカナ社会では、これが異例に激しくおこなわれ、外部者はだれもが現場でそれへの対応に苦慮し、また、その行為の様式をなんとか理解しようと悪戦苦闘してきた。本章ではまず、「ねだり」がどのような論理にもとづいておこなわれているのかを事例をあげながら示す。そして、この行為の本質を解明するためには互酬性や負債の感情だけに注目するのではなく、その全体をコミュニケーションとして理解することが重要であるという北村（一九九六）の立場に依拠しつつ、コミュニケーションを接続し続けるというやり方を記述する。トゥルカナの人びとは、

「いま、この場」でとり組む交渉の外部にある規則や規範、あるいは過去のやりとりに依拠してものごとを決めるのではなく、あくまでも交渉の推移に身をまかせつつ、双方が承認できる結末を模索するのである。

終章では、本書で記述したトゥルカナ社会の特徴をまとめ、そこからわたしたちがなにを学べるのかを議論する。その際には、トゥルカナの人びとが他者の呼びかけにいさぎよく応じ、対面的にむきあい、相手がやりとりを継続しようとするかぎり、そこから離脱せずに関与し続けることをとおして〈わたし〉の「かけがえのなさ」を確保していることに注目する。

第1章

トゥルカナの社会と歴史

トゥルカナの人びとが住むケニア北西部は、非常に乾燥したサバンナや半砂漠である。降水量が少なく、その分布は時間的にも空間的にも変化が大きいため、この地域は農業には適さない。人びとは家畜を飼いながら、その生産物であるミルクや肉を食用にし、また、家畜を売却して得た現金によって穀物や紅茶、砂糖などの食糧品を購入するという牧畜生活を営んでいる。一般的にアフリカの諸国家は、乾燥地域に分布する牧畜社会を開発＝発展させることにあまり資金と労力を投入してこなかった。それは、この地域の人口密度が低く、国家の周辺に位置していてアクセスも容易ではないため、投入した資金にみあうだけの生産力の向上が見込めないと考えたからである。また、降水量が不安定で予測がつきにくい乾燥地域に対しては、どのような開発計画を実施すればよいのかが立案できなかったという事情もある（太田 一九九八）。そのためにアフリカの牧畜社会の多くは、政治的・経済的に周縁化されてきた歴史をもち、トゥルカナ地域も同様である。

この章では最初に、トゥルカナの牧畜生活の成立基盤である生態環境と社会の成り立ちを説明し、つぎには、この地域の歴史の概要を記述する。これは、本書で論ずることになる課題、すなわち、トゥルカナの人びとがどのように家畜を所有し交換しているのか、そしてモノの授受をめぐってどのような交渉や相互行為をしているのかを理解するには、こうした記述が不可欠になるためである。

1 牧畜生活と社会のしくみ

二〇一九年に実施されたセンサスによれば、トゥルカナ人の人口はケニア全体で一〇一万六〇〇〇人であるが（KNBS 2019: 424）、その大部分はトゥルカナ・カウンティ（以下「トゥルカナ郡」とよぶ）に居住しており、男性が約四七万八〇〇〇人、女性が約四四万九〇〇〇人、合計約九二万七〇〇〇人である（NBS 2019: 10）。一九七九年の人口センサスでは、トゥルカナ郡の人口は約一四万人（Kenya Population Census, 1979）だったので、四〇年間で六・六倍に増加したことになる。トゥルカナ郡の総面積は、約六万八〇〇〇平方キロメートルであり、おおよそ日本の東北地方と同じである。その人口密度は低く、一平方キロメートルあたり約一四人である。この地域の大部分は半砂漠とサバンナであり、トゥルカナ郡の行政中心地ロドワの年間降水量は、平均すると約二〇〇ミリメートルにすぎない。彼らの言語は、東ナイロート（Eastern Nilotic）（Gregersen 1977）に属している。周囲には、同じ言語グループに属するトポサ、ジィエ、ジエ、ドドス、カリモジョン、ニャンガトム、サンブル、南ナイロートに属するポコット、クシ語系の言語を話すレンディーレやガブラ、ダサネッチなどが分布している（図1―1）。

トゥルカナ人は、ウシとラクダ、ヤギ、ヒツジ、ロバの五種類の家畜を飼養し、移動性の高い牧畜生活を営んでいる。アフリカの牧畜社会では一般に、家畜はミルクや肉などの食糧を提供するだけでなく、穀物などの購入や、病院代や子どもの学費の支払いのために売却される。家畜はまた、贈与・交換されることをとおして社会関係を創出・維持するための主要な媒体となっている。ひとつの結婚が成立するためには花婿側から花嫁側の親族に婚資として家畜が支払われ、そのプロセスには多数の人が関与する。重要な儀礼をおこなうときには、家畜を供犠しなければならない。すなわち家畜は、経済的な資源であるだけでなく、社会的・宗教的にも重要な役割をはたしており、生活のあらゆる面においてもっとも大切な「財」なのである。

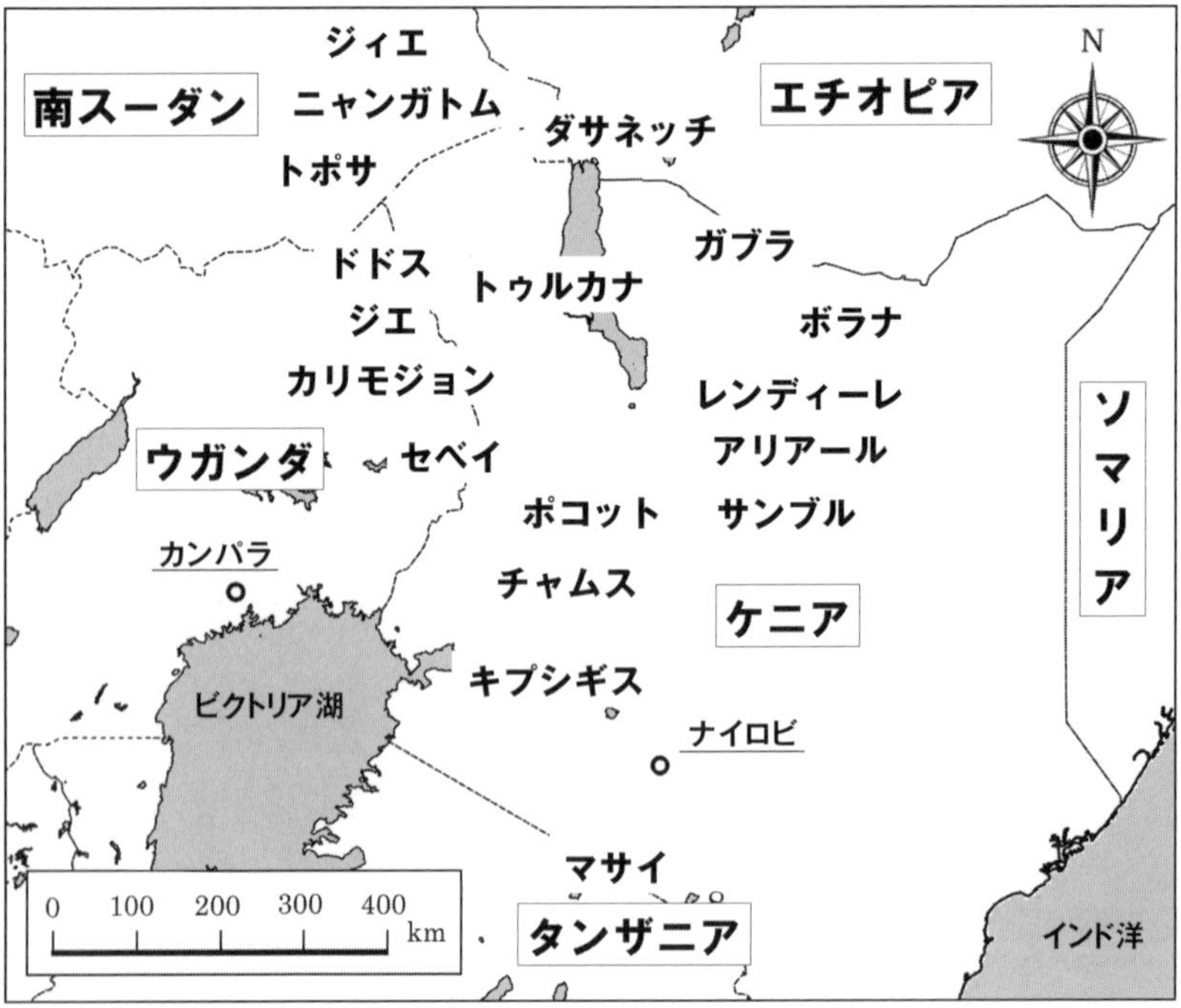

図1-1　トゥルカナと周辺民族の分布図

トゥルカナ語で家畜を意味する語彙（単数形：*e-bar-asit*、複数形：*ngi-bar-en*）は、「財産」という意味でも使われる。ただし厳密にいえばイヌやネコは除外され、このカテゴリーにふくまれるのは、上記の五種類の家畜だけである。そしてこの単語と語幹を共有する動詞の「*aki-bar*」は「家畜を増やす＝カネ持ちになる」ことを意味し、「*eka-bar-an*（複数形：*ngika-bar-ak*）」は「家畜持ち＝カネ持ち」である。つまりトゥルカナの人びとにとって家畜は唯一の財であるといってもよい。このように家畜の重要性は、彼らが話す言語にも明瞭に示されている。

トゥルカナ語で集落をアウィ（*awi*、複数形：*ngauyei*）という。この語は人びとが生活する小屋などの物理的な建物群を意味すると同時に、そこに居住している

写真1-1　川床に掘った井戸でヤギの群れに給水する

写真1-2　わたしが日中をすごすための小屋と寝所となるテント

人びとの集団も意味する。トゥルカナ人は父系の出自をたどり、父系集団もまた、同じくアウィとよばれる。その系譜の深度は状況に応じて異なるが、最大で三世代ほどである。このようにアウィは、日本語の「家」と同じような意味をもっている。

ひとつの集落に住んでいるのは、基本的には、ひとりの男性とその妻たち、そして既婚の息子をふくむ子どもたちによって構成される拡大家族の成員である。ただし、ひとつの拡大家族のメンバー全員が、ひとつの集落で一緒に生活していることもあるが、多くの場合には、所有している家畜を主として種類別にわけて数個の家畜キャンプをつくり、それぞれの家畜種の生態学的・生理学的な特性に応じた遊動をおこなっている。アカシアなどの灌木の葉を食べ、乾燥につよいラクダは降水量が少ない平地部で飼われ、草本類を好み、水への要求度が高いウシは山地部で飼われる。二つあるいは三つの拡大家族が共同でひとつの家畜キャンプをつくっている場合もある。

たとえば、わたしがトゥルカナの現地調査を開始した一九七八年に寄寓していた集落は、二つの拡大家族が共同で形成したものであった。彼らは、一九七八〜一九七九年には自分たちの家畜を合計五つにわけて飼養しており、家族のメンバーも分散して居住していた。その五つの集落と家畜キャンプは、お互いに連絡をとりながらも、それぞれ独自に遊動していた。このときにもっともひろい範囲を移動した家畜キャンプは、直線距離で一五〇キロメートルほどはなれた地点を往復しており、また、家畜キャンプ同士の距離も遠いときには一〇〇キロメートルほどあった（太田 一九八〇）。

トゥルカナの集落は、中心につくられる家畜囲いと、それをとりまいて建てられるいくつかの小屋、その全体をとりまく囲い、その囲いに隣接して作られる家畜囲いによって構成される。自分の小屋を建てるのは既婚

写真1-3　ヤギ・ヒツジの囲いの入口に座った少年

女性だが、未婚であっても子どもをもっている女性も独自の小屋をつくる。ひとりの女性の小屋は、日中の生活場所である「昼の小屋」、寝所となる「夜の小屋」、そして調理をしたり客を饗応したりする場所からなり、その全体が「エコリ（*ekoli*）」とよばれる。この「エコリ」という語も「アウィ」と同様に、建造物や物理的な空間とともに人の集団も意味し、その最小の集団はひとりの女性とその子どもたちから構成される。

ここで簡単に、トゥルカナの政治的な構造を説明しておこう。まず、この社会には二八個の父系クランがある（Gulliver 1951: 67）。クランを意味する普通名詞は、*emacar*（家畜につける焼印、複数形：*ngimacarin*）あるいは *ateger*（木製の大きく長い容器、複数形：*ngategerin*）である。各クランには固有名があり、独自の焼印をもち、外婚の単位となっていて、人びとは全員、自分の父親と同じクランに属する。ひとつのクランのメンバーは同じ地域に集まって住むのではなく、トゥルカナ地域全体に分散しており、クランはなんらかの経済的あるいは政治的な機能をはたすことはない。各クランは独自の儀礼のやり方や守るべき規範をもち（Barret 1998）、その意味で宗教的な単位とみなすことができる。クランの下には、実際に三世代ほどの系譜をたどることができる父系集団（リニッジ）がある。リニッジには固有名はなく、共通の祖先の名前を冠して「○○のアウィ」とよばれる。ひとつのリニッジのメンバーは、婚資の支払いや受けとりのときに、お互いに協力することがあるが、実際にそれに参与するかどうかは、系譜的な距離の遠近ではなく、拡大家族同士が親密な社会関係を維持しているか否かに依存している。すなわちトゥルカナの人びとは、南スーダンのヌエル社会でくわしく記述されたような「分節リニッジ体系」（エヴァンズ＝プリチャード 一九七八）はもたず、リニッジが政治的な動員の単位となることもない。

また、トゥルカナ社会には一九の地域集団（*ekitela*、複数形：*ngitela*）がある（Gulliver 1951: 57）。人びとは、植物資源や水がどこで得られるかを見きわめながら移動生活をおくっているが、ひとつの家族とその家畜群がよい雨に恵まれた季節に利用する場所は、ある程度、固定している。この場所は「（○○の家族の）*ere*」とよばれるが、これをどの地域にもっているかによって、その家族の地域集団への帰属が決まってくる。それぞれの地域集団は固有名をもち、集団間には装身具などの物質文化や方言の違いがあるとトゥルカナの人びとは語るが、そうした区分は厳密なものではない。地域集団には特定のリーダーはおらず、なんらかの意志決定をする組織もない。もし、ある家族が家畜を連れて、それまでには利用してこなかった地域に移動する場合には、そこに住む親族や友人をとおして、その地域の人びとの許可を得る必要があるが、こうした規制も厳格なものではない。同じ地域を利用する人びとに共通する問題がおこったとき——たとえば旱魃のために雨乞いの儀礼をするとか、重大な傷害事件が発生したときなど——には、その地域の長老たちが集まって対処の方策を話しあうことがあるが、その決定を強制するようなしくみはない。すなわち地域集団もまた、つよい政治的な機能はもっていない。

トゥルカナ社会の男性は、成人式（*asapan*）を経ることをとおして、特定の年齢組に所属する。成人式は、よい雨に恵まれた季節に集団でおこなわれることが多いが、トゥルカナ全土でいっせいに実施されるのではないし、個人的におこなってもよい。ある一定の時期に成人式を経た男性は、同じ年齢組に所属し、それぞれの年齢組は固有名をもつが、その名前は地域によって異なっている。ひとつの年齢組に属するすべての男性が集合するような機会はなく、年齢組がはたす政治的な機能はほとんどない。また、トゥルカナ社会には「豹」と「石」という二つの互隔組（alternation set）があり、男性は父親とは異なる組に所属する。ひとりの男性の兄弟たちのあいだに大きな年齢差があり、その息子たちの世代になると、その年齢差はさらに拡大するのだが、互隔組は、こうした生物学的な年齢差を無視して、各男性がどの世代に属するのかを明示する機能をはたしている。

以上に、トゥルカナ社会の父系出自集団と地域集団、そして年齢体系を概観してきたが、いずれの組織にも政治的な権威は存在しないし、経済的にも重要な機能ははたしていない。

イギリスによる植民地統治の時代には「行政チーフ」が任命され、現在でも国家行政の末端にはチーフやアシスタント・チーフが存在している。また、ケニアでは二〇一〇年に憲法が改正されて地方分権化がすすみ、トゥルカナ郡では、選挙によって選出されたガバナー（郡知事）や六人の国会議員、そして四七人の郡議会議員の政治的な影響力がつよくなっている。しかし、人びとが拡大家族を中心とする独立性のつよい生活を営んできたトゥルカナ社会では、こうした政治的権威の影響力がおよぶ範囲は、少なくとも日常生活のなかでは非常に限定的である。人びとは独立独歩である。このことが、この人びとの対人関係のもち方に大きな影響をおよぼしていることに注意をうながしておきたい。

2 トゥルカナの歴史

現在、トゥルカナ人が住む地域の西部には、大地溝帯（エスカープメント）の壁が切り立っており、そのむこうはウガンダである（図1―1）。トゥルカナという民族が独立したかたちをとり始めたのは一八世紀の前半、わずかに二五〇〜三〇〇年ほどまえに、ウガンダからこのエスカープメントを東に降りてきた一団が登場したときである（Lamphear 1988: 30）。エスカープメントの上は降水量が多く、より農耕に適しているのだが、その故地をはなれてトゥルカナ平原に進出した人びとが、牧畜に特化してゆくのである。その後に彼らは、先住者たちや隣接集団を同化・吸収し、あるいは追放しつつ居住域を拡大してゆき、一八五〇年頃にはすでに、現在のトゥルカナ郡にあたる地域を占拠していた（Lamphear 1992: 6）。

一九世紀の後半になると、この地域にはアラブ人やスワヒリ人、あるいはエチオピア商人が象牙を求めて侵入してくるようになり、また、ヨーロッパ人の探検家や植民地化をすすめるイギリス軍人と行政官もこの地に現れた。イギリス政府は「この砂漠地域はトゥルカナ以外の人間にとってはまったく無価値である」と考えていた（Lamphear 1976: 225）。けれどもイギリス政府は、エチオピア帝国の影響がケニアやスーダン、ウガンダにおよぶことを危惧しており、また、一九〇一年にはインド洋岸のモンバサとビクトリア湖に面したキスムを結ぶ鉄道が完成してヨーロッパ人の入植がすすんだため、その農場を保護するためにもトゥルカナを軍事制圧することが急務になっていった。

一九二〇年代前半までにトゥルカナの人びとは、イギリス植民地政府の圧倒的な軍事力のもとで徹底的に制圧されてしまう。その過程でトゥルカナは大部分の家畜を植民地政府に奪われ、病気の流行もあって五〇〇〇人ほどが死亡したと見積もられている。二〇世紀初頭のトゥルカナの人口は三～四万人と推定されており(Lamphear, 1992: 5)、五〇〇〇人の死者はその約一四％にあたるが、これは第二次世界大戦でドイツが失った人口よりも高い比率なのである(Lamphear 1992: 3)。トゥルカナの人びとがわずか一〇〇年ほどまえに受けた打撃が、いかに大きかったのかがわかる。その後にイギリス植民地政府は、この地域を「閉鎖」して人やモノの移動を制限し、トゥルカナの人びとを開発＝発展から除外した。一九六三年にケニアが独立したあとも、こうした政策は変わらず、この地域が大旱魃に襲われた一九八〇年ごろまで続いた。

こうした歴史は、現在のトゥルカナ人の生活全般に甚大な影響をおよぼしているため、以下にはそれを少しくわしく記述する。なお、以下の記述は、特別に断らないときにはJ・ランフィアの研究(Lamphear 1992)に依拠している。

＊＊＊

口承伝承によれば、ウガンダからエスカープメントを東に降りてきたトゥルカナの祖先はタラッチ川の上流地域に住みつき、そこから居住域を拡大していった。その過程で、この地域にいた先住民たちの多くは、トゥルカナのいくつかのクランとして同化され、あるいは北部のダサネッチや南部のポコットの地に逃走して吸収されたとされている。一九世紀の前半にトゥルカナは、強敵であったKor（サンブル）とその同盟者であったレンディーレやボラナを、トゥルカナ湖の西側から東へと追放し、あるいは同化吸収した。さらにトゥルカナは、カリモジョンやドドスを西方に追いやり、トポサやニャンガトムを北方に避難させた。現在、トゥルカナが分布している地域（トゥルカナ郡）は、一九世紀の中頃にはすでにトゥルカナがコントロールしていたと考えられている。この頃にはまた、トゥルカナに追放された人びとがトゥルカナ湖の北や南で集団を形成し、トゥルカナに対する抵抗をつよめていた。

一九世紀の中頃からは、トゥルカナ社会に何人かの偉大な予言者が登場して周辺民族との戦いを指揮した。彼らはまた、人びとに助言をおこなって戦いの成功と領土拡大のために重要な役割をはたした。その最初のひとりはロケリオ（Lokerio）という名前で知られているが、わたしは、この人物に関する口承伝承を現地で聞くことができた。それによればロケリオは、トゥルカナ湖の東のほうに「見たことがない首の長い家畜がいる」ことを発見し、人びとを率いてそれを略奪に行った。そしてレンディーレからラクダを奪って逃げ帰るトゥルカナに追跡者が迫ってきたとき、ロケリオが持っていた杖で地面を打ったところ、トゥルカナ湖が出現して追跡者を阻んだのだという。ただし、ランフィア（Lamphear 1992）によれば、トゥルカナがラクダを獲得したのは、レンディーレではなくサンブルからであり、その場所はトゥルカナ湖よりも西だったという。ともあれトゥルカナにとってラクダは、一五〇年ほどまえに獲得した新しい家畜である。そのことは、ひとつにはトゥルカナ語でラクダを意味する単語がクシ系の言語からの借用であること、さらには第5章でくわしく述べるように、婚資の支払いのときにラクダは、ほかの家畜とは異なるあつかいを受けることにあらわれている。また、レンディーレやガブラなど、クシ語系の民族にはラクダを駄獣として管理する技術があるが、それはトゥルカナには伝わらなかった。

さて、一九世紀中頃には、トゥルカナの年齢体系から世代組（generation set）が消失し、かわって互隔組（alternation set）が登場した。それまでは世代による規制のために、若者が年齢組に加入する時期が遅れることがあったが、この変化によって加入が容易になり、隣接民族との戦いに多数の戦士を動員できるようになった。また、一九世紀中頃から後半には、マサイやサンブルなどの周辺民族のあいだに戦争や牛肺疫・牛疫の流行があり、さらに厳しい旱魃と天然痘の蔓延によってこの地域の牧畜社会は大きな打撃を受けた。しかし、地域的にはなれており、地理的にも山地部でウシを飼養していたトゥルカナだけは、こうした被害をほとんど受けなかったといわれている。このように一九世紀末にはトゥルカナは多くの家畜をもち、軍事的にも強力であって、周囲の人びとから畏怖されていたのである。

一九世紀末には、外部の影響がトゥルカナにつよくおよぶようになった。北からはエチオピア商人がこの地域にやってきたし、インド洋沿岸の町からはスワヒリ商人、そしてアラブ商人がやってきた。彼らは狩猟家でもあって象牙を求めていた。たばこやビーズ、鉄製品、銅製品、真鍮製品、そして宝貝などを持ち込み、それを象牙だけではなく、ヤギ・ヒツジや家畜のミルクとも交換した。

そのあとには、すぐにヨーロッパ人の探検家が、スワヒリ商人が切りひらいた交易ルートを使ってやってくるようになった。最初はトランシルバニアの裕福な貴族であったテレキ（Count Samuel Teleki von Szek）であり、一八八八年にトゥルカナ湖の東岸に到達している。翌一八八九年には、イギリス東アフリカ会社が組織した大規模な探検隊がトゥルカナ湖の南部に到達し、一八九五年にはアメリカの探検家、ドナルドソン・スミス

(Arthur Donaldson Smith) がトゥルカナ湖の北端を訪問している。この頃、現在のトゥルカナ地域にもトゥルカナ湖の東岸にも、たくさんの象が生息していたことが探検隊の記述からうかがえる。

彼らは、商人たちのように交易品を持参したこともあったが、必要なものを現地の人びとから略奪する場合もあった。一九世紀末に大きな影響力をもっていたトゥルカナの予言者ロコリジャム (Lokorijam) は、以下のような夢をみてヨーロッパ人の到来を告げたという。まず彼は、「巨大なハゲタカが空から舞い降りてきて、その鋭い鉤爪でトゥルカナの土地を持ち上げる」という夢をみたといわれる。さらに彼は「白い幽霊がトゥルカナ湖のほうからやってきてトゥルカナを攻撃する」という夢、そして「鼻の回りに白い斑点があるラクダがロドワに集結している」夢もみたという (Lamphear 1992: 48, 52)。ロドワは、その後にトゥルカナの行政の中心地になった場所である。

侵入してきたヨーロッパ人に対して、トゥルカナ人が最初にあからさまな敵意を示したのは一八九七年のはじめ頃であった。このとき、ボッテゴ (Vittorio Bottego) に率いられたイタリア人の探検隊がエチオピアからオモ川沿いにトゥルカナ湖に到達し、その西岸を南下した。彼らはトゥルカナ人の許可を得ずに水場を使って抗議され、発砲している。また、その数週間後にはイギリス人の探検家カヴェンディッシュ (Henry Cavendish) に率いられた探検隊の一部が、やはりトゥルカナ湖の西側を南下しようとしたとき、トゥルカナの攻撃に悩まされて一部が撤退している。

一方、メネリク二世が統治するエチオピア帝国の拡大を恐れたイギリス政府は、一八九四年にはウガンダを、一八九五年にはイギリス領東アフリカ(現在のケニア)を保護領とした。このときまでイギリス政府は、トゥルカナ地域ではまったく軍事行動をおこなっていなかったが、その後にトゥルカナの人びとは、南下するエチオピア帝国の影響力と北に勢力を拡大するイギリスとの板挟みになっていった。一八九八年八月には、オースチン（Herbert Henry Austin）少佐に率いられた軍隊がオモ川の下流域を訪問したあと、帰路に食糧調達のためにトゥルカナの家畜を召し上げたことにより、トゥルカナとのあいだに戦闘がおこった。トゥルカナはこの軍隊を繰りかえして攻撃したといわれるが、三〇人以上のトゥルカナがライフル銃とマシンガンによって殺害された。その後にはトゥルカナ人とイギリス軍とのあいだに、約二五年間、血なまぐさい争いが続くことになった。

このようにイギリスと戦い始めたとき、トゥルカナは銃を使っておらず、エチオピアから交易によって銃を入手し始めたのは一九一二年頃だといわれている（Lamphear 1992: 117-8）。これまで、南下してきたエチオピア帝国のフロンティアでは、みずから地域を開拓して占拠した者たちが住民に課税し、その一部をエチオピア帝国に貢納していた。この領主たちは、トゥルカナの女性や子どもを誘拐したり家畜を略奪したこともあった。しかし一九一二年頃からは次第に略奪よりも交易に重点をおくようになり、トゥルカナ人がイギリス軍と戦うときには、それに加勢することもあった。

一九一〇年前後から、イギリス植民地政府はトゥルカナの南部地域に軍事ポストをおき、その地域で名を知られたトゥルカナ男性をチーフに任命して統治しようとした。それに従わないトゥルカナ人を武力制圧するためには、王立アフリカ・ライフル隊（King's African Rifles）や警察、ときには植民地政府に協力的な他民族やトゥルカナ自体も徴募兵として動員して、頻繁な攻撃を繰りかえし、また、家畜の大規模な略奪もおこなうようになった。植民地政府にとっては、エチオピアの南下に対抗するとともに、ケニアのハイランド（標高が高く多くの雨に恵まれた農業の適地）へ入植したヨーロッパ人や南アフリカ人の治安を守るためにも、北部の牧畜民を制圧してパクス・ブリタニカ（Pax Britannica）を実現することが重要になっていった。しかし、トゥルカナ人の制圧は簡単ではなかった。その理由のひとつは、彼らが広大な地域を利用し高い移動性を維持していたためであり、さらにトゥルカナ地域の大部分、とくに北部は、イギリス人にとってアクセスが困難だったためである。トゥルカナの南東部にいたサンブル人は、イギリスが自分たちをトゥルカナの襲撃から守ってくれるものと考えて、その支配を受け入れた。しかしトゥルカナ人にはイギリスの保護を求める動機がなかったし、イギリスの庇護下に入った南部の諸民族から家畜を略奪することをやめる理由もなかった。

一九一二年末から一九一三年にかけて、南部トゥルカナの県知事であったアレキサンダー・ブルース（Alexander Bruce）は、トゥルカナ全体に対する「懲罰的」な襲撃を実施した。このころ、トウルカナ南西部にはコッコイ（Kokoi）という有力な予言者とエベイ（Ebei）という名で知られる戦争指導者が登場しており、イギリス軍は彼らを逮捕することをめざした。しかしそれは実現せず、多くのトゥルカナがコッコイやエベイとともに南部地域から家畜を連れてロドワの北部に移動し、山岳地帯に立てこもるようになった。このころには、トゥルカナ南部にはイギリスの支配を受け入れて、それに協力するトゥルカナ人も現れ、北部と対立するようになっていった。植民地政府に対するトゥルカナの抵抗は、新たな時代にはいったのである（Lamphear 1992: 102）。

一九一五年の一月から五月にかけてイギリス植民地政府は、それまでで最大のトゥルカナ掃討作戦を実施し、これにはスーダンとウガンダの警察や軍人も動員された。トゥルカナ南部は一九〇二年にウガンダ保護領からイギリス領東アフリカに委譲されていたが、トゥルカナ北部はまだ、ウガンダ保護領に属していた（その委譲は一九二六年）。イギリス軍はまず、トゥルカナ南東地域に住む人々を征伐し、つぎにはトゥルクウェル川沿いやその西側地域を制圧対象とした。「トゥルカナ人を完膚なきまでに懲罰し討伐して、以後は従順に命令に従う人びとに変えること」、「そのために、反抗するトゥルカナは容赦なく討伐し、火器と家畜を押収すること」が目的とされた。これに対してトゥルカナは激しく抵抗したが、この地域にはまだ銃がほとんど流通していなかった。植民地政府は、さらに対象地域をロドワ周辺まで拡大して、第三波の攻撃をおこなった。この三回にわたる攻撃によって四〇〇人以上のトゥルカナが殺され、ウシ一万九〇〇〇頭、ラクダ八〇〇〇頭以上、ロバ七〇〇〇頭、ヤギ・ヒツジ一二万三〇〇〇頭が略奪された。植民地軍側では三五人が戦死し、三三人の現地兵が病死した（Lamphear 1992: 138）。トゥルカナ人は、この年を「パンパンと銃声がとどろいた年（Ekaru a Pumpum）」という名前で記憶している（Lamphear 1992: 137）。しかしこのときにイギリス軍が制圧できたのはトゥルカナの南部地域だけだった。多くのトゥルカナ人はコッコイやエベイが住む北部に逃走し、また、北部地域では南下するエチオピア帝国の影響がつよく維持されていた。

ところで一九一五年には、トゥルカナの北部地域はウガンダ保護領であり、南部地域はイギリス領東アフリカの管轄下におかれていた。しかし、トゥルカナの居住地域をこのように分割して統治するのは現実的ではないことが認識され、一九一五年からは全体をイギリス領東アフリカの支配下におくことが「暫定的な取り決め（working arrangement）」によって定められた（Rayne 1919: 183）。そしてイギリス政府は、一九一五〜一七年にはトゥルカナの南部地域にあたらしく四つの駐屯地をおき、トゥルカナ全体を制圧する体制を整えていった。しかし、北部の山岳地域に避難していたコッコイやエベイに率いられたトゥルカナは、エチオピアから銃を入手して武装した。そして多人数からなる略奪隊が長距離を行軍して、西部のカリモジョンやドドス、南部のポコットやサンブルを襲撃するようになった。その過程でトゥルカナはエチオピア人とともに、一九一七年四月には、イギリス政府がロルグムに設置していた駐屯地を襲撃しているが、これはトゥルカナが英国拠点を攻撃した最初のものであった。

一九一七年末から一九一八年の初めにかけて、大規模なトゥルカナ征伐の準備がすすめられた。これにはイギリス領東アフリカだけではなく、ウガンダ保護領とイギリス・エジプト領スーダンの軍隊も参加した。トゥルカナの中西部に設置された駐屯地には、マキシム機関銃の二分隊、ルイス機関銃の砲兵中隊、ストークス式迫撃砲二門、そして野砲一門がナイロビから運ばれていた（Lamphear 1992: 176-7）。いずれも強力な殺傷力を有する兵器である。また、王立アフリカ・ライフル隊などの軍人や警察官一〇〇〇人に加えて、ポコット人やチャムス人の徴募兵、荷役兵、キャンプ労働者など、合計約五〇〇〇人の部隊がトゥルカナと戦うためにここに集結し、そのうち少なくとも二〇〇〇人は、その後の戦闘に実際に参加した。

一九一八年の前半に実施されたこの討伐は、「トゥルカナ・パトロール」あるいは戦闘の中心となった地名を冠して「ラブル・パトロール（Labur Patrol）」とよばれている。野砲までもち出して重装備した軍隊は、トゥルカナ湖の西岸に沿って北上し、道中、多数の人びとを襲撃して家畜を略奪した。パニックに襲われた人びとは、家畜を連れて北方へ避難した。この年はトゥルカナ語で「離散の年（Ekaru a Apetaret）」とよばれているが、人びとは蜘蛛の子を散らすように逃走したのである。なお、この名前は、トゥルカナがイギリス植民地軍による大規模な攻撃をうけていた一九一五〜一九二一年にかけての期間全体を指すとする見解もある（Leslie *et al.* 1999: 375）。

一九一八年前半に北部の山地に逃走した人びとを追撃したイギリス軍は、その地域でおよそ一か月間にわたってトゥルカナを徹底的に叩きつぶした。トゥルカナは、家畜を連れて多くの小さな集団にわかれて山地に身を隠したが、イギリス軍も部隊をいくつかにわけて家畜の足跡を追い、両者のあいだにはときには二四時間を超える血みどろの戦いが続いたこともあった。同時に、この地域で銃などの交易を続けていたエチオピア人もまた、イギリス軍と激烈な戦闘を繰りかえし、最後にはマジ(Maji)にむけて敗走した。これがイギリスに対するトゥルカナ人の最後の集団的な抵抗であり、被害は計り知れない大惨事だった。北部地域では、ほぼすべての家畜が奪われ、あるいは全滅したと考えられている(Lamphear 1992: 196)。たくさんの人命が失われただけでなく、家畜を中心に築き上げられてきた社会が崩壊の危機に瀕したのである。

その後、イギリス植民地政府は、ロドワを中心としていくつかの駐屯地を建設し、また、多くのトゥルカナ人をチーフに任命して統治を強化していった。トゥルカナと周辺民族のあいだの家畜の奪いあいや、エチオピア人あるいはスワヒリ商人の活動はまだ続いていたが、いずれもイギリスの軍事力によって平定されていった。植民地政府が懸賞金までかけて逮捕しようとしていた戦争リーダーのエベイは、一九二四年にトゥルカナと隣接民族ダサネッチとの戦いのなかで戦死した。そして最後に残った偉大な予言者のコッコイも、一九二四年末にはトゥルカナ北部の山地でイギリス軍に逮捕され、カクマに建築されていた駐屯地に連行された。同時に、彼の周辺で最後まで抵抗を続けていたトゥルカナの大多数も降伏し、カクマ周辺に移動した。

さきほど述べたようにトゥルカナ北部は、実質的には一九一五年からイギリス領東アフリカが統治していたが、一九二六年にはウガンダ保護領から正式に移管された。そして北部地域には王立アフリカ・ライフル隊が駐屯し続けたものの、トゥルカナに対する文民統治が開始された。トゥルカナの人びとは植民地政府に正面から反抗することはなくなっていたが、敵対的で猜疑心に満ちた感情をもち続けており、政府の役人や組織を「ロドワにいる敵」とよんでいた(Gulliver 1951: 161)。植民地政府はトゥルカナ地域の全体を、ケニア北部のほかの県と同じく「閉鎖された県(closed districts)」として位置づけた。すなわち、外部との交流を厳しくコントロールし、地域内では政府の介入を最小限にすることにより、牧畜民に、自分たちの慣習に従う生活を可能なかぎり継続させる政策がとられたのである（Lamphear 1992: 242-3）。

人類学者のP・H・ガリバーは、一九四八年九月〜一九四九年八月に一一か月間、そして一九五〇年には七か月間、トゥルカナ地域で現地調査を実施しているが、前者の調査を終えたあとで書かれた報告書（Gulliver 1951）に、以下のように記している。「現在、この地域に住んでいる白人（white population）は、行政役人が三人、放牧地管理役人が一人、警察官が三人、そしてルドルフ［トゥルカナ］湖で漁業をする権利を取得し、一年の三分の二をそこですごしている男性とその妻だけである」（p. 3）。つまり、トゥルカナ県には合計九人の白人がおり、また、「行政の中心はロドワに、ケニア警察の中心はロキタウング（Lokitaung）におかれている」。両方の町には、「原住民診療所（native dispensary）と非常に小さな原住民学校（native school）」があるが、その学校は、「ヨーロッパ人やキリスト教会が経営するものはない」（p. 158）。そして、トゥルカナ県には「ケニア植民地のほかの地域には置かれている原住民法廷（native court, tribunals or council）もない」（p. 158）。

イギリス植民地政府は、トゥルカナ地域を開発＝発展させるための努力をまったくしなかったし、人びとの生活を変えようともしなかった。キリスト教の伝道者も、トゥルカナ地域に入ることが許可されたのは、ケニアがイギリスから独立した一九六三年の直前であり、そのうえ、教育および医療施設を提供することが条件だった。

以上、トゥルカナ地域の歴史の概略を記述してきた。それは、トゥルカナの人びとの考え方や行動のしかたを理解するためには、こうした予備知識が有用であると考えたためである。わたしが最初にトゥルカナを訪問したのは一九七八年七月のことであり、それからすでに四〇年以上が経過している。この間にもトゥルカナ社会は大きく変化してきた。ただし、本書の目的はこうした変化自体を説明することではないため、以下の記述では、必要に応じてそれに言及するにとどめることにする。

第2章

家畜の分類と個体識別

1 人びとは家畜をどのように認知し管理しているのか

本書が対象とするトゥルカナ人をはじめとする東アフリカの牧畜社会の人びとにとって、家畜がどれだけ重要であるのかは、すでに指摘したとおりである。農業があまりできない乾燥地域で暮らす人びとは、家畜のミルクや肉などを食糧にするだけではなく、家畜を売却して得た現金によって穀物などを購入し、子どもの学費や病院代を支払う。家畜はまた、もっとも重要な財産であり、それを贈与し交換することをとおして社会関係が構築され維持される。そして人の誕生から死にいたる通過儀礼や病気の治療儀礼などの機会には、かならず家畜が供犠される。

毎朝、東の空が白み始め、星の輝きが消えてゆくころ、ウシがモーモーと声をあげ、ヤギやヒツジがメーメーと鳴く声とともに人びとは起き出し、家畜囲いの周辺でミルクを搾る。太陽が昇り、さわやかな一日が始まると、家畜に草を食べさせるために放牧に出し、その途中では井戸から水をくみ上げて家畜に与えて、一日をすごす。夕方にはまた、家畜を集落に連れもどし、もう一度ミルクを搾ったあと、家畜のざわめきや体臭のなかで人びとは眠りにつく。朝夕にミルクを搾るときには、家畜の身体にダニがついていないか、蹄が伸びすぎていないか、体調が悪そうでないかを入念に確認して必要な処置をする。家畜の成長を見守り、その身体に焼印をつけたり、耳の一部にナイフで切り目をいれて印をつけたりするし、角のかたちをさまざまに変形する

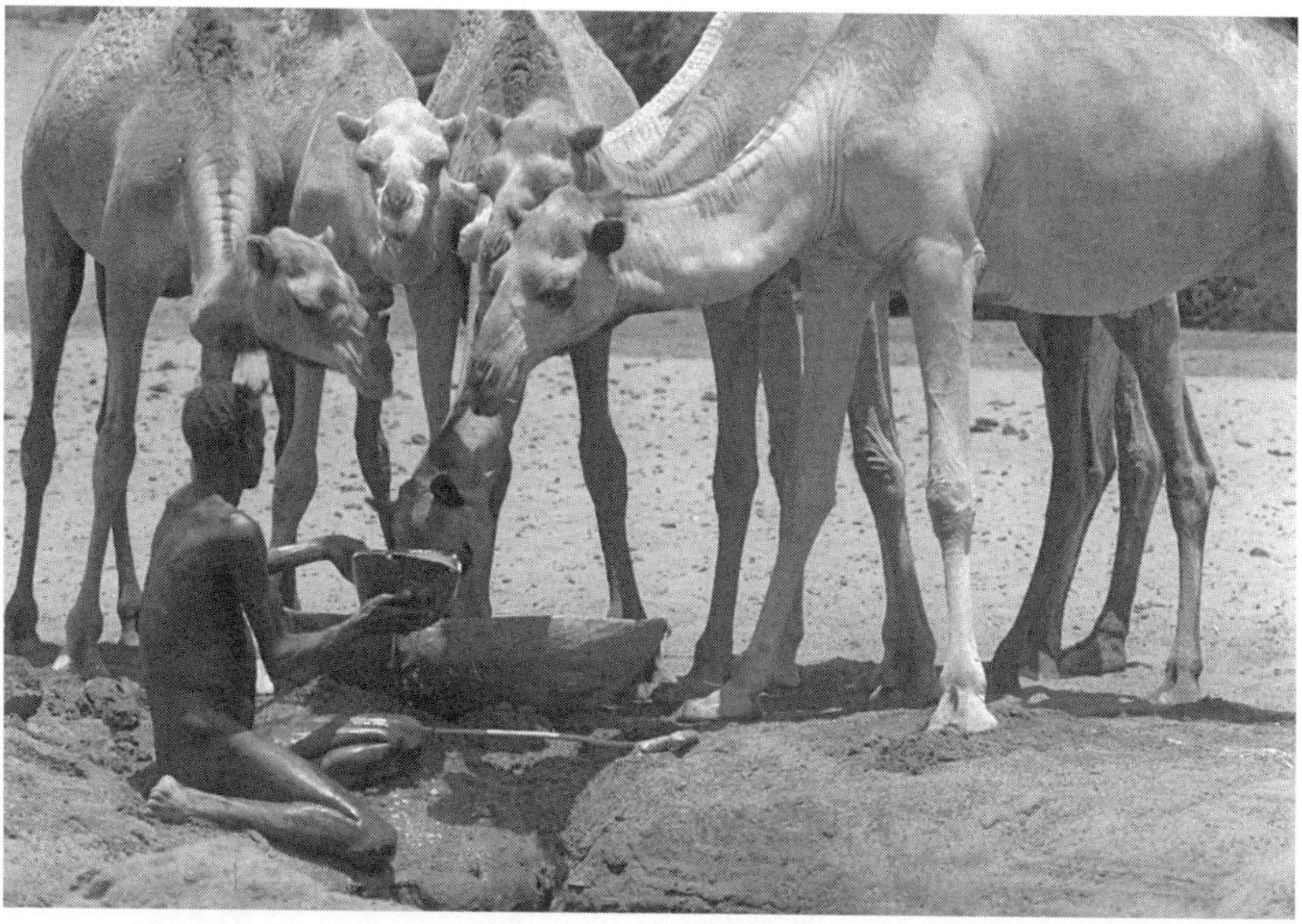

写真2-1　川床に掘った井戸でラクダに給水する

こともある。子どもの家畜が成長してくると、オスであれば大部分を去勢し、メスであれば妊娠の徴候がないかを見きわめる。牧畜民にとって家畜は、生活のあらゆる側面で伴侶であり、人生に欠かすことができない存在である。

このような人びとが家畜を見る目は、当然のことながら、わたしたちのものとはまったく異なっている。そのことをここでは、人びとが家畜をいかに細かく観察しているのか、そして家畜の特徴を表現するためにどれだけ豊富な語彙をもっているかに注目しながら説明しよう。わたしたちが漠然と知っているウシは、和牛であれば黒いし、乳牛のホルスタインは黒と白のパッチワークという独特の毛色をしている。しかし、東アフリカのウシには、茶色（焦茶色、薄茶色……）や褐色（淡褐色、黄褐色、暗褐色……）、栗色、黄土色、灰色、象牙色など、さまざまな毛色があるし、それはヤギやヒツジでも同じである。ラクダも、どれもが「ラクダ色」ではなく、褐色といってよいほど濃いものから、白に近い薄い色のものまでいる。こうした毛色、そして複数の色が織りなすパターン（たとえば水玉模様や縞模様など）を表現するための語彙は、驚くほどたくさんあり、人びとは、どの単語がどんな色やパターンを示すのかを共通の知識としてもっている。

それだけではない。それぞれの家畜種にはオスとメスがいるが、それぞれが子どもなのか、性的成熟に達し

写真2-2　ひっこしのためにロバに荷物を積む女性

ているのか、オスであれば去勢しているか、種オスとして選んだものか、メスであれば出産経験があるかどうか、妊娠していればその初期か中期か、出産が近いのかなどについて、人びとは一頭一頭の家畜を子細に観察しており、その状態を表現するための豊富な語彙をもっている。さきほど述べたように、焼印や耳印、そして角のかたちを表現する単語の数も、それぞれが十数種類に達することもある。南スーダンのヌエル社会を調査した人類学者のE・E・エヴァンズ＝プリチャードは、この人びとが家畜を表現するために「銀河系のような膨大な語彙（a galaxy of words）」（Evans-Pritchard 1940: 48）をもっていること、そしてそれらの語彙が日常生活のさまざまな場において、すべての人びとによって共有され、使われていることを指摘した。そして彼は、ある特定の分野における語彙の豊富さ——牧畜社会では家畜を表現する語彙——は、その民族の関心の方向とつよさを知る鍵を提供すると述べて、その研究の重要性を示唆した。エチオピアのボディ社会を調査した福井（一九九一）や、ウガンダのカリモジョンとドドス社会の調査をした波佐間（二〇一五：四九—一〇〇）も、人びとがどれだけ複雑な家畜の分類体系をもち、多数の言葉を駆使しながら家畜を管理しているのかを詳細に記録している。

ここでいま、体の大きさが同じで、どちらも白いヤギが二頭、あなたの目のまえにいると想像してほしい。この二頭をわたしたちはいかに区別して、その違いをほかの人にどのように伝えることができるだろうか。オスかメスか、まずそこを見よう。性別が同じなら若いのか年寄りか、メスであれば妊娠しているかどうかにも注意してみよう。これを区別するのがむずかしければ、角や耳のかたちや長さはどうだろうか。東アフリカの牧畜民であればヒゲや肉髯《にくぜん》があるかどうか、体のどこかに怪我がなおった痕跡があるかなどにもすぐに気づくだろう。このように彼らは、わたしたちにはまったく同じにしか見えないような二頭の家畜の違いを、一瞥して把握し、その区別を表現できる言葉を発達させているのである。

　こうした複雑な語彙の体系は、家畜を分類し、一頭ずつを正確に表現してほかの人に伝達するための言語技術である。しかし、それだけではない。第一に人びとは、家畜に見られる差異を人工的に創出しており、それは文化のほかの側面と深く結びついているし、第二には、これはたんなる分類体系ではなく、家畜の管理方法と密接に関連しているのである。

　第一の点については、すでに簡単にふれた。東アフリカの牧畜社会には、クランやサブ・クラン、あるいは個人の焼印を家畜につけるという慣行がひろく分布している（ガブラ：Torry 1973, 曽我 一九九八、ダサネッチ：Almagor 1978, Carr 1977、ポコット：Beech 1911/1969、カリモジョン：Dyson-Hudson 1966、波佐間 二〇一五、ナンディ：Hollis 1909/1969、ダトーガ：Klima 1965, 富川 一九六九、マサイ：Merker 1910、レンディーレ：Spencer 1973、佐藤 一九九二、ニャンガトム：Torney 1981、ボラナ：Dahl 1979、ソンジョ：Gray 1964、テソ：Gulliver & Gulliver 1953、ジエ：Gulliver & Gulliver 1953、ドドス：波佐間 二〇一五、トポサ：Nalder 1937/1970など）。

　トゥルカナ社会には二八の父系クランがあり（Gulliver 1951: 67）、各クランは独自の焼印をもっていて、人びとは自分のクランの焼印を家畜につける。原則として焼印を付与するのは家長の仕事とされており、彼は以下のように家畜に語りかけながら焼印をつける。「増えよ。おまえたちのこの焼印（*emacar*：クランと同じ語彙）を受けいれよ。おまえたちを盗む者を告げよ。示せ、おまえたちを食べる泥棒を。殺せ、おまえたちのうわさ話をする邪術者を（*tabarasi, tocamunosi ka ekusimacar lo, tolimosi ekusikokolan, kisilerenu ekusikokolan lokinyamu esi, taara ekapilan lokilimit esi*）」。トゥルカナ人は家畜に焼印をつけることと、家畜群が繁栄することは深く関連していると考えている。家長が家畜に「この焼印を受けいれよ（*acamun*＝承諾する、折り合う）」と語りかけていることには、そうした考え方が示されている。同時にこの言葉には、人と家畜が同じクランに所属するという一体感が、焼印を付与する行為をとおして実現されることも表現されている。家畜の焼印は、たんにその所有者を明示するための実用的なものではない。

トゥルカナの人びとはまた、クランには独自の耳印があると語るのだが、これはあまり厳密には使われていない。それよりもむしろ、家畜の子どもの耳を母親と同じかたちに切ることが多い。この印づけによって子どもは病気や迷子にならず、健康に育つのだと語られる。また、母親が死産を繰りかえしたのちに生まれた子どもには、母親の耳切りのかたちを問わずに、片側あるいは両側の耳を三分の一ほど切り落とす。これは、新しく生まれた子どもがそれまでに死んでいったものと同じ道をたどらないことを祈願するためである。これと似た行為は人間に対してもおこなわれ、生後まもない赤ん坊が病弱なときには片方（普通は左側）の耳殻の上部を薄くそぎ落とすことで、その平安を祈る。また、隣接民族に家畜の略奪に行き、そのなかで相手を殺した男性は、帰還したあとで特定の儀礼をおこなうとともに、自分の家畜に特別な耳印をつける（太田 一九八七c）。

家畜の体に人工的な差異を付与する方法には、角のかたちを矯正することもある。ウシの角を矯正して特定のかたちに作りあげる慣行は、古代エジプトの時代からおこなわれていたと考えられている（Seligman & Seligman 1932）。東アフリカの牧畜社会では、この技術は南スーダン、ケニア、エチオピア、ウガンダにひろく分布している（ナンディ：Hollis 1909/1969、ポコット：Beech 1911/1966, Brown 1990、ヌエル：Evans-Pritchard 1938, 1940、ジエ：Gulliver 1952、バリ：Huntingford 1953a、マンダリ：Huntingford 1953a、カリモジョン：波佐間 二〇一五、Clark 1952, Dyson-Hudson 1966、ディンカ：Lienhardt 1961, Grunnet 1962、ドドス：波佐間 二〇一五、Thomas 1965、ムルレ：Lewis 1972、ダサネッチ：Almagor 1972、ムルシ：Insoll *et al.* 2015、ハマル：Dubosson 2014、スリ：Abbink 2003）。

写真2-3　装飾としての焼印模様をつけられた去勢ウシ

トゥルカナ社会で角を矯正するのは、ウシとヤギの去勢オスだけである。彼らは少数の種オスを除外して、大部分のオスの家畜を去勢する。一方、男性はそれぞれ「自分の毛色」をもつ。それは「茶色」や「黒」だったり、あるいは特定の色のパターン（たとえば白い地に黒の水玉模様）だったりする。そして各人は「自分の毛色」をしている去勢ウシを選んで、その個体とのあいだに独特の関係をつくり出す。その個体の角のかたちを自分の好みのように矯正したり、首輪や鈴などの飾りをつけたり、焼印用の焼きごてを使ってウシの体に模様を描いたりする（Dioli 2018）。そのウシについての歌をつくり、さまざまな比喩的な表現をもちいてそれに言及する。こうした歌は去勢ウシ（*emong*, pl. *ngimongin*）と同じ単語でよばれ、彼らが美的な想像力を発揮するために、もっとも大切な回路のひとつになっている。トゥルカナの男性がこうした関係をつくる対象として重要なのは去勢ウシだが、ヤギやラクダの去勢オスが選択されることもある。男性が去勢オスとこうした関係を結ぶこと自体を意味する特定の動詞（*aki-dwar*）もある。こうした慣習は、社会によって細部は相違しているものの、東アフリカの牧畜社会にひろくみられる。男性と去勢ウシとの関係は人類学の分野では「同一視（identification）」とよばれており、対象になるウシは、「favorite-ox, name-ox, dance-ox, song-ox」などと表現されてきた。

トゥルカナの男性は「自分の毛色」だけではなく「自分の角のかたち」ももっており、選んだ去勢オスの角をそのかたちに矯正する。そして、たくさんの人が集まるダンスの機会には、両手でその角のかたちを表現しながら踊るのである。角の矯正方法は三つある。第一の方法では、角がある程度成長した時点で、角の根元を石で叩いたあと、変形させようとする方向へ手で角を押し曲げ、角芯を折る。そのあと、その角の先端を削って溝をつけて紐の一端を結びつけ、その角を変形しようとする方向へ引っぱって、紐の他端をもう一方の角あるいは切り目を入れた皮膚の一部に結びつける。角芯は完全に折れてしまうのではなく、自然に治癒する。第二の方法では、ある程度成長した角の一側面を、槍やナイフで削る。すると、その後に角が成長するに従って、角は削られた面の反対側へと曲がって伸びてゆく。これは、削られた面で骨細胞の異常増殖がおこるためだと思われる。第三の方法は、角がはえ始める頃、金属製の焼きごてを熱したものを押しあてて、角の成長を阻害して無角にするというものである（太田 一九八七c）。

さきほど述べたようにトゥルカナ人は、毛色や角のかたちに関する豊富な語彙を使って家畜を表現するのだが、男性は「〇〇（同一視している去勢オスを表現する語彙）の父」と呼ばれるようになる。そして男性は、自分の去勢ウシに関する歌のなかで多彩な比喩表現を使ってそのウシのすばらしさを誇示すると同時に、自分の親族や友人を賞賛するフレーズも盛りこむ。夕方にたくさんの人びとが集まったとき、あるいは夜の踊りの場で、男性はひとりずつ自分の歌を披露する。その男性の周囲の人びとは男性も女性も、そうした歌をよく知っている。この歌はソロのパートと合唱のパートが交互にくり返される構成をとっており、誇らしげに自分の歌のソロ・パートを歌う男性を、手拍子をとりながら合唱のパートを歌う人びとが支えるかたちで歌が進行する。こうした場を見ていると「同一視」という現象が、人びとにとって自己を表現し確立してゆく文化的な装置であり、同時にそのことは、周囲の人びとに認知され支持されることによって成立していることがよくわかる。

また、男性が「同一視」する去勢オスは一頭とはかぎらず、同じ毛色をもつ複数の去勢オスと、同時にこの関係をもっていることもある。トゥルカナ社会では、こうした去勢オスは自然死させてはならない。老齢になったウシの死期が近づくと、男性は自分の友人などにこれを贈与して相手の集落で殺してもらい、一種のお祭り騒ぎのなかでその肉が共食される。この儀礼のあと、そのウシの頭骨は特定の木の枝に懸けておかれて、その個体と所有者の男性の関係を、いつまでも通りすがりの人びとに喚起する。

トゥルカナ語には角のかたちをあらわす単語は二六種類ある。一方、無角にする以外には角の矯正をおこなわないマサイ（Maasai）社会では、ウシの角のかたちは五種類に分類されているにすぎない（Jacobs 1965）。トゥルカナ語に多岐にわたる語彙が存在することは、彼らが角を矯正する技術を駆使して人工的に大きな変異をつくり出していることと無縁ではないだろう。そして、角を矯正するのは「同一視」の対象となった去勢オスだけだが、ウシやヤギの角には自然な成長によって多様な変異が生じるため、トゥルカナ人は多様な表現を駆使することによって、ある一個体を容易に特定し指示することができる。

家畜の角を矯正することは、日本などの畜産業においてもおこなわれている。ウシ同士を喧嘩から保護し、あるいは管理する人間の安全を守るためにウシを無角にする（除角する）のである。そして現在は、ゲノム編集によって無角のウシの育種が進行している。トゥルカナの人びとも、家畜を無角にする施術を安全な管理のためにおこなうこともある。このように角の矯正は、家畜を中心に据えているトゥルカナ文化の重要な一部であると同時に、家畜管理のために不可欠な技術でもある。

家畜の毛皮には多様な色やパターンがあることを指摘したが、これもじつは自然な現象ではない。一般的に家畜には、野生動物とくらべると、ひとつの種に属する個体の毛色に大きな変異がある。これは家畜化にともなって自然淘汰圧が低下し、潜在的な遺伝的変異が顕在化した現象とされている（たとえばZeuner 1963）。そしてその変異の多くは単純なメンデル遺伝に支配されて現出し、ウシの場合には六種類ほどの対立遺伝子がある（野沢 一九九五）。牧畜民はもちろん、親の形質が子どもに伝わることを経験的に知っている。そして彼らは少数の種オスを選択して残りの大多数のオスを去勢するのだが、種オスとしてどんな毛色の個体を選択するのかは、生まれてくる子どもの毛色、ひいては家畜群全体の毛色の分布に大きな影響をもつ。トゥルカナ社会で種オスとして選ばれているウシには、毛色を支配する遺伝子セットがヘテロであり、多様な劣性遺伝子を有していると考えられるものが多い。このことによって個体群のなかの毛色遺伝子の多様性が維持され、生まれてくる子ウシの毛色も変異に富むものとなる。

トゥルカナ社会では、父親と息子たち、あるいは兄弟同士の家畜を共同でひとつの群れとして管理することが多い。また、さきほど男性と去勢オスの「同一視」という現象について説明したときに、男性は「自分の毛色」をもっていると述べたが、父親と息子、兄弟同士などの近親男性のあいだでは、その色がほかの人と重複しないように選択されている。つまり、ひとつの家族の家畜群のなかに多様な毛色の子ウシが生まれてくることにより、すべての男性メンバーが、それぞれに「自分の毛色」をもつ去勢オスを保有することが容易になっている。男性は、父と息子あるいは兄弟のあいだで、「自分の毛色」をもつオスをお互いにねだり、贈与しあうのである。ただし、だれがどの毛色を「自分のもの」にするかは個々人の選択にまかされており、それを話し合いで決めるような機会はない。

また、家畜は性や成長段階に応じて多くのカテゴリーに分類されていることも述べたが、たとえば「性成熟に達した未去勢のオス」というカテゴリーの個体は、去勢するかしないかという選択の対象になり、一部は「種オス」となって群の増殖にかかわり、残りは「去勢オス」となり、将来には肉用に殺されたり売却されたりする。メスであれば、妊娠しているかどうか、妊娠のどの段階なのかによって、それに応じた管理の方法がある。つまり人びとは、たんに家畜を性や成長段階にもとづいて分類しているだけではなく、各カテゴリーの個体に対して、その特性に応じた働きかけをおこなっている。このように牧畜社会における家畜の分類と「銀河系のような膨大な語彙」は、人びとが人為的に創出する多彩な差異や、さまざまな文化要素と結びついた認知の体系であると同時に、具体的な家畜管理のための技術とも密接に関連しているのである。

2 家畜群の構造的な把握法

東アフリカの牧畜社会では、牧夫が随行する日帰り放牧がおこなわれている。家畜は毎朝、集落から放牧に出されて、夕方に連れもどされる。ひとつの群れとして放牧される家畜の頭数は、多いときには三〇〇頭以上におよぶこともあるが、牧夫はこのような多数の家畜をいかに認知し、一頭も迷子になっていないことをどのように確認しているのだろうか。そのためには、家畜を集合させてその頭数をかぞえればよい、というのが簡単な方法だと思われる。ところが「牧畜民は家畜の頭数をかぞえない」ことが、いくつもの社会から報告されている。たとえば、スーダンのディンカ社会を調査したG・リーンハート（二〇一九：三六）によれば、ディンカ人は、ウシの一頭ずつがたんなる同じような一単位としてではなく、それぞれが独自性をもった異なる存在としてあつかわれるべきだと考えている。そして彼らは、ウシの群れが何頭から構成されているかを数字で言及したり、その頭数をかぞえたりすることを嫌う。

ここには、ふたつの興味深い課題が出現している。第一には、わたしたちが人間一人ひとりの顔をおぼえるように、家畜の個体はそれぞれ異なるものとして識別され認知されているという現象である。すなわちウシの一頭ずつは、それぞれが代替可能な、いわば無名のものとしてではなく、「独自の顔」をもった存在としてあつかわれている。ウシに対するこのような接し方は、群れの構成員をたんなる一頭としてあつかうこと、つまり各個体の個別性を捨象して頭数をかぞえることとは、たしかに両立しないものだと思われる。第二の課題は、家畜の頭数をかぞえないとしたら、家畜群の全体がたしかにそこにいて、一頭も迷子になっていないことを、どのように確認するのだろうか、ということである。

まず、後者の課題から解明してゆこう。ウガンダ北東部のカリモジョン社会を調査したN・ダイソン・ハドソン（Dyson-Hudson 1966: 98）も、「彼らはウシをかぞえない。ウシは一頭ずつカタログのように記憶されており、自分の家畜群を目のまえにした所有者は、記憶のなかでそのカタログを一枚ずつめくるようにして、すべての個体がたしかにいるかどうかを確認する」と述べている。わたしと同じトゥルカナを調査したガリバー

写真2-4　ウシ・キャンプの朝：牛群が放牧に出発する

（Gulliver 1951: 21）もまた、「放牧されている家畜群が夕方に集落にもどってくると、人びとはその群れを確認していた。しかし、それは数をかぞえるのではなく、彼らはたしかに全頭がそこにいることを一頭ずつ確認し、また、ほかの家族の家畜が紛れ込んでいないかを点検している」と記述している。これはいわば、幼稚園や学校の教室で点呼をとることで出欠を確認するようなやり方だと考えられる。しかし、全体が二〇〇～三〇〇頭におよび、かつ出席簿のように記録する手段をもたない人びとは、いったいどのようにしているのだろうか。

この疑問への答えを、わたしは一九八〇年にトゥルカナの人びとと一緒に生活しているときに発見した。そのときに寄寓していた家族では、約二〇〇頭のヤギ・ヒツジを三人の青少年が一緒に放牧しており、序章で述べたようにわたしは、その群れのすべてを一頭ずつ記憶する努力をしていた。その過程で、彼らが分担して約二〇〇頭の全体がまちがいなく存在することを確認していた方法を教えてもらったのである。それは、以下のようなものであった（太田 一九八七d）。

まず三人は、成長段階にもとづいて群れ全体を三つにわけ、それぞれの牧童は年長順に、A（約一八才）が九一頭、B（約一四才）が六八頭、C（約一〇才）が三六頭を担当していた。そして各人は自分が担当するヤギ・ヒツジを、Aは一四個、Bは九個、Cは三個の「ユニット」にわけていた。このユニットをつくるときの基準となっていたのは、「搾乳中のメス」「去勢オス」「所有者が同じ個体」「最近に外部から入手した個体」「毛色が同じ個体」「性別」「同時期生まれの個体」といった特徴だった。どの特徴を優先的な基準として使うのかは、それぞれの牧童にまかされていた。その意味でこうした基準は、そのときの便宜に応じて恣意的に使われる。そして、各ユニットは二頭から一九頭で構成されており、メンバーシップは固定していた。三人の牧童は自分がつくった各ユニットの構成員数を「数字」で記憶していたが、自分が全体で何頭を担当しているのか（すべてのユニットを合計すると何頭になるか）を数字では記憶していなかった。

群れの成員の存否を確認するときに牧童は、まず、ひとつのユニットをとりあげる。そして自分の目のまえに散開しているヤギ・ヒツジ群を見まわして、それに属するメンバーを一頭ずつ目についた順に確認すると同時に、自分が確認した頭数を指をおりながらかぞえてゆく。そしてその頭数が、彼があらかじめ念頭においているそのユニットの構成員数と一致したとき、すべてのメンバーがたしかに存在することが確認される。そして牧童は、つぎのユニットをとりあげて同じことを繰りかえす。このようにして三人のすべてのユニットが確認されることで、約二〇〇頭の群れの全体がまちがいなく存在することがわかるのである。この方法は、各ユニットの構成員を「数字」で最終確認しているのだが、たしかに「カタログを一枚ずつめくってゆく」方法であった。

もちろんこの方法は、「搾乳中のメス」や「最近に外部から入手した個体」というユニットが存在することからもわかるように、固定的なものではなく、時間が経過すればユニットは再編成される。わたしがこのときに見ていたものは、こうした変化の過程の一断面なのである。

タンザニアの牧畜民ダトーガの社会を調査した梅棹（一九六六）は、彼らが家畜数をかぞえず、台帳と照らしあわせることもせず、迷子になった家畜がいるかどうかを一瞥しただけで認識できると指摘した。そして彼は、それはダトーガ人が家畜群に対する構造的な把握法をもっているためではないかと推測しているが、そのときに梅棹の念頭にあったのは母系の血縁で結ばれた家畜集団、すなわち母親とその子どもたちという集まりであった。これはトゥルカナの人びとが家畜群の欠損を確認するのと同じやり方である。つまり、家畜群の全体がどれだけ多数になろうとも、なんらかの基準によってそれを下位単位に分割すれば、メンバーの存否を見きわめることは容易なのである。

3 家畜に名前をつける

東アフリカの牧畜社会では、家畜に名前をつけるという慣行が多くの民族について報告されている。たとえばウガンダのカリモジョンについてダイソン・ハドソン (Dyson-Hudson 1966: 96) は、「どのウシも、オスでもメスでも子ウシでも、少なくともひとつ、普通はいくつかの名前をもっている」と記述している。小馬(一九九〇)はケニアのキプシギスがウシに付与する個体名を、一四群一四一頭について詳細に記述し分析している。その一方で、すべての家畜が命名されているわけではないという指摘もある。ディンカ人の調査をおこなったセリグマン夫妻 (Seligman & Seligman 1932) は、「去勢ウシは、ほかの種オスや去勢オスが同じ特徴をもっている場合には、それと同じ名前でよばれているため、その名前は個体名 (individual name) ではない」(p. 169)、「それに対して、経産メスは個体名 (personal name) をもち、それは生涯をとおして使われる。未経産メスにはこのような名前はない」(p. 170) と述べている。ケニアのマサイ社会でも、家畜の個体名は経産メスにのみ付与されているという (Jacobs 1965)。

また、母親につけられた名前がその子どもたちに継承されるという記述 (Merker 1910, Reid 1930) は、いくつかある。これはもちろん、牧畜民が家畜の母親と子どもの親子関係を認知していることを前提としている。タンザニアのダトーガや（梅棹 一九六六）、ケニアのガブラ社会でも（Imai 1982）、母系を通じて個体名が継承されており、その名前は個体名であると同時に家系を示すものにもなっている。

家畜が自分の名前を認識しているという民族誌的な記載も多い（たとえばMassam 1927/1968, Peristiany 1939, Kipkorir 1973, Goldschmidt 1976）。波佐間（二〇一五：一六一）は、ウガンダのカリモジョンとドドスの社会において、すべての家畜には「身体的特徴にもとづく名前が付与されており、それらは放牧や搾乳の場面で呼びかけられる」という。彼は調査地で実際に牧夫にウシの名前を呼んでもらい、対象となったウシがどんな反応をしたのかを緻密に分析することによって、ウシが自分の名前を認識しており、呼ばれると正確に応答することを見いだしている（波佐間 二〇一五：一六〇—一六五）。

わたしと同じくトゥルカナ社会を調査したガリバー（Gulliver 1951: 17）は、成人男性の「同一視」に関する記述のなかで、「すべての去勢ウシは、その角のかたちや毛色、背中のコブのかたちなど、顕著な特徴にもとづく個体名（individual name）をもつ」と記述している。それに対してヴィーンパール（Wienphal 1984, 1985）は、ラクダとウシのオトナのメスは命名されるが、ヤギやヒツジの場合には、搾乳のときに毛色に言及する記述的な語彙で呼ばれるだけで、普通は明確な個体名は与えられないと述べている。

家畜に与えられる名前に関する民族誌的な記述を読んでいると、「個体名」（individual name, personal name）という表現が、家畜に呼びかけるための呼称（names of address）を意味しているのか、あるいは人間同士のコミュニケーションのなかで特定個体を指示するための名称（terms of reference）なのかが、明確に区別されていない場合が多いことに気づく。トゥルカナの人びとは、人間に対しては「名前を与える［つける］（*alimokin ekiro* ＝名前を告げる）」という表現をするが、家畜にはこの表現は使わない。また、ある家畜を目のまえにして、「そいつの名前はなにか（*ngai ekiro kengɛ?*）」と所有者にたずねる場面にも、わたしは出会ったことがない。しかしながら彼らは、経産であって搾乳されたことのあるメスだけには、搾乳のときに呼びかける名前があるという。また、搾乳されずに荷物の運搬用としてのみ使われているロバについては、やはり荷物を積むときに呼びかける名前があるという。第4章でくわしく論ずるようにトゥルカナ社会では、メス家畜が産出するミルクについて、それをだれが利用する権利をもつのかが一頭ずつ決まっており、それに応じて搾乳者もほぼ固定している。経産メスに命名するのは、実際にその個体を搾乳する女性や子どもたちである。ロバに関してもやはり、その個体を駄獣として実際に利用する女性が命名する。そのため、ひとつの家族が所有する家畜には複数の人間が名前をつけていることになる。

わたしは、合計三五〇頭の家畜の名前を記録し、その名前のもつ意味や由来を調べてみた（太田 一九八七b）。その結果、個体名は命名対象となる家畜がもつ、なんらかの属性とかならず関連しており、具体的には多い順に（A）外見的な特徴、（B）出生した場所やそのときの状況、（C）贈与や交換などによる移籍、（D）顕著な行動、（E）遭遇した事件、（F）他個体との関係、に注目して命名されていた。

（A）の名前は全体の七九・一％を占めており、毛色や体型（角や耳のかたち、「背が高い」など）の特徴によって命名されていた。わたしはさきほど、トゥルカナ社会には家畜の毛色に言及するための語彙がたくさんあると述べたが、個体名はこうした単語によって命名されたり、あるいは毛色が野生のリスに似ているものは「リス」、黒い個体は「日かげ」と命名されていた。（B）の名前は六・二％ほどであり、「くぼ地」「ラクダの囲い」といった名前であった。（C）の名前は約五・七％であり、移籍する以前の所有者の人名やその人物が所属するクラン名などに由来していた。（D）は「馬鹿」「あばれもの」といった名前、（E）は「槍」（殺す予定が変更された）、「傷跡」（放牧中に牧夫があやまってナイフで傷をつけた）といった名前、（E）は「斑点模様（母親の毛色）の子」といった名前であった。

このようにトゥルカナ社会では、家畜の名前の約八割が外見的な特徴に注目して命名されているが、命名する個々人は、命名対象となる家畜が有している特徴に思いをめぐらしつつ、ときにはメタフォリカルな表現をもちいて名前をつけている。

さて、ここまでにわたしが「名前」とよんできたものは、基本的には家畜に呼びかけるときの呼称（names of address）である。それでは、特定個体に言及して人同士がコミュニケーションをおこなうときには、どのような表現が使われるだろうか。まず、経産メスの個体名についてわたしが調査していたとき、その家族のメンバーから「そのウシは○○が搾っているから、その名前は○○に聞いてみろ、自分は知らない」と言われたことがあった。経産であってもまだ若いメスの名前について質問したときに、こうした返事がよく返ってきた。搾乳者が命名した経産メスの名前を家族のほかのメンバーに「通達する」ような機会はなく、その名前は、繰りかえして搾乳対象にむけて発声される過程を通じて、人びとに共有され、呼称が名称（terms of reference）として転用されるのである。

それでは、このような個体名（呼称）をもたない家畜、つまり経産メス以外の個体はどのように言及・指示されるのだろうか。家族のメンバーは全員、自分たちの家畜の「顔を知っている」だけではなく、各個体のさまざまな属性に関する情報を共有している。そのためにどの個体についても、性と成長段階、毛色、角や耳のかたち、来歴、ほかの個体との関係（「○○の子ども」「□□のキョウダイ」など）などに言及することによって、当該の個体が目のまえにいなくても、その個体について認識を共有しつつ話をすることができる。このとき彼らは、当該個体がもつ諸属性に「記述的に言及する」ことによって個体を同定しているのである。

ただし、家族のメンバーのあいだでは、各個体に対する言及のしかたが、ある特定の表現に収斂してくる。それはたとえば、同じように「真っ黒なメスウシ」が二頭いる場合、一頭は「クロ」、もう一頭は「日かげ」とよぶ方法が共有され固定する、という現象である。ある個体について採用することが可能な複数の指示方法のなかのひとつが、いわば社会化されることによって固有名に転化されるのである。トゥルカナ人は、このようにして固有名化した表現を個体の「名前」であるとは語らないが、これは明らかに固有名の性格をもっている。ただし、この固有名化の過程が漸進的であることはいうまでもない。

特定の家畜個体を指定し、言及することには、もうひとつの側面がある。これまでに述べてきたのは、対象となる家畜に対して共通の認知をもっている人びとのあいだのコミュニケーションであるが、その認知をもたない人とのあいだでも、情報を交換しなければならない場面がある。たとえばそれは、迷子になった家畜を捜索にゆき、それを見た可能性のある人にたずねるといったときである。このときにも人びとは、家畜に固有名を付与するときに使う語彙と同じものをもちいる。つまり、その個体の性や成長段階、毛色、角や耳切りのかたち、焼印、体の大きさなどの特徴を説明する。しかしこのときに人びとは家畜の属性に「記述的に言及している」のであって、これは家畜の「名前」「個体名」ではない。

4 家畜の個体識別

東アフリカ牧畜社会の人びとは、一頭ずつの家畜の「顔を覚えて」いる。つまり家畜は個体識別されている。これは彼らにとって、家畜がもっとも重要な財産であることを思えば、当然のことであろう。しかし、ラップランドでトナカイを対象として肉利用牧畜（carnivorous pastoralism）をおこなう人びとのあいだでは、T・インゴールド（Ingold 1980）によれば、トナカイは完全には個体識別されておらず、個体の所有権を同定するためには、そのトナカイの所有者を示す耳印が重要な機能をはたしているという。

東アフリカの牧畜民は家畜のミルクを利用するのだが、そのためには母子を隔離して、子どもが母親のミルクを消費してしまうことを防止しなくてはならない。しかし、特にウシの場合には、搾乳するまえに母子を対面させ、子どもに吸乳させて母親の泌乳をうながす必要がある（Amoroso & Jewell 1963）。これを「催乳」とよぶが、自分の子どもがそこにいることを確認することによって母親の脳下垂体からオキシトシンが分泌され、人間がミルクを搾ることが可能になる。トゥルカナの人びとはウシだけにかぎらず、すべての家畜のミルクを搾るためには母子を出会わせる必要があると考えている。彼らの集落には仔家畜用の囲いがあり、母子は夜間には隔離されるし、日中も放牧中には別の場所ですごす。夕方になると母親が放牧からもどってくるまえに、人びとは子どもを囲いのなかに入れ、そこから一頭ずつ取りだして、もどってきた母親と出会わせる。そして、しばらくミルクを飲ませてから母子を分離して搾乳する。その後に母子は二〜三時間をともに過ごしたあと、ふたたびひきはなされて夜間は別々に過ごし、朝にまた出会うことになる。このように母子は一日に二回、出会いと別れを繰りかえすのだが、人びとが家畜のミルクを利用するためにも、仔家畜を哺育し成長させるためにも、母子をきちんと出会わせる必要がある。家畜のミルクに依存する牧畜において、個体を識別して認知することは、食糧（ミルク）を確保し、家畜群を維持・成長させてゆくためにもっとも基本的な技術のひとつなのである。

それだけではなく、母子関係が確実に認知されることによって、家畜の各個体は母系の血縁をたどる系譜上に位置づけられるようになる。「わたしの家畜が生んだ子どもはわたしのものである」という、一見したところ当然の権利も、母系でつながる系譜関係が認知されることで確実なものになる。人びとが家畜の「所有権」や「利用権」を決めたり、家畜を贈与し交換するときにも、それが個体識別されていることは基礎的な条件になっているのだが、それについては第3章と第4章でくわしく検討する。

トゥルカナ人は、自分の家畜をすべて個体識別しているだけではなく、近隣に住むほかの家族の家畜についてもじつによく知っている。たんに識別しているだけではなく、その家畜は「だれのものか」「どんな経歴をもつのか」といった知識ももっている。あるときわたしは友人のトゥルカナ男性に「○○（名前）という男性はどこに住んでいるのか」とたずねたことがある。すると彼は、「さっき（三時間ほどまえ）、あなたと一緒に川の近くを歩いていたときに三頭のロバを見ただろう。あのうちの一頭は『白っぽい毛色をした未経産メス』だったが、その男性はそのロバの持ち主で、あの川の向こう側に住んでいる」と答えたのである。わたしにはロバとすれ違った記憶はあったのだが、そのロバの顔はまったく思い出せなかった。しかしトゥルカナの人びとは、どんなときでも家畜を目にすれば、それを特定の個体として識別し記憶しているのである。

さきほど述べたようにトゥルカナ語には、家畜の性や成長段階、毛色や角のかたちなどを表現する豊富な語彙群があるのだが、人びとは、そうした語彙を駆使することによって特定の家畜個体に言及する。自分たちがどの個体の話をしているのかについて、その個体が目のまえにいなくても、人びとはいとも簡単に共通の認識をもつことができる。わたしたちが一人ひとりの人間を識別しているのと同じように、まさに彼らは「家畜の顔を知って」いる。

トゥルカナ人は、いったい何頭の家畜を記憶しているのだろうか。これを知ることは容易ではないのだが、推定できる材料がある。本書の序章でわたしは、一九八〇年の現地調査のときに家畜を記憶するために一頭ずつカードをつくっていたことを述べたが、その後には、自分が寄寓していた家族や近隣に住む人びとの家畜群について、一頭ずつ写真をとってカードに貼り、個体識別のために使っていた。そのカードを一枚ずつ所有者に見せながら、その家畜が何頭の子どもを生み、各個体がどのように使われたのか、だれかに贈与されたのか、ほかの家畜と交換されたのか、あるいは売却されたのかなどに関する調査をおこなったのである。最初はわたしが家畜の写真をとることに難色を示していたトゥルカナの人びとも、こうして家畜の写真を一枚ずつ見ながら話をしてゆくうちに、「オータ、わたしの家畜のなかで写真をとっていないもの、カードがないやつがいるよ」と教えてくれたりもするようになった。

わたしは、ある一家のヤギについて一九八八年一〇月に写真をとり、そのフィルムをナイロビまで持っていって現像・印刷して調査地に持ち帰り、同年一二月に聞き込みをした。その時点でこのヤギの群れは、写真があったものが二〇七頭（表2―1）、写真がないものが九四頭（成獣が一五頭、子ヤギが七九頭）、合計三〇一頭だっ

写真2-5　わたしがつくった家畜の個体カードを見る男性たち

表2-1　ある一家のヤギの個体識別（1991年5月）

写真のあるもの			写真のないもの			合計
いる	いない	計	いる	いない	計	
67	140	207	156	217	373	580

た。わたしは写真がないものもふくめてすべてのヤギについて一頭ずつカードをつくり、相互の母子関係や兄弟姉妹関係、来歴、だれがミルクを搾るのか、毛色はどう表現するのかなどに関して、所有者の男性から聞き込みをした。そしてその二年半後、一九九一年五月にわたしは調査地にもどり、前回につくったカードを同じ男性に見せながら、その後にこのヤギ群がどうなったのかをたずねてみた。

表2―1を見てほしい。一九八八年に写真撮影ができていた二〇七頭のうち、一九九一年に現存していたのは六七頭、すでに食用にしたり売却したりしていなくなったものが一四〇頭だった。そして、

写真2-6　ヤギのミルクを搾る少年

表2-2　ある一家のヒツジの個体識別（1991年5月）

写真のあるもの			写真のないもの			合計
いる	いない	計	いる	いない	計	
17	109	126	36	187	223	349

一九八八年に写真がとれなかった九四頭と、その後に生まれた個体をあわせて三七三頭に関しては、一九九一年の時点で現存していた個体が一五六頭、すでにいなくなったものが二一七頭だった。つまり一九九一年の調査時には、このヤギ群の所有者は合計五八〇頭のヤギについてわたしに話をしてくれたのである。

わたしは、この家族のヒツジについても同様の調査をしている（表2―2）。その結果、詳細は省略するが、この群れの所有者は一九九一年には合計三四九頭のヒツジについて語っている。ヤギとヒツジをあわせると、この男性は九二九頭にのぼる個体について、わたしと話をしている。この調査では、全体の約三五%の個体については写真があり、また、各個体は母系の系譜集団ごとに整理してあった。そのため、この群れの所有者にとっては記憶を喚起しやすい条件のもとで、わたしと話をしていたことになる。しかし、これはわずかに二年半の期間に彼が所有していたヤギ・ヒツジにすぎないし、彼はこのほかにもウシとラクダ、ロバをもっている。彼が個体識別して記憶している家畜は、少なく見積もっても一〇〇〇頭を超えていたことはまちがいない。驚くべき記憶力である。

トゥルカナの人びとは、五~六才になれば仔家畜の群れを放牧するようになり、一〇才をすぎると年長の青少年と一緒にオトナの家畜群の放牧にたずさわる。メス家畜の搾乳時に母子を対面させるとき、囲いから仔家畜を取りだしてその母親のほうへ追うのも、小さな子どもの役割である。このような訓練を経て、多数の家畜を個体識別する能力は一〇代の後半には完成していると思われる。実際に、ひとつの家族がどんな家畜を所有しているのかをもっともよく知っているのは、毎日、その家畜を放牧している牧童である。わたしが家長に「あのヤギはどんな子どもを生んだのか?」と質問していたとき、その場にいた牧童を務めている一〇代の少年に、家長が「どうだったっけ?」とたずねる場面に何度か遭遇している。

5 家畜が「独自な個体」として扱われることの意味……歴史の結節点

以上に示してきたように東アフリカの牧畜民は、家畜を個体識別して記憶しているし、トゥルカナの人びとは、自分がだれからどんな家畜を受けとったのかをすべて覚えている。つまり彼らは、家畜の贈与や交換について語るとき、その個体の「顔」を具体的に思い出しているのである。以下に、そのことをよく示すふたつの事例を示そう。

［事例2―1］

わたしが寄宿していた家族のところに、家長の母の姉妹の娘（A）の夫（B）がたずねてきた。彼は、いつも遠方に住んでいたため、わたしはその名前を聞いたことはあったが会うのははじめてだった。Bをわたしに紹介するときに家長は「あなたは自分の○○の色をしたメスウシを知っているだろう。あれをくれたのがこの男だ」と言った。そのウシはBがAと結婚したときに、婚資として家長の母に支払われたものである。家長は、わたしがそのメスウシを識別して記憶しているだけではなく、そのウシの由来も知っていることを前提として話している。

［事例2―2］

一九八〇年九月、それまではヤギ群の牧童をしていたA少年が小学校に入学することになった。旱魃のために彼の一家のヤギ群が大きく減少し、牧童の仕事がなくなったのである。学校にかようためには制服が必要だった。そして彼の類別的な交差イトコであるBが自分の去勢ヤギを売却して、その出費をまかなった。このときAはまだ一〇歳ぐらいだった。一三年後の一九九三年、わたしはAの記憶をためしてみ

表2-3　40代後半の男性による家畜の授受

	計	オスヤギ	メスヤギ	オスヒツジ	メスヒツジ	オスウシ
贈与された家畜						
「同一視」	15	14	—	—	—	1
繁殖用	15	1	10	1	3	0
食用・売却用	11	2	5	4	0	0
小計	41	17	15	5	3	1
贈与した家畜						
「同一視」	7	7	—	—	—	0
繁殖用	8	1	6	0	1	0
食用（客のために槍で殺した）	25	10	12	1	2	0
食用・売却用	9	6	1	0	2	0
小計	49	24	19	1	5	0
基本家族内で食用	28	14	9	2	3	0
総計	118	55	43	8	11	1

ようと思い立って、彼に「昔、Bが○○の毛色をした去勢ヤギを売ったことがあったけれど、その金でなにを買ったのか知っているか」とたずねてみた。このときにAとわたしは小学校の話をしていたわけではない。わたしは「Bはあなたのためになにかを買った」とも言ってはいない。わたしの質問は唐突なものだったはずである。それにもかかわらずAは、ニヤリと笑って即座に「自分の制服だ」と答えた。

トゥルカナの人びとが家畜個体を記憶していることがわかってきたので、わたしは親しくしていた男性二人に、それまでの人生で自分が与えた家畜ともらった家畜を思い出してもらい、どんな家畜を、だれと、どんな機会にやり取りしたのか、一頭ずつ記録してみた。調査当時に四〇代後半だった男性が贈与を受けた家畜は計四一頭であり（表2―3）、そのうち「同一視」を契機にしたものがオスヤギ一四頭とオスウシが一頭、

表2-4　30代前半の男性による家畜の授受

	計	オスヤギ	メスヤギ	オスヒツジ	メスヒツジ
贈与された家畜					
「同一視」	23	23	—	—	—
繁殖用	2	1	0	1	0
食用・売却用	0	0	0	0	0
小計	25	24	0	1	0
贈与した家畜					
「同一視」	13	13	0	0	0
繁殖用	16	0	15	0	1
食用(客のために槍で殺した)	10	6	4	0	0
食用・売却用	9	8	1	0	0
小計	48	27	20	0	1
総計	73	51	20	1	1

基本家族内で食用にした家畜に関しては質問していない

群れの繁殖用が計一五頭、食用・売却用が一一頭だった。彼がだれかに贈与した家畜は計四九頭であり、そのうち「同一視」を契機にしたものが七頭、群れの繁殖用が八頭、訪問してきた客に食べさせたものが二五頭、食用・売却用が九頭だった。そして彼が基本家族（第4章参照）のメンバーに食べさせたものが計二八頭で、この合計は一一八頭である。この男性は、約三〇年におよぶ期間に自分が関与してきた出来事を、まったくよどみなく列挙している。

わたしが話を聞いたもうひとりの男性は、調査当時三〇代の前半だった（表2―4）。彼が贈与された家畜は合計二五頭であり、そのうち「同一視」が二三頭、群れの繁殖用が二頭だった。彼が誰かに贈与した家畜は計四八頭であり、そのうち「同一視」が一三頭、群れの繁殖用が一六頭、客に食べさせたものが一〇頭、食用・売却用が九頭だった。この合計は七三頭になる。なお、彼が基本家族のメンバーに食べさせた家畜については質問していない。

このように家畜に関する彼らの記憶は、おどろくべき深さをもっている。なんらかの機会に贈与され、交換された家畜は、たんなるウシ一頭、あるいはヤギ一頭ではない。「○○の毛色」をした「□□の角のかたち」をもった「あいつ」なのである。そして人びとは、こうした具体的な個体に関する記憶を喚起しながら、自分たちの社会関係や過去の出来事を語る。

［事例2―3］

わたしがトゥルカナの地で調査を始めてから一五年ほど経過したとき、ひとりの長老がわたしを訪問してきた。わたしは最初のフィールドワークのときからこの男性を知っており、親しいつきあいをしてきたが、当時は少し疎遠になっていた。わたしは彼にお茶を出したあと、きちんとした応対をせずに自分の調査記録の整理をしていた。すると彼は、「あなたを○○や□□（いずれも地名）に連れて行ってやったのはだれなのか（自分である）」と言い、そのあとで「今までに自分があなたに何頭のヤギを食べさせたか覚えているか」と言い出した。このように「恩を売る」かのような発言をわたしは聞いたことがなかったので驚いて、「なぜ、そんなことをたずねるのか」と問い返したが、彼はそれには答えず、わたしに与えたヤギの毛色を一頭ずつ「△△、××……」と列挙していった。それは四頭だった。一方わたしは四頭のヤギを「もらったこと」は覚えていたものの、各個体の毛色つまり「顔」は記憶していなかった。

もうひとつ、別の出来事を紹介しよう。

［事例2―4］

調査地でわたしは、ある日、友人の集落を訪ねて一頭のオスヤギをもらって帰宅した。すると別の友人Xがやってきて、「そのヤギを売ってくれないか」と申し出た。さきほど述べたようにトゥルカナの男性は、それぞれが「自分の毛色」をもっており、その毛色をした去勢オスと「同一視」とよばれる関係をつくる。わたしがもらってきたオスヤギはXの「毛色」をしていた。彼はまた、わたしと一緒にトゥルカナの調査をしていた研究者に雇われており、そのヤギを購入するための金をもっていた。わたしとXは値段の交渉をして合意し、わたしはそのヤギを売却した。Xは非常に喜び、そのヤギについての歌をつくったときに「オータからもらった」というフレーズを歌のなかに読み込んでいた。そして機会があるごとに「オータは自分に去勢ヤギをくれたのだ」とほかの人びとにも語っていた。

わたしたちの感覚からすれば、わたしは、すぐには食べる必要がなかったヤギを、市場価格を参照しながら交渉のすえに値段を決めて売っただけである。また、Xの周囲の人びとは、そのヤギがわたしからの「贈与」ではなく「売買」によってXに譲渡されたことを「知って」いる。しかしながらトゥルカナの人びと、そしてXにとって重要なのは、そのヤギの市場での価値ではない。Xは、その去勢オスを市場交換によって入手したとは考えていない。「同一視」の対象となる去勢オスという特別な価値をもつものを手にいれたことこそが重要であり、わたしがそれに寄与したのもまた、たしかなことなのである。こうして、この特定の去勢オスはわたしとXのあいだで紡がれてゆく歴史の結び目のひとつとなった。

このように、一頭ずつ個体識別されて記憶される家畜は、人びとの社会関係を表現するための媒体となる。

しかし、すべての家畜が正確に記憶され、語られるわけではない。あるときわたしは、ひとりの男性が所有するウシの由来についてたずねていたとき、「それは○○（彼の父系リニッジから婚出した娘）が婚出したときに、婚資としてはいってきた」というウシに出会ったことがある。しかし、その結婚はかなり昔のことだったにもかかわらず、そのウシは未経産の若いメスだった。その点を彼に質問してみたところ、正確にはそのウシは、上記の結婚のときに婚資として入手したメスウシが、その後に生んだオスウシを交換に出し、その支払いとして得たものだった。この男性は、もちろんこうした事情を「知って」いた。それにもかかわらず、わたしに対する最初の説明では、家畜が交換された事実が省略され、最初の由来だけが語られている。彼にとっては「家畜の交換」よりも、その交換を可能にした「婚資の受けとり」のほうが、この未経産メスの由来として重要なのである。

トゥルカナ社会では、家畜の由来に関する説明のときに、このような省略がよくおこる。そして、やがてはこの男性が「知っていた」事実は忘れ去られて、この未経産メスとその子孫は「○○が婚出したときに婚資として入手したもの」として記憶されるだろう。すべての個体が同じように機械的に記憶され、語りつがれるわけではない。特定の文脈にしたがって記憶から消去される個体が存在し、逆に、実際のやりとりとは異なる文脈に位置づけられる個体がいることによって、ある「事実」が構成され歴史が語られてゆく。

トゥルカナの人びとの社会関係は、家畜の贈与や交換によって織りなされてゆくのだが、そうした歴史の結節点にはいつも特定の家畜が燦然と存在する。家畜の一頭一頭が、他個体と置換できない独自なものと認知されていることによって、その贈与や交換が「彼／彼女」と「わたし」、あるいは「あなた」と「わたし」のあいだでおこなわれた特別なものとなる。このことは、わたしたちの社会で特別な機会に授受される贈り物のことを想起すれば、よくわかるだろう。たとえば、わたしがこうした機会に一枚のシャツをもらったとする。「この」シャツと同じものは世界に何百枚もあるだろう。しかし「この」シャツは、ほかの同じシャツではけっして置換できない特別なものである。

このように家畜個体の識別と記憶とは、社会関係を語り、歴史を構築してゆく過程で人びとが操作し、活用する文化装置なのである。この点についてわたしは、家畜が「個体性」をもつと論じたことがあるが（太田一九八七a）、個体性（単独性）は文脈によって変化する。ここで思い出されるのは「モノの社会生活」（social life of things）という考え方を提唱したA・アパデュライ（Appadurai 1986）の議論である。一般的に経済学では「商品」とは市場で売買される財やサービスを意味するが、アパデュライは、なんらかの使用価値をもち、ほかの財やサービスと交換されるすべてのモノを商品として把握する。そして貨幣を媒介とする市場経済と非貨幣経済とを対照的で相反するものと考える二分法を克服するために、ひとつのモノが、貨幣をふくむほかのモノやサービスと交換できるかどうかは、状況によって変化することに注目した。

I・コピトフ（Kopytoff 1986）も同様の視点に立ち、あるモノが商品になったり、商品ではなくなったりすることを理解するためには、文化的な文脈を考慮することが不可欠であることを強調した。わかりやすい事例は奴隷である。奴隷は、人間として独自性をそなえた個人であるが、その単独性（singularity）が失われて商品化（commoditization）されることで売買され、その後、周囲の人びととの関係のなかで単独性をある程度は取りもどすが、また商品として売り出されるかもしれない。奴隷と同様にモノもまた、単独化（singularization）と商品化を両端とする連続的な軸のうえで、その性質が変化することがある。彼はこうした変化を文化的・認知的なプロセスとして把握する視点、すなわち「モノの文化的な一代記（cultural biography of things）」という分析の視座を提出した。

わたしと同じくトゥルカナ社会を調査した人類学者のV・ブロク・ドゥーウ（Bloch-Due 1999: 78-80）は、個体識別されている家畜が単独性――わたしがいうところの「個体性」――をもつことを論じたあと、トゥルカナ郡の県庁所在地ロドワにある家畜のマーケットについて以下のように述べている。マーケットで家畜が売買されると、それまでにその家畜がもっていた単独性が消去され、家畜は「無名（anonymous）」で「異化可能（alienable）」になる。現金収入があり、マーケットで家畜を購入できる人びと、とくに教育を受けた若者たちはマーケットを積極的に利用したいと考えている。そして現金で購入された家畜は、より排他的に個人的な所有物としてあつかわれることになる。ブロク・ドゥーウの家畜の「単独性が消去される」というこうした議論は、上記のコピトフの視座を活用しつつ、一頭の家畜の性質が変化することに注目している。家畜の単独性は、マーケットを通過することによってマネー・ロンダリングのように消去されるのである。

ブロク・ドゥーウ（Bloch-Due 1999: 80）は、このことを如実に示す、ひとりの若者のとても印象的な語りを紹介している。

> 自分が友人からもらったオスヤギ、あるいは近隣民族から略奪してきたウシを家に連れて帰ると、母親はとても喜んでわたしを大歓迎し、その家畜を囲いのなかに自分で入れるだろう。しかし、わたしが今日、マーケットで買ったヤギを家に連れて行っても、彼女は黙って立っているだけで笑顔も見せない。わたしは自分でこのヤギを囲いに入れることになるだろう。

マーケットで購入したヤギは、個人的な所有物であって「家」の財産にはならない。この母親は、息子がそのヤギを自分に相談せずに「勝手に」処分することを知っているのである。

個体識別され、個々に独自の存在として認知されている家畜個体は、それ自身の「一代記」をとおして所有者のライフヒストリーや社会関係を担い、それを表象する文化装置であるが、その個体性を消去して、個体の価値をたんなる量的なものに還元することも可能である。トゥルカナの東に隣接して住むサンブルも、同じように牧畜につよく依存する生活をしてきた人びとである。この地域では、県庁所在地マラランの南三五キロメートルほどのところにあるスグタ・マルマルに、一九九一年に家畜市が開設され、週に一度の市の日には、サンブル地域全体から多いときには二〇〇〇頭近くの家畜が持ち込まれている（湖中 二〇〇六）。この家畜市で、わたしは異様な光景に出会った。サンブルの外部からこの市に家畜を買いにくるキクユ人などの商人は、自分が買おうとするヤギやヒツジをなでまわして肉づきを確かめるだけではなく、両手で抱きあげてその重さを量っていた。わたしは、家畜を売りに来ているサンブルの人びとが、自分の家畜をそんなふうにあつかうことを商人に許していることにびっくりしたが、さらに驚かされたのは、その家畜市でヤギやヒツジを買おうとするサンブル人もまた、まったく同じようにしていたことである。

トゥルカナにとっても、家畜をやりとりするときにはその家畜が太っているかどうかが話題になる。しかし、彼らは抱きかかえて重さを量ったりはしない。サンブルもまた、トゥルカナと同じように家畜個体を記憶し、その贈与や交換をとおして社会関係を構築し、維持してきた人びとである。彼らにとっても家畜は、単独性（個体性）をもったものとして認知されているにちがいない。「抱きかかえる」という行為は個体の質的な属性や価値を、数量で表現できる重さという単一の規準に還元する。すなわち、家畜は単独性を消去されることによって商品化されている。抱きかかえることによって実際に、目で見たときよりも、どれだけ本当に家畜の体重や太り具合がわかるのかは、さだかではない。市で家畜の重さを量るサンブルの人びとの行為が、家畜個体の単独性に決別するための儀礼的な手続きのようにみえたのは、わたしの思いこみだろうか。

東アフリカの牧畜社会では、家畜は食糧を提供するための経済的な資源であると同時に、社会関係を媒介するという重要な役割を担ってきた。しかし、この社会に市場経済が浸透し、現金を使う頻度が高くなってくると、人びとの家畜に対する認識やその利用のしかたも変化するようになる。一般的に、商品化という現象が価値の同質化を意味するならば、牧畜社会で家畜が商品としてあつかわれるという新しい状況は、家畜の単独性が変容する過程として把握することができるだろう。わたしは、以下のような経験をしたことがある。二〇〇二年八月、現地に滞在していたわたしにヤギを売りにきた青年は、その値段の交渉をしているときに、以下のようにわたしを説得しようとした。「町の肉屋がこのヤギを解体して売れば、頭は〇〇シリング、足一本は〇〇シリング、背中の部分は〇〇シリング……になる。はぎ取った皮だって〇〇シリングで売ることができる。これを全部足してみろ。わたしが今、提案している金額がどれだけ安いか、わかるだろう」。こうした論理は、わたしたちにとってはなじみやすいものだ。しかし、わたしは一九七八年からこの地域で調査をしてきたが、このような理屈を耳にしたのははじめての経験だった。この青年には、当のヤギが解体されて肉屋の店先にならんでいる姿が見えていたのである。もっとも直截に家畜の単独性を消去する方法は、それを部品に分解してしまうことだったのだ。

牧畜社会に市場経済や貨幣が浸透すると、それにともなって家畜に対する認識や交換の様式がどのように変化するのかは、第3章でもう少し、くわしくあつかう。

第3章

家畜の贈与と交換

1　市場経済と貨幣の浸透

東アフリカの牧畜社会で家畜は、ミルクや肉といった食糧を提供すると同時に、現金獲得の手段であり、家畜同士あるいはほかのモノと交換される。このような家畜の経済的な重要性に注目した研究では、家畜はしばしば「原始貨幣（primitive money）」あるいは「原始通貨（primitive currency）」のひとつであるとされてきた。原始貨幣とは一般に、近代貨幣がもつ機能の一部を担っているものであり、具体的には、金、銀などの金属や黒曜石、ガラス玉、塩、たばこ、布、貝類など、多くのものが貨幣として使われてきたと論じられている。こうした研究の先駆者であるP・アインツィヒ（Einzig 1947: 325）は、原始貨幣について論ずるためには、経済学者が近代貨幣を定義するやり方よりも、もっとひろく柔軟な定義が必要であるとする。そしてその立場から貨幣の定義を検討したあとで原始貨幣の定義をおこなっているが、それは単純化すれば、「計算の手段として、そして支払いの手段として使われるもの」というものである。彼によれば、東アフリカでは家畜や鉄製品（鍬など）、ビーズ、塩、たばこ、綿布、雑穀、宝貝などが原始貨幣として使われ、家畜は婚資や殺人の賠償の支払いにももちいられてきた（Einzig 1947: 120-137）(1)。

東アフリカで調査をした経済人類学者のH・シュナイダー（Schneider 1968）は、家畜同士が交換されるだけではなく、家畜は穀物やたばこ、ヒョウタンなどの農作物や、鉄製品、土器など、さまざまなモノと交換されてきたことに注目している。彼は、「価値の尺度（standards of value）」「交換の手段（media of exchange）」「価値の貯蔵手段（stores of value）」という機能をもつ家畜は貨幣のひとつであると論じ、それがいろいろなモノと固定的なレートにもとづいて交換されてきたと強調する。たとえばタンザニアのトゥル社会には、以下のような交換レートが存在したという（Schneider 1968: 427-9）。

ヤギ・ヒツジ三頭＝若いオスウシ一頭
ヤギ・ヒツジ五頭＝若いメスウシ一頭
ヤギ・ヒツジ一頭＝鉄製の鍬一つ、あるいは槍一本、あるいは弓一本と矢五本、あるいは盾一つ
ヤギ・ヒツジ二頭＝ダチョウの羽の頭飾り
ヤギ・ヒツジ三頭＝コロブスモンキーの皮（＝若いオスウシ一頭）
一斗カン一杯の穀物＝五シリング
ヤギ・ヒツジ一頭＝二〇シリング＝一斗カン四杯の穀物

（1）この研究は、貨幣の機能を担うモノが世界中でどのように使われてきたのかを網羅的に記述しているが、その記述の根拠となっている原典には、信頼性の低いものもふくまれている。たとえばEinzig（1947: 127）は、アメリカ人の作家で冒険家であるネグリー・ファーソン（Negley Farson）の書物から、以下の挿話を引用している。ケニアに住むカンバ人は、年老いたウシや病気のウシを手放さないことについて（おそらく白人の）農業の専門家になぜかと問われたとき、「ちょっと待ってください、旦那。一ポンドの紙幣は、どんなにしわくちゃで破れそうになっていても新しい紙幣と同じ価値があるでしょう。ウシも同じことなのです」と説明し、その専門家を論破した。この挿話は、明らかにヨーロッパ人による作り話か、あるいはヨーロッパ人の貨幣に対する態度を完全に理解して、それを揶揄しているカンバ人の発言である。

若いメスウシ一頭＝一斗カン二〇杯の雑穀（＝ヤギ・ヒツジ五頭）
若いオスウシ一頭＝一斗カン一二杯の雑穀（＝ヤギ・ヒツジ三頭）

この交換レートは、全体としてみごとに一貫した整合性をそなえている。シュナイダー（Schneider 1968）は、トゥルの人びとが標準化された価値尺度にもとづいてモノを交換するシステムをもっていること、そしてそれはヨーロッパやアメリカの市場経済と質的に変わらない経済システムであることを主張している。彼はまた、こうした特徴は東アフリカのほかの社会でもひろく見いだせると論じている。

一方、同じく経済人類学者であるG・ドルトン（Dalton 1965）は、これとは逆の主張をする。彼は、近代貨幣がもっている特徴＝機能を列挙しつつ特定の原始貨幣がその機能をもつかどうかを検討することや、なにが「本当の」貨幣であるかを問うことには意味がないと論じた。その理由は、そもそも「本当の」貨幣のモデルとして使われる近代貨幣は、国家が統制する市場経済と不可分のものであるのに対して、原始貨幣が使われている社会の経済的・政治的な状況は大きく異なっているため、近代貨幣と原始貨幣とは簡単には比較できないからである。彼は、近代貨幣が匿名的で商業に使われるのに対して、原始貨幣はしばしば系譜や個性をもち、聖なる目的のために使われ、道徳的で情緒的な意味あいをもっていると指摘している。

このように、シュナイダーとドルトンの主張は大きく異なっている。よく知られているように経済人類学では、前者の立場は「形式主義」学派、後者は「実体＝実在主義」学派を形成して論争をおこなってきた。前者は、近代的な市場経済が浸透していない社会であっても個々人は合理的な選択や意志決定をおこなっていると考え、どの社会であっても新古典派の経済モデルによって研究できると主張する立場である。それに対して後者は、近代的な市場経済は人類史のなかで特殊なものであって、その研究によって得られる知見を普遍化することはできないと考え、非市場社会における経済活動は個々の社会や文化のなかに「埋め込まれて」いるとみなす立場である。もちろん後者は、カール・ポランニーの研究を基礎においている（たとえばポランニー 一九七五）。

わたしは、近代西欧的な市場経済モデルがどの社会にも普遍的に適用できるとは考えていない。しかしその一方で、市場社会と非市場社会を二項対立的に措定してしまうような、単純でスタティックな実体主義の議論にも賛同できない。ここでは、この両者の古典的な論争にこれ以上は踏み込まないが、「家畜は貨幣か」という問いを立てること自体には、あまり意味がないことを述べておこう。この問いに答えるための常識的な方法は、最初に貨幣とはなにかを定義し、そして特定社会における家畜の使われ方が、この定義にあてはまるかどうかを比較し検討するということになるだろう。さきほど紹介したシュナイダーは、経済学で使われてきた貨幣の機能に関する定義に依存して議論を展開している。

しかしながら実際には、この方法には大きな困難がある（ドッド 一九九八）。第一にドルトン（Dalton 1965）が指摘しているように、貨幣の定義は近代貨幣をアプリオリに念頭においておこなわれるため、それと家畜を比較することによって得られる解答は、結局のところ、近代貨幣はすべての機能をはたし、近代以前の貨幣である家畜は少数の機能しかもたないというものになってしまう。第二に、近代貨幣と原始貨幣といっても、具体的にはなにを比較すればよいのかという問題がある。ポランニー（一九九八）は近代貨幣が「全目的」的であり、近代以前の貨幣が「特定目的」的であるとした。しかしながら具体物としての貨幣をとりあげれば、近代貨幣には紙幣や硬貨以外にも、小切手や手形、クレジットカードなど多様なものがあるわけだが、そのそれぞれが、貨幣がもつとされる機能のすべてを担っているわけではない。たとえば紙幣や硬貨を財の蓄蔵手段として使うひとはほとんどいない。つまり経済学の分野で常識のように使われてきた貨幣の機能――「価値の尺度」「交換の手段」「価値の貯蔵手段」――は、具体物としての貨幣にはかならずしもあてはまらない。経済学は、さまざまなかたちをとっている貨幣がお互いにいつでも置換が可能であるという前提のもとに、その全体が資本主義的な商品世界の存立を支えているという抽象的な貨幣を想定しているのである。

ここでわたしは「家畜は貨幣であるか」という問いをたてるのではなく、トゥルカナ社会で家畜がどのように所有され、交換されているのかを記述することに主眼をおくことにする。また、この四〇年ほどのあいだに東アフリカ牧畜社会はグローバル化する経済の影響を大きく受け、市場経済が深く浸透するという変化を経験してきた。トゥルカナ社会では、わたしが現地調査を始めた一九七〇年代末にも、もちろん貨幣が使われていたが、その流通量は現在までに爆発的に増加し、日常生活のさまざまな場面において貨幣が不可欠のものとなった。牧畜社会に貨幣が浸透してゆくとき、家畜に対するあつかいはどのように変化してゆくのだろうか。

人びとが市場経済や資本主義的な生産、そして貨幣の浸透に対して複雑な対処をしてきたことは、各地から報告されている。たとえば、ケニアのルオ社会を調査したP・シプトン（Shipton 1989）は、経済的な環境の変化に対する人びとの反応を理解するためには、当該社会の文化（価値や慣習、信念、社会組織など）を考慮することが重要であると強調する。ルオ社会では、貨幣の入手手段が、その貨幣の使用方法を大きく制限する。彼らは「苦い金（bitter money）」という観念をもっている。拾得したりクジで当てた貨幣、泥棒や殺人などで得た貨幣、あるいは土地や金（きん）、たばこやマリファナ、オンドリを売却して得た貨幣が、このカテゴリーに入る。「苦い金」を所有することには宗教的な危険がともなうし、その貨幣で家畜を購入したり婚資を支払ったりすることはできない。祖先から相続した土地を売却することは、父系親族に対する不敬の観念や、それに権利をもつ多くの人びとに対する不正の観念と結びつく。シプトン（Shipton 1989）は、家族の財産をめぐる世代間やジェンダー間の権利などを多角的に検討し、「苦い金」という観念は、どちらかといえば平等主義的であったルオ社会に、所有における個人主義という新しい現象が登場したことによって引きおこされた緊張関係に対する人びとのリアクションを表象するものであると結論している。

わたしたちも特定の手段で入手した貨幣を「汚い金」と表現するが、ほかの地域の人びとも同じ貨幣に対してさまざまな分類をもちこむ。スーダンのヌエル社会では（Hutchinson 1992）、「賃労働によって得た貨幣」は、所有者がどちらかといえば個人的に所有し、比較的自由に処分できるのに対して、「ウシを売却して得た貨幣」の場合には、そのウシに対してなんらかの権利をもっていた人びとが、その貨幣に対しても権利を保持し続ける。そのため、前者の貨幣が物乞いの対象になるのに対して、後者は繁殖力のある若いウシを購入するために保存される。

ヌエル社会では、入手方法によって貨幣が峻別されるだけでなく、ウシもまた、入手の経路によって区別される。すなわち人びとは「貨幣によって購入したウシ」と「婚資として得たウシ」を区別し、前者により個人主義的な所有を認めている。前者のウシは、所有者が比較的自由に処分できるのだが、後者のウシは「祖先から受け継いだ牛群」の一部となるのである。この点は、第2章の終わりで紹介したブロク・ドゥーウ（Broch-Due 1999）の指摘と同じである。

ヌエル社会ではまた、一九三六年と一九八三年をくらべると離婚が三倍に増えているのだが、離婚する場合に娘（妻）の父系親族は、婚資として得たウシを返却しなくてはならない。しかし、ひとつの結婚のときに

「婚資として得たウシ」を、さらに別の結婚のための婚資として使ってしまった場合には、前者の結婚が破綻して婚資のウシを返却する義務が発生したとき、後者の結婚のためにすでに手放してしまったウシも返却対象となるため、後者の結婚も連鎖的な影響を受けることになる。そのため、婚資を受けとる人は、「婚資として得たウシ」ではなく「貨幣によって購入したウシ」を好むようになっている。後者のウシは、より安全な財産と見なされるのである（Hutchinson 1992）。

南部アフリカにも目をむけてみよう。ツワナ社会では婚資の支払いなどの重要な社会的交換のためには、実際には貨幣が使われていたとしても、人びとはそれをつねにウシの数に換算する。つまり婚資はウシによって支払われたと見なされる。そのことによってツワナ人は、婚資の支払いに代表される社会的な交換を、貨幣を媒介とする市場交換から峻別しているのである（Comaroff & Comaroff 1990）。レソト社会でも、婚資は家畜によって支払われる。家畜は簡単には売却できないとされており、なんらかの理由で本当に困窮した人が食糧を購入するときにだけ売却される。多くの家畜をもつ人は、それをクライアントに貸し出し、パトロンとして地域社会のなかで地位を高め、同時に世帯の家長としての地位も確保する。つまりソト人の社会では、家畜は簡単には売却できないという文化的な制約が維持されることをとおして、年長男性の社会的権威が再生産されている（Ferguson 1985）。

このように人びとは、浸透してくる貨幣に対して多様で複雑な反応をしている。貨幣は単純には家畜と置換されない。トゥルカナにかぎらず東アフリカでは、多くの牧畜民の居住地は生産性の低い乾燥地域であって、都市部から遠くはなれた場所に位置している。そのために人びとは、どちらかといえば「近代文明」の辺境で生活してきた。しかしながら現在、こうした地域にも市場経済が急速にひろがり、人びとの生活は大きく変容している。家畜の贈与や交換を媒介としてつくられてきた人びとの社会が、市場経済の浸透によってどのように変化してゆくのかを考えるためには、この人びとの家畜交換と、貨幣を媒介とした商品交換との異同をしっかりと見きわめておく必要があるだろう。結論を先回りして簡単に述べるならば、シュナイダー（Schneider 1968）の見解とは反対に、わたしたちの世界でおこなわれている貨幣を媒介とした商品交換とトゥルカナの家畜交換とは、重要な点で異なっていることが示されるはずである。

2　家畜とモノの交換

トゥルカナ社会で家畜は、いろいろなモノと交換することができる。家畜以外のモノとの交換にもっとも頻繁に使われる家畜は、七〜八か月齢ぐらいで完全に離乳した若いヤギやヒツジである。性別を問わずにこの月齢の一頭のヤギ・ヒツジは、以下のモノと交換できるとされている。ヒョウタン二〜三個（大きさによる）、布一枚、上着一枚、槍一本、鉄製の斧三つ、近隣で生産されるたばこのかたまり（直径六〜八センチ、長さ約三〇センチ）四本、モロコシ（ソルガム）一斗カンで一・五〜二杯、大きな木製容器一つなどである（二〇〇〇年当時のレート）。こうした「交換レート」については、人びとのあいだに見解の相違はほとんどない。つまり、さきほど紹介したシュナイダー（Schneider 1968）が報告しているように、固定的な交換レートが存在する。この部分だけを見るかぎり、シュナイダーの見解は正しいかのように見える。

ただし、家畜がモノと交換される頻度はそれほど高くはない。ここに列挙したモノの多くは耐久性が高いことが、交換の頻度を低くしている理由のひとつである。また、町で購入したモノを遠方に運んで家畜と交換し、利ざやをかせぐ行商人もいるのだが、多くの人びとは数十キロメートルの道を歩いて自分で町まで家畜を連れてゆき、それを売却して必要なものを購入している。

ところで、トゥルカナ人が家畜やモノを売買するときには「*aki-giel*」という動詞が使われるが、この動詞が意味するところは「売る」でも「買う」でもない。「売る」という行為は、主語となる人の位置から「向こうへ」という方向性をあらわす接尾辞をつけたかたち「*aki-giel-ar*」で表現される。それに対して「買う」という行為は、接尾辞をつけないことも多いのだが、意味を明確にするときや行為者の意志を表明するときには「こちらへ」という方向性をあらわす接尾辞をつけて「*aki-giel-un*」という。つまりこの動詞「*aki-giel*」は「売る」と「買う」の両方の意味をもち、あえて翻訳すれば「家畜やモノとカネを交換する」という意味になる。

同じように、家畜とモノを交換するとき、そしてモノとモノを交換するときにも、この動詞はふたつの接尾辞をつけることによって使いわけられる。たとえばわたしが自分のヤギをだれかに提供して、交換に槍を手に入れたとする。このときのわたしの行為は「ヤギを〈*aki-giel-ar*〉した」（＝「向こうへ〈*aki-giel*〉した」）と表現できるし、「槍を〈*aki-giel-un*〉した」（＝「こちらへ〈*aki-giel*〉した」）と語ることもできる。このように「*aki-giel*」という動詞は、家畜とモノの交換、モノとモノの交換、そして家畜やモノの売買（貨幣との交換）という三つの状況で使われる。

トゥルカナ語の「*aki-luny*」という動詞は、一般的に「交換する」という意味をもつ。この動詞は、ふたりの人が互いに「すわっている場所を交替する」とか、「着ているシャツを交換する」ときなどにも使われ、「とりかえる」と翻訳することができる。この単語は意味がひろく、コンテクストによっては、モノとモノの交換、モノと家畜の交換、家畜と家畜の交換にも使われる。

ただしトゥルカナ語には、家畜同士を交換するときに使われる特定の動詞があり、これはモノとモノ、モノと家畜、あるいは家畜やモノと貨幣の交換には使われない。これを以下に検討し、トゥルカナ社会において家畜同士を交換することは、家畜をモノや貨幣と交換することと、まったく異なる行為であることを説明しよう。

3 「消費するための家畜交換」とは

トゥルカナ社会には、特定のカテゴリーの家畜を屠らなければならない機会がたくさんある。たとえば婚姻の儀礼のときにはかならず去勢ウシを殺すし、特定の病気を治療するためには、特別な毛色をした家畜が必要になる。あるいは空腹という理由で家畜を殺して食べるときには、普通は去勢オスを選ぶ。そして、このような家畜が必要になったとき、人びとはその家畜を自分の家畜群のなかから選びだす場合もあるが、親族や友人がその状況にふさわしい家畜をもっていれば、その家を訪問して家畜をゆずってもらい、後日に別の家畜を支払う。つまり、いくらかの時間をおいて二頭の家畜が交換されることになる。あるいは、町から遠くはなれたところに住んでいる人が現金を必要とするとき、自分の家畜を町まで連れていって売却するのではなく、町の近くに住む親族や友人を訪問して、後日に別の家畜を支払うという約束のもとに、家畜を譲り受けて売却し、

写真3-1　結婚式のときに去勢ウシを屠り解体する男性たち

必要なものを購入することもある。

具体例をひとつあげよう。トゥルカナ社会では婚姻が成立したあと、妻が最初に月経になったときや最初に妊娠したとき、第一子を出産したとき、最初に実家に戻るときなど、いくつかの機会に妻側と夫側の親族が集まり、家畜を殺して一緒に儀礼をする。このプロセスの細部は夫のクランによって異なっているが、どのクランであっても最後には「ガスバン（*ngasuban*）」という儀礼がある。これは、「（何かを）おこなう、する、つくる」という意味をもつ「*aki-sub*」という動詞と同じ語幹をもち、「（これで）おしまい（全部やった）」というニュアンスをもつ儀礼である。結婚式が終わって新婦が夫の家に移籍したあと、いくつかのほかの儀礼を経ることによって、その移籍が確実なものになってゆくのだが、ガスバンの儀礼は、そのプロセスが完了したこと、つまり婚出した女性が実家から婚家に完全に移籍したことを表象する。

［事例3―1］

わたしが寄寓していた家族の娘Xが婚出して数年がすぎたあと、ガスバンの儀礼をすることになった。この儀礼はXの夫の集落でおこなうが、そのときに殺すための去勢ウシはXの実家が用意しなければならない。しかしXの実家には適切なウシがいなかった。Xの兄はそのウシを調達するために五〇キロメートルほどを歩いて、Xの母（Y）の弟（Z）の集落を訪問した。Yは、Zが去勢ウシを提供してくれれば、その代償に自分の未経産のメスラクダを与えようと考えていた。しかし四日後に戻ってきたXの兄は、あてにしていた去勢ウシがすでに食べられていたという知らせをもたらした。それを聞いて、今度はYの姉の息子の去勢ウシに白羽の矢がたったが、翌日、そのウシは娘たちの装身具であるビーズを買うために売却されたというニュースが入ってきた。Xの実家のメンバーはさらに相談し、つぎには、Yの兄の去勢ウシと、Yの夫（すでに死亡）の母の出身集団の男性が所有している去勢ウシ、そしてZのもう一頭の去勢ウシが候補になった。いろいろな要素を勘案したあと、Xの実家のメンバーは再度、Zと交渉し、Zの合意を得てその去勢ウシを譲り受け、後日に未経産ラクダを支払うことにした。

トゥルカナの人びとは、自分の親族や友人が所有している家畜をじつによく知っている。そして、特定の目的のために必要な家畜を探すときには、その知識を総動員して「どの個体がよいか」を検討するのである。

この事例では、最終的に必要な去勢ウシを入手して、後日に未経産ラクダを支払っている。このように時間差をおいて家畜を交換することは、トゥルカナ社会ではごく一般的である。この交換において最初に譲渡される家畜の多くは去勢オスであり、それは、儀礼のために殺すこともあるし、必要な現金を得るために売却する

表3-1　大家畜の去勢オスを消費したとき、なにが支払われたか（93事例）

支払った家畜	消費した家畜		
	去勢ウシ	去勢ラクダ	去勢ロバ
未経産ウシ	24	6	0＋
未去勢ウシ	1（−）	3（−）	0
未経産ラクダ	0＋	26	0＋
未去勢ラクダ	13	1（−）	0＋
未経産ロバ	4	1	2
未去勢ロバ	0−	0−	0−
ヤギ・ヒツジ	4	8	0

資料は1980-88年のあいだに6つの集落の家畜を個体識別し、その行方を追跡して得たものである

0＋：「支払いが大きすぎるために交換がおこらない」と語られたもの
0−：「支払いが小さすぎるために交換がおこらない」と語られたもの
0　：「交換は可能である」と語られたが、実例はなかったもの
（−）：「支払いが小さすぎるために交換がおこらない」と語られたにもかかわらず、去勢ウシを消費して未去勢ウシを支払ったのが1例、去勢ラクダを消費して未去勢ウシを支払ったのが3例、去勢ラクダを消費して未去勢ラクダを支払ったのが1例あった

ことである。このように家畜を殺したり売却する行為を以下には「消費する」と表現し、この家畜を手に入れて後日に別の家畜を支払う人にとって、この交換は「消費するための家畜交換」であるとよぶことにしよう。

表3—1は、大家畜（ウシ、ラクダ、ロバ）の去勢オスを消費したときに、それに対して後日にどんな家畜が支払われたのかを示している。まず目につく点は、去勢ウシを消費したときには未経産ウシ（二四事例）、そして去勢ラクダを消費したときには未経産ラクダ（二六事例）を支払っていることが多いことである。つまり、同じ種類の家畜が交換されている。表3

―1には大家畜を消費した場合だけを示しているが、一頭の去勢ヤギあるいは去勢ヒツジを消費して、後日に一頭の未経産ヤギあるいは未経産ヒツジを支払うという交換は、大家畜の交換よりも、ずっと頻繁におこなわれている。

しかしながら、異種の家畜を交換することも可能であるし、実際にもおこなわれている。表3―1からは、トゥルカナの人びとが家畜種のあいだに、どのような価値の違いを見ているのかの一端を知ることができる。まず、去勢ウシを消費して未去勢ラクダを支払っている事例がかなり多い(一三事例)。これとは逆に去勢ラクダを消費して未去勢ウシを支払っている事例も少数(三事例)あるが、ふつうならばこの支払いは「小さすぎる」と語られる。また、去勢ウシを消費して未経産ラクダを返却するのは、支払いが「大きすぎる」と語られており実例もない。つまり、ラクダのほうがウシよりも価値が高いことになる。ロバに関しては事例が少ないのだが、表3―1からは、ウシよりも価値が低いことを読みとることができる。すなわち大家畜のなかで、もっとも高い価値がおかれているのはラクダであり、続いてウシ、ロバの順になる。

しかしながら、家畜種間の相対的な価値の違いは全体として整合性のあるシステムを構成しているわけではない。表3―1は「○○の家畜を消費したときには、□□の家畜を支払うことができる」という、トゥルカナの人びとの観念も示しているのだが、それは一貫したものではない。たとえば去勢ラクダは、未経産ラクダとも未経産ウシとも交換できるし、実際に交換されている。そのため単純に考えればラクダとウシの価値は同じということになり、これまでに述べてきたこととは矛盾する。あるいは去勢ウシを消費したときの支払いは、未経産ウシでも未経産ロバでもよいという語りからは、ウシとロバの価値は同じということになる。しかしながら、去勢ロバを消費したときに未経産ロバを支払うことはできるが、未経産ウシでは「支払いが大きすぎる」ため、この点に注目するとウシのほうがロバよりも価値が高い。

そしてまた、実際におこなわれた交換の事例には、人びとが語るところの家畜間の相対的な価値、すなわち「相場」からの逸脱が見られる（表3―1）。去勢ラクダを消費したときに「支払いとしては小さすぎる」と言われていた未去勢ウシが支払われた三つの事例がこれにあたる。さらに、去勢ウシを消費して後日に未去勢ウシを支払った事例や、去勢ラクダを消費して後日に未去勢ラクダを支払った事例もある。この二つの事例では、後日の支払いが小さいことは明らかである。つまり、家畜交換の相場は、全体として整合性が貫徹したシステムではないし、さらに、この相場から逸脱した交換も実際におこなわれている。

去勢ウシや去勢ラクダを消費して、後日にヤギ・ヒツジを支払った事例についても説明しておこう。この支払いには、七〜八か月齢ぐらいになってすでに離乳した若いヤギ・ヒツジがあてられ、このヤギ・ヒツジには性別による価値の差はない。去勢ウシを消費したときの支払いの相場は一一頭とされているが、表3―1で去勢ウシを消費した四事例では、ヤギ・ヒツジを八頭支払ったのが一例、一〇頭が一例、一一頭が二例であった。また、去勢ラクダを消費したときには一一〜一二頭のヤギ・ヒツジを支払うのが相場であるが、表3―1の八事例では、七頭の支払いが二例、九頭と一〇頭が一例ずつ、一一頭が二例、一二頭が二例というように、かなり大きく相場から逸脱した交換がおこなわれていた。

逆に、大型の去勢ヤギや去勢ヒツジを屠りたいあるいは売却したいと考えている人が、まず、何頭かの去勢ヤギ・ヒツジを相手から譲り受け、後日に一頭の大家畜を支払うことがある。表3―2は、どんな種類の家畜を支払うと約束するかによって、入手できるヤギ・ヒツジの頭数が異なることを示している。たとえば、将来に未経産ウシを支払うことを約束した人は、大型の去勢ヤギ・ヒツジ三〜四頭を手に入れることができる。こ

表3-2　去勢ヤギ・ヒツジを消費するための交換

支払う家畜（１頭）	入手できる去勢ヤギ・ヒツジの頭数
未経産ウシ	3-4
未去勢ウシ	2（＋未経産メス１頭）
未経産ラクダ	7-8
未去勢ラクダ	6-7
未経産ロバ	3-4
未去勢ロバ	2

「入手できる去勢ヤギ・ヒツジの頭数」とは、実際の事例ではなく、「こうするものだ」と語られる頭数である

の表は、実際におこった交換ではなく「このぐらいが相場である」という理念上のものだが、ラクダ、ウシ、ロバの順に価値が高いことがわかる。

つぎの表３―３は、実際に大型の去勢ヤギ・ヒツジが消費されたときに、後日にどんな大家畜が支払われたのかを示している。たとえば、大型の去勢ヤギ・ヒツジ二頭を消費した人が、後日に未去勢ウシ一頭を支払った事例が一五例、未経産ウシ一頭を支払った事例が二例、未去勢ロバ一頭を支払った事例が一例である。家畜種に注目するならば、ラクダ、ウシ、ロバの順に価値が高いという、すでに指摘した一般的な傾向がここにもあらわれている。また、同じ種類の家畜に注目すると、未経産メスのほうが未去勢オスよりも価値が高いこともわかる。

しかしながら同時にまた、人びとが語る相場（表３―２）から逸脱した事例が表３―３にもたくさんある。たとえば、三頭の去勢ヤギ・ヒツジを得て、後日に未去勢ウシ一頭を支払った三事例では「支払いが小さすぎる」し、二頭の去勢ヤギ・ヒツジを得て、後日に未経産ウシ一頭を支払った二事例では「支払いが大きすぎる」。さらにまた、同じカテゴリーの家畜が支払われているにもかかわらず、それとの交換で入手したヤギ・ヒツジの頭数がばらついていることも目につく。もっとも齟齬が

表3-3　去勢ヤギ・ヒツジを消費したとき、なにが支払われたか（35事例）

消費した家畜（頭数）		支払った家畜（事例数）				
去勢ヤギ・ヒツジ	未経産ヤギ	未去勢ウシ１頭	未経産ウシ１頭	未去勢ラクダ１頭	未去勢ロバ１頭	未経産ロバ１頭
2		15				
2	1	3				
3		3				
3	1		2			
3			2			
2			2			
4			1			
6				2		
5				1		
3					1	
2					1	
3	1					1
3						1

交換に際して「消費する」側が受けとる家畜の主たる部分は「消費する」ための去勢オスであるが、それに未経産のメスヤギが追加されることもある（6事例）

大きい事例では、同じように後日に未経産ウシ一頭を支払っているにもかかわらず、それとの交換で得た去勢ヤギ・ヒツジの頭数が二頭だったのが二事例、四頭だったのが一事例と、二倍の差が出ている。

　ここまで、「消費するための家畜交換」について人びとが語ることと、実際におこなわれた交換の事例を検討してきた。その結果、以下の二点が明らかになってきた。

（1）人びとが語るところによれば、家畜種間には相対的な価値の相違があり、交換の「相場」あるいは「交換レート」を抽出することができる。しかし、その全体は一貫した整合性をもつシステムを構成しているのではなく、あちこちに齟齬がある。

（2）実際に交換されている家畜の種

類や頭数は一義的には決まらず、「相場」から逸脱した事例もふくめて、かなりの幅がある。

こうした齟齬や逸脱がおこってくる原因のひとつとして、家畜種間の相対的な価値が時代とともに変化していることが指摘できる。まず、ウシとラクダについて説明しよう。第2章で述べたようにトゥルカナ社会では、男性が「同一視」の対象とするのは主として去勢ウシであるが、去勢ヤギも同様の役割をはたす。人びとは「去勢ラクダも同一視の対象となる」と語るのだが、わたしは実際にはそれを見たことはない。同一視の対象となる去勢オスに関する歌が、去勢ウシと同じ単語（*emong*）でよばれていることも、ウシの社会的な重要性を示唆している。しかし、わたしが調査していたトゥルカナ地域の北西部では、国連難民高等弁務官事務所が一九九二年にカクマに難民キャンプを設置してから、ソマリ難民のあいだでラクダの肉に対する需要が高まり、その値段が急騰していった。ラクダとウシのもっとも大きな去勢オスの価格をくらべると、二〇〇〇年頃には前者が後者の二倍になっていた。ラクダの価値は、その肉の市場価値の増大とともに高くなっていったのである。

また、二〇〇〇年にわたしの調査地域でもっとも高齢だった老人は、当時、おそらく八〇歳に達していたと思われるが、彼の話によれば「自分が生まれるまえには、去勢ヤギ・ヒツジ一頭を消費したとき、オスでもメスでも子ウシ一頭を支払うだけだった。しかしそれが次第に変わってゆき、自分が子供のころには、子ウシ一頭は去勢ヤギ・ヒツジ二頭と交換された」という。表3―2は一九九二年当時のものだが、その後にヤギ・ヒツジの価値は、ウシやラクダと比較すると、さらに下落する傾向にある。この変化も、おそらく市場経済の浸透と関連している。すなわち、人びとが日常的に必要とする現金の量が増えてゆき、それに対処するためにヤギやヒツジが頻繁に売却されるようになった結果、その価値が下落したのだと考えられる。

4 「消費するための家畜交換」における支払いの交渉

このように、家畜種間の相対的な価値は時間とともに変化している。それが理念的な交換レートと実際の交換とのあいだに齟齬を発生させる要因のひとつとなっているだろう。しかし、ほかにも理由がある。最初に思いつくのは、この交換をおこなう当事者のあいだの社会関係によって、後日にどんな家畜を支払うのかが異なってくるのではないか、ということである。当事者同士が親しければ、支払いが小さくてすむのではないか、逆に疎遠であれば大きな支払いを要求されるのではないかと思われる。トゥルカナ人のやりとりを見ていると、たしかにそのようになっていると感じることもある。たとえば、一頭の去勢ラクダを消費したときに、わずかに七頭のヤギ・ヒツジが支払われただけだった事例について、去勢ラクダを提供した男性に理由をたずねると「相手は自分の成人式（イニシエイション）のときに義理の父親役をしてくれた人だから、これ以上は要求しないのだ」と語っている。逆の事例もある。一頭の去勢ラクダを消費したあとで一二頭のヤギ・ヒツジを支払った男性のひとりは「相手は妻の父親だから敬意を表したのだ」と説明した。また、当事者が親しければ、支払いを延期できる可能性が高くなるのもたしかなことである。

しかしながら、当事者の関係が「親しい」か「親しくない」かによって後日の支払い方法が決まるというのは、いかにもあいまいな基準であるし、「それでは、親しいか親しくないかはどのように決まるのか」という別の疑問を残すにすぎない。また、「成人式のときの義理の父親役」とか「妻の父親」といった関係があることを理由に、支払い方法が一義的に決まるわけでもない。以下に具体例を示して、支払いの頭数が決められていったプロセスを見てみよう。少し長くなるが、トゥルカナの人びとが家畜の支払いに際して、どのようにふるまうのかが如実に示されている。この事例に登場する人物の親族関係は、図3—1に示した。

［事例3—2］

一九九一年六月一四日、アルスの集落にて。一年ほどまえにアルスは、エタウの去勢ラクダ一頭を得て食用に殺したため、この前日、ロケルはエタウの代理として、去勢ラクダに対する支払いを求めてアルスのところにやってきた。

朝七時過ぎ、ヤギが放牧に出されるまえにアルスがヤギ囲いに行き、一頭ずつヤギを外に出す。オス四頭とメス五頭、合計九頭が出された。ロケルは少しはなれたところにすわって、それを無言でながめている。アルスはロケルのところに行き「いま出したのは何頭だったのか」と確認したあと、「残りの二頭は後日に支払う」という交渉を始めた。合計一一頭のヤギを支払うことは合意されているらしい。アルスは「もう自分のヤギがいないのはあなたが見てのとおりだ」「ここには、エタウに支払うことにしているヤギがもう一頭いるけれど、まだ小さい。こんなに小さいヤギをもっていくのは良いことなのか（悪いことに決まってい

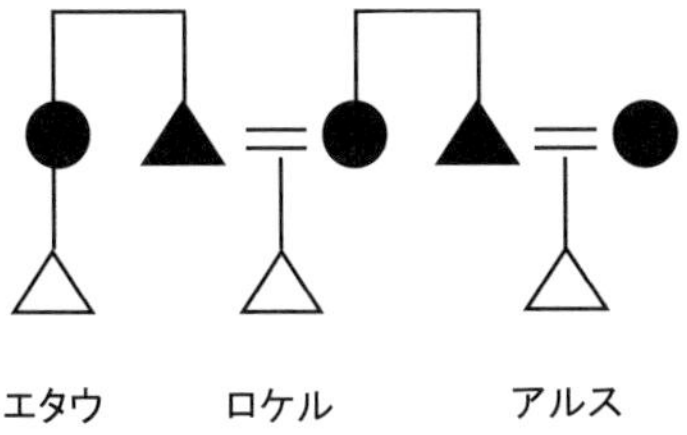

図3-1　［事例3-2］の登場人物の親族関係
三角は男性、丸は女性
塗りつぶした人は死亡している

る)」と言ってロケルを説得しようとする。これに対してロケルは「あなたが食べたラクダはエタウのものだ。彼はヤギ九頭では承知しないだろう。もう一頭を追加しろ」と言う。アルスは妻のところに行って相談をする。しかし妻は拒否している。アルスはロケルにむかって「エタウがこの九頭のヤギの支払いで承知しないなら、あなたのラクダをエタウに与えて、この九頭のヤギをあなたが受けとればよいではないか」と冗談めかして言っている。結局、その後に一時間ほどの話し合いが続き、九頭のままで合意が成立する。それまで囲いの中にとどめられていたヤギ群は、やっと放牧に出された。

その後、二年半ほど経過したとき(一九九三年一二月九日)、わたしはアルスに「残りの二頭のヤギは支払ったのか」とたずねてみた。アルスの答えは、とてもおもしろかった。「それはもう支払わない。あのラクダを屠ったときにはエタウとその家族も、その肉を食べたのだ」とのこと。

このときアルスは、エタウとその家族は「彼らの母に与えられる前肢」を食べたのだと語った。トゥルカナ社会でラクダやウシを食用に殺したときには、かならず肉の一部を集落の外部にも分配しなくてはならないのだが、右の前肢は、その集落から婚出した女性のものとなる。この事例でアルスは、自分の父の姉妹(=ロケルの母親)のために、その前肢が分配されたことに言及している(図3―1)。なお、エタウの母親は未婚のときにエタウを出産したために、エタウは社会的にはロケルの父のキョウダイとして位置づけられている。

トゥルカナ社会で、ものごとがどのように決まってゆくのかの一端が、わかっていただけると思う。エタウの去勢ラクダを消費したアルスには「負債」(トゥルカナ語で *amica*)があった。そして、ヤギ九頭を支払った日にアルスは、合計一一頭を支払うことを認めつつ、残りの二頭は後日に支払うと言っている。さきほど述べたように去勢ラクダ一頭を消費したときの支払いは、理念的にはヤギ・ヒツジ一一〜一二頭が相場であるから、アルスは、いったんは「交換レート」に従うと表明しており、未払いの二頭はアルスが将来に支払うべき負債として残る。しかしながらこうした負債を、いつ支払うのかは未定であるし、本当に支払うのかどうかも確定していない。上記の事例では、二年半後にアルスは「残りの二頭はもう支払わない」と語っている。トゥルカナ社会では相手から要求されないかぎり、残りの家畜を支払う必要はない。アルスは、自分とエタウとのそれまでの関係や、二年半のあいだ負債の支払いを請求されなかったことを考慮して、もう支払うことはないと判断していたのだろう。しかしながら、これはあくまでも彼の見解であって、相手がどう考えているのかはさだかではない。

こうした負債は、ときには一〇年以上も精算されずに残り続けることもある。さらにまた、当事者が死亡したあとで息子たちの代になってから精算された事例もある。

［事例3—3］

男性Aの父親は、周辺に住む男性たちのために自分が去勢ウシを殺すことになったとき（これも「消費すること」である）、男性Bの父親に依頼して、将来にヤギ一一頭を支払うという約束で去勢ウシを得て、それを屠った。その後、両方の父親が死亡したあと、AとBはこの交換について話しあい、AはBにヤギ二頭を支払った。おそらくこの支払いは、当該の去勢ウシを殺してから三〇年ほどあとだったと思われる。わたしは、この交換について男性Aから話を聞いたのだが、彼はヤギ二頭の支払いで合意した理由として以下の三点をあげた。（1）男性Aの祖父（父の父）の妻は男性Bの父系リニッジの出身であり、また、両者は同じ地域で生活してきたこと、（2）当該の去勢ウシが与えられてから、かなりの年月が経過していたこと、（3）この去勢ウシは男性Aの父親の家族のためではなく、近隣住民のために殺されていること。しかし、これは男性Aの見解であり、男性Bは、後日、さらに支払いを求めるかもしれない。

このように人びとは、つねにいくつかの「負債」あるいは未回収の「債権」をかかえながら生きている。そして、最初に合意されていた支払いは、そのまま厳密に守られるわけではない。支払いが決まってゆくプロセスには、ふたつの要素が関連している。ひとつは社会関係である。両者が良好な社会関係を維持しているか、あるいは、両者のあいだに婚姻などによってさらに親密な関係が構築された場合には、債権者側は、つよく返済を求めないことが多い。もうひとつは、債務者側の支払い能力である。彼が、たとえば娘の婚出によって婚資を得たり、近隣民族の略奪によって多数の家畜を得た場合、債権者は負債の返済を求めるかもしれない。逆に、債務者の家畜群が旱魃などの理由によって減少してしまうと、負債の返済を要求しても支払いがされないことになる。

重要なことは「消費するための家畜交換」は長い時間軸をもつこと、そのなかで人びとはいろいろな要素を考慮しながら負債の支払いを決めてゆくことである。完済されていない負債を、債権者は後日に取りたてないこともあるし、逆に、つよく返済を求めることもある。最初に合意した返済額の一部の家畜が支払われた場合、それが「減額」されて支払いが完済しているのか、それとも将来にさらに返済を求められるのか、当事者にとっても未決定のままの状態になる。わたしたちにとってこのような中途半端な事態は、いかにも不安定で頼りない、心もとないものに感じられるし、早く解決してしまいたいと感じる読者も多いだろう。しかしトゥルカナの人びとは、「直面したときに対処すればよい問題」として放置している。ここに、彼らの負債観や社会関係に関する考え方の一端があらわれている。状況は変化する。急いで決めて、なんらかのかたちに固定してしまう必要などないのだ。

さて、トゥルカナ社会には負債の支払いを強制するような公的な機構は存在しない。第1章で述べたように、この社会には出自や地縁にもとづく組織や年齢体系があるが、いずれもつよい政治的な権力機構をもたない。そのため、一般的に認知されている家畜の交換レートが「守られていない」ことを、なんらかの政治的な権威に訴えて支払いを強要することはできないし、人びとはそもそも、交換レートが絶対に遵守されるべき基準であるとは考えていない。負債を取りたてるためには、あくまでも本人が相手をつかまえて説得するしかない。そしてそのときには徹底的な交渉がおこなわれるが、「二一頭を支払うのが規則だ」という論理や、「あのときあなたは一一頭を支払うと言ったではないか」という非難には、ほとんど効力がない。おそらく相手は、「自分の家畜は旱魃のために少なくなってしまった」とか、「先日、ほかの負債を支払ったばかりだ」といったように、「いま、この場」の自分がかかえている特殊な事情をもちだすだろう。トゥルカナ人がこのような交渉をおこなう場面は、つねに「個別的な状況」として現れる。交渉に臨む当事者は、それぞれに「いま、この場」における自分の主張の正当性を相手に納得させなければならない。この点については、第4〜6章でも再度、とりあげることにする。

誤解がないようにつけ加えれば、このようにトゥルカナ人が自分の正当性をお互いに主張するからといって、彼らが、私的な利益ばかりを追求する利己主義者、功利主義者であると、わたしは言いたいのではない。彼らは、規則あるいは交換レートといったものに依拠して、一義的になにかを決めるという道をとらない。また、たとえば「妻の父親である」といった社会関係（カテゴリー）にもとづいて、支払いを一定の割合で減額するわけでもない。トゥルカナ人は「個人に外在する絶対的な基準」に依拠せずに合意を形成する。そのためには徹底的な交渉の過程を経ることが不可欠なのである。

また、「家畜の交換が社会関係をつくる」といった人類学ではおなじみの言い方も、つくられた社会関係が将来の家畜交換の方法を決めるような実体としてたち現れるという印象を与えるかぎり、トゥルカナ社会を理解するうえでは有害なものでしかない。社会関係は、人びとが交渉をとおしてなんらかの合意を形成することを繰りかえす過程でつねに生成し、再構成されてゆく。

5 「消費するための家畜交換」をめぐる語彙

トゥルカナ語には「消費するための家畜交換」にかかわる人間の行為をあらわす独特な語彙がある。以下には、こうした語彙の意味を検討することによって、交換をめぐって実際になにがおこなわれているのかを明らかにしよう。以下の説明を理解しやすくするために、この交換を図3―2に示した。この図のAは、まず消費するための去勢オスをBから受けとり、後日にBに未経産メスを支払っている。

「消費するための家畜交換」をおこなっているのは図3―2のAである。この交換におけるAの行為をあらわす動詞はトゥルカナ語では「*aki-siec*」であるが、この動詞を単純に「家畜を交換する」と翻訳することはできない。あえて翻訳すると「なんらかの目的のために消費する家畜を手に入れ、相手に（後日に）別の家畜を与える」となるだろう。そしてこの動詞は、さきほど述べた「売る＝買う」という動詞と同じように、「こちらへ」「向こうへ」という接尾辞をつけることによって活用される。図3―2のAは、最初に去勢オスを「*aki-siec-un*（こちらへ）」し、後日に未経産メスを「*aki-siec-ar*（向こうへ）」している。つまりAの行為は「こちらへ（受けとる）」「向こうへ（与える）」という方向性が違うだけで、「受けとる」ことも「与える」ことも同じ動詞によって表現される。この動詞は、こうした方法によって家畜を消費し、交換すること、その行為自体を意味している。

つぎに、この交換を相手のBの側からながめてみよう。Bは最初に去勢オスを与え、後日に未経産メスを受けとっている。しかしながらこの交換は、彼にとっては「消費するための家畜交換」ではない。すなわち彼は「*aki-siec*」をしているのではない。それでは、Bの行為はどのように表現されるのだろうか。彼もまた、去勢オスを「与える」、そして未経産メスを「受けとる」というふたつの行為をおこなっているが、Bが「与える」行為は、一般的になにかを「与える」という動詞「*a-inakin*」で表現される。この動詞は、なにかを「貸し与える」ときにも使われるため、厳密には「もっていかせる」と訳すことができる。トゥルカナ語には「家畜を与える」という特定の動詞「*a-mekin*」も存在するのだが、これは「ねだられたときに（直接的なお返しを期待せずに）家畜を贈与する」という意味であり、「消費するための家畜交換」には使われない。

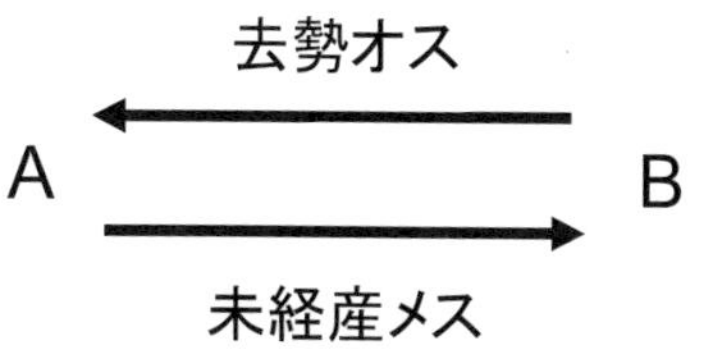

図3-2　「消費するため」の家畜交換

そしてBは、後日にAに「負債」の支払いを要求して未経産メスを「受けとる」

のだが、その行為は明示的には表現されない。受けとった未経産メスを目のまえにしてBに「あの家畜はどうやって手に入れたのか」とたずねた場合、彼は「わたしはしかじかの経路で入手した」とは答えずに、「Aが*aki-siec-ar*した」あるいは「Aが*aki-siec-akin*した（わたしに*aki-siec*した）」と表現する。いずれにしてもBを主語にした表現は出てこない。

ただし、学校教育をうけてナイロビなどの町で生活するトゥルカナの若者のなかには、「*aki-siec*」あるいは後述する「*aki-lokony*」という動詞を、単純に「家畜を交換する」という意味で使うものが出現している。つまり「（去勢オスを消費するという）特定の動機をもって家畜を交換する」という意味あいが失われ、図3―2のAだけではなくBを主語にしても「*aki-siec*」という動詞が使われるようになっている。

図3―2の交換についてまとめよう。これを単純に「家畜の交換」とよぶことができない。この交換に関与しているふたりの人間は、まったく異なる行為をおこなっている。この交換は、Aの側からみれば「消費するための家畜交換」になるのだが、Bにとっては「〇〇のための交換」と名づけることができない。Aには、この交換をおこなおうとする特定の動機がある。受けとった家畜を儀礼のため、あるいは食用にするために殺すとか、売却して現金を得てなんらかの支払いをするといった具体的な動機である。彼は、こうした動機をもっていたからこそ、Bにこの交換を提案している。他方、Bには直接的な動機がない。彼は、主体的になにかをしたわけではない。一方的にAにアプローチされ、後日に支払いをするという約束のもとに家畜を与え、あとでその債権を回収しただけだ。そのために、この交換をBの側から名づける言葉も存在しないのである。

6 「消費するための家畜交換」にかかわる当事者の人格的な要素

去勢オスを必要としている人が「消費するための家畜交換」を申し込む相手は親族や友人であった。そして彼は、後日に支払いを要求されるのだが、適当な家畜がいなければ支払いが延期されたり、さらには、最初は未経産メスを支払うという約束だったにもかかわらず、かわりに未去勢オスを支払うというように「減額」されたりする。一般的に、物々交換がおこなわれるときには、それにかかわる二者は相手に同時にモノを提供するのだが、「消費するための家畜交換」では、交換の同時性が無視され、また、支払い側の事情が考慮されるときもある。そもそも、この交換を申し込む側には「消費する」ために去勢オスが必要であるという直接的な動機があるのだが、それに応じる側は、具体的な動機がないにもかかわらず「後日に支払う」という約束を受け入れて家畜を与えている。つまりこの交換において最初に家畜を与えている側は、その家畜を贈与しているのではないが、ここには「相手に対する援助」という要素、すなわち人格的な要素が関与している。

しかしながら、これは「気前のよい」贈り物ではない。去勢オスを受けとった人がなにを返済すべきかについて一応の合意がある。受けとった人は相手から要求されなければ返済する必要はないし、支払いを要求されても自動的にそれに従うのではなく、自分の都合を主張して支払いを延期したり、「減額」させたりすることができる。そしてまた、支払いがすめば当事者のあいだの負債は決済される。トゥルカナ語には「負債」をあらわす語彙（*amica*）があると述べたが、これは家畜の支払いを済ませていないという具体的な状況だけに使われる。「*aki-micare*」は「負債の支払いを求める」という動詞である。これに対して「支払う」という動詞（*aki-tac*）も存在し、負債は完済することができる。また、負債の取りたてを放棄することを「*a-jalakin*」というが、この動詞は「つかんでいるものをはなす、あきらめる」といった意味あいをもっている。逆にいえば負債を負っている側は相手に「つかまれている」のだが、支払いをすませれば解放されるのである。一般的には、モノやサービスの贈与を受けた人は相手に対して負債感や「借りがある」という気持ちをもつとされているが、トゥルカナ語には、こうした一般的な感覚を意味する単語は存在しない。「消費するための家畜交換」は、贈与にちかい性格をもつのだが、交換が完結すれば負債は残らない。

おもしろいことに、ひとつの「消費するための家畜交換」によって発生した負債は、別の同様な交換によって帳消しにすることはできない。図3―2に戻ろう。AがBの去勢オスをとり、将来に未経産メスを支払うと約束し、その支払いがおこなわれるまえに、今度は反対にBが去勢オスを必要とする状況になり、それをAから得て未経産メスを支払うことになったとする。そのとき、以前の支払いの約束、つまりAの負債は帳消しにはされない。Aはあくまでも「あの」去勢オスを受けとったことによる負債を負い続けるし、Bもまた、「この」去勢オスを受けとった負債を負うことになる。第2章でわたしは、トゥルカナの人びとが家畜を個体識別して記憶していることを述べたが、個々の家畜交換は、それに使われた家畜個体とともに記憶されており、それぞれの交換が独自のものとしてあつかわれる。貨幣をもちいるわたしたちが、ふたつのやりとりを重ねあわせて精算したり、足し算や引き算によって調整することと比較すると、彼らの交換の特異性がよく理解できるだろう。

7 「家畜群を増殖させるための交換」とは

もう一度、図3―2に戻ろう。Bが手に入れた未経産メスは、将来は群れの増殖に寄与することになる。しかし彼は、そうした意図をもって主体的にこの交換を実現させたのではなく、Aの申し出に応じたにすぎないという意味で受動的である。それでは、自分の家畜群を増やすためにメスを手に入れたいと考えている人は、いったいどのようにするのだろうか。

意外なことに、これを交換によって主体的に実現させる方法はトゥルカナ社会には存在しない。もう一度、図3―2を見てみよう。これは去勢オスと未経産メスの交換である。そのため、メスを得たいと考えている人間、すなわちBは、自分の去勢オスをAに提供すると申し出て、交換によって未経産メスを手に入れることができるように思える。しかしながらこうした想定をしてみると、Aには現在、去勢オスを受けとってもそれを消費する具体的な動機がないことがわかる。彼は、なんらかの儀礼をするために去勢オスを必要としているわけではないし、肉を食べたいわけでもない。つまり、動機のない人間は去勢オスを受けとらない。それではBが「将来、Aが去勢オスを必要とするときにそれを支払おう」と約束し、今、Aからメスを入手することは可能だろうか。残念ながらこの約束は成立しない。なぜなら、将来にAが特定の去勢オスを必要とするとき、それをBがもっているとはかぎらないからである。このようにトゥルカナ社会では、自分の家畜群を増殖させるためにメスを入手したいと考えている人は、自分がもっている去勢オスを必要とし、それとの交換にメスを支払うという相手が登場するのを待つしかない。

交換によってメスの家畜を得るための唯一の方法は「町で店を構えているソマリ人のところに去勢オスをもっていくことだ」と語った男性がいる。ソマリ商人は去勢オスを買い集めて管理しておき、一定の頭数に達したときにトラックで都市部に運んで売却するという商売をしている。そのため彼らには、いつでも去勢オスをひきとり、それとの交換にメスを提供する用意があるのだという。いかにも、家畜交換を具体的な動機にもとづいて把握しているトゥルカナらしい言葉である。

ただし、主体的ではないのだが、以下のような別の道もある。なんらかの理由で去勢オスが必要になったにもかかわらず、自分はそれをもっていないし、「消費するための家畜交換」を提案するための適切な相手が見つからない場合、人びとはメスの家畜を連れて交換相手をさがす旅に出ることがある。「メスを連れて交換の旅に出る」という方法は、家畜市が発達していないトゥルカナ地域では、不特定の交換相手をさがすための唯一の手段である。また、トゥルカナの人びとが家畜を町まで連れていって売却する場合、ふつうは去勢オスを選ぶのだが、適当なオスがいないときにはメスを売りに行くこともある。そして、家畜群を増殖させるためにメスを手に入れたいと考えている人は、こうしてメスの家畜を連れて歩いている人を見つけて呼び止め、その場で去勢オスを提供することによってメスを入手することができる。そしてトゥルカナ語にはこの行為を表現する「*aki-lokony*」という特殊な動詞がある。この動詞は「(メスを連れ歩いている人間に)去勢オスを提供して未経産メス(群れの増殖にかかわる個体)をその場で手に入れる」と翻訳することができる。これを「家畜群を増殖させるための交換」とよんでおこう。

ところで、この「家畜群を増殖させるための交換」の相手、つまりその場で交換によって去勢オスを得る人の行為は、前述した「*aki-siec*」、つまり「消費するための家畜交換」であり、彼は図3―2のAの位置にいることになる。もちろん彼と相手との社会関係は、支払いをその場で完結させるか、あるいは後日におこなうかによって異なっている。彼をよく知らない相手は「後日に支払う」という約束など、承知してくれるはずがない。それを受諾してくれる相手とは、彼との長いつきあいの経験をもっている親族や友人であることはいうまでもない。さきほど述べたように「後日に支払いをする」という家畜の交換には、信用にもとづいて相互扶助をおこなうという側面があるのだが、トゥルカナ語にはこの点に言及する特定の表現は存在しない。注目されているのは、あくまでも行為者の具体的な動機であり、その点から見るならば、図3―2のAが相手に対する支払いをその場でしても、後日にするとしても、「消費するための家畜を入手する」という目的を達成したことにかわりはない。

一般的にいうならば、家畜をふくめて物々交換がおこるのは、交換にたずさわる両者の必要が一致したときである。つまり、相手がもっていて自分がもっていないモノをほしいと思うふたりの人間が同時に存在し、両者の具体的な動機が、その場で重なりあったときに、はじめて物々交換がおこなわれる。「家畜群を増殖させるための交換」は、まさにこうした状況でおこっている。ただし、その頻度は高くない。大家畜の場合には、その場で決済した交換事例は、表3―1の九三事例中わずかに一例にすぎなかった。つまり、家畜群を増殖させるために必要な未経産メスや種オスを入手したいと考えたとき、ほとんどの場合に人びとは、それをもっている親族や友人をたずねて贈与を依頼しているのである。

トゥルカナの人びとは、「*aki-lokony* は、商売人とのあいだでおこなうものだ」と説明する。つまりこれは、どちらかといえば親しくない相手、あるいはまったく知らない相手とのあいだで「両者が同時に交換をすませる」という事態である。トゥルカナ社会では家畜市があまり発達していない。その理由の一端は、この地域が辺境に位置しており道路の整備状況も悪いため、国内の食肉流通網にきちんと組み込まれていないところにある。二〇二〇年現在、トゥルカナ地域を縦断する道路の舗装工事がおこなわれており、また、県庁所在地ロドワなどの家畜市の整備もすすめられている。こうした工事が完成すれば、外部から家畜を買い付けにくる商人が増加し、家畜市が拡大するだろう。

第2章で述べたように、トゥルカナの東に隣接して住むサンブルのスグタ・マルマルには一九九一年に家畜市が開設され、週に一度の市の日には、サンブル地域全体から多いときには二〇〇〇頭近くの家畜が持ち込まれている。湖中（二〇〇六）によれば、この家畜市に買い付けにくるのは、ナイロビなどの都市部で売却するための家畜を求めてやってくる商人であるが、サンブル人もまた、家畜の売買に参入している。湖中（二〇〇六）はサンブルが取引する家畜を調査したのだが、ウシとヤギ・ヒツジのいずれも、売却が約七割、購入が約三割だったという。彼らはこの家畜市を利用して、去勢オスを売却して必要な現金を入手すると同時に、未経産メスを購入して家畜群の増殖を図っている。こうした家畜市が発達してくれば、トゥルカナ社会の「消費するための家畜交換」や「家畜群を増殖させるための交換」にも、大きな変化が生ずることになるだろう。

8 家畜交換の動機や目的の具体性

以上のように、家畜の交換に関する語彙についての認識論的な分析から明らかになることのひとつは、トゥルカナ語には行為者の具体的・直接的な動機を表現する特定の語彙が存在することであった。「消費するための家畜交換」は、なんらかの具体的な理由によって「消費する」家畜が必要になった人が、その家畜を手に入れるためにおこなう行為であり、それに対する支払いをその場でおこなっても、後日にする場合でも、その行為は同じ語彙で表現されていた。

一方、「家畜群を増殖させるための交換」、つまり未経産メスや種オスを手に入れて、去勢オスを与えるという交換には、主体的にはおこない得ないという特徴があった。つまり去勢オスは、いつでもだれでも受けとってくれるわけではない。具体的にそれを消費する動機をもたない人間は、去勢オスを受けとらない。それに対して「消費するための家畜交換」を提案されて受諾する人は、去勢オスを提供したあと、後日に相手が支払いさえすれば、いつでも未経産メスを受けとる。つまり未経産メスは「いつでもだれでも受けとってくれる」という性格をもっている。

商品の世界で貨幣は、いつでも、どのような商品とでも交換できる。つまり貨幣をもっている人間は、ハイパー・インフレーションでもおきないかぎり、いつでもその受けとり手をみつけることができる。この意味においてトゥルカナ社会では、未経産メスが貨幣に類似した性格をもっているとみなすことができる。しかしながらトゥルカナ社会では、その未経産メスを入手するための交換、つまり「家畜群を増殖させるための交換」を自分からだれかに提案することはできない。未経産メスがほしいと考えている人は、自分がもっている去勢オスを必要とする人が登場するのを待たなければならない。メスの家畜を蓄積しようとする欲望は、ここでは封じ込められているかのようである。

ここで、蓄財ということについて考えてみよう。わたしたちは貨幣を手に入れてたくわえておき、必要が生じたときには商品を買えるようにしておこうと考える。経済学者のケインズは、いつでもほかの商品と交換できる容易さの程度を「流動性」とよび、そして最大の流動性をもつ貨幣を保有しようとする人間の欲望を「流動性選好」とよんだ（岩井 一九九三：一五八―一六〇）。トゥルカナの人びとは未経産メスを、このような「流動性」をもつものと考えているのだろうか。トゥルカナにかぎらず東アフリカの「伝統的」な牧畜社会では、だれもがたくさんの家畜をもちたいと望んでいるとされている（たとえば、Spencer 1990, 1998）。

わたしは、たくさんの家畜を所有するためのひとつの方法は、メスの比率を大きくして群れの増殖力を高めることだと考えて、何人かのトゥルカナ男性に以下のような質問をしてみた。

だれかがあなたの去勢ウシを「消費」して一一頭の若いヤギ・ヒツジ（未去勢オスあるいは未経産メス）を支払うことになったとする。そのとき、なるべく多くのメスをもらうほうが良いのではないか。また、支払う側はメスの頭数をなるべく少なくするのではないか。なぜなら、メスは子供を生むことができる。自分の家畜群を大きくするためは、たくさんのメスを保持しているほうが有利なのではないか。

この質問に対する答えは、以下のようなものだった。「そんなことはない。自分たちの生活ではオスが必要になることもある」。さらにひとりの男性は、わたしがたずねもしなかったのに、こうつけ加えた。「婚資として家畜の支払いを受けるとき、人びとは自分の取り分の家畜がどちらかの性にかたよることを嫌うものだ。もし、かたよっていたら、それに文句をつけて変えさせることもできる」。つまりここでは、

（1）「未去勢オス＝未経産メス」（どちらも同じサイズの若年のヤギ）

という等式が成立していることになる。一方、「消費するための家畜交換」において去勢オスを受けとったものは、未経産メスを支払うことが一般的である。つまりここでは、

（2）「去勢オス＝未経産メス」

となる。しかしながら（1）と（2）から想定されるように

（3）「去勢オス＝未去勢オス」

とはならない。同じオスヤギであれば、体が大きな前者のほうが明らかに価値が高い。

わたしは、以上の三つの等式を説明しつつ、上記の男性に「なぜ、オスとメスの両方を入手するほうがよいのか」と問いただしてみた。すると、少し考えたあとで彼は「未去勢ヤギでも大きくなれば未経産メスと交換できる」と答えた。

そもそも、このような等式によって考えてみようとすることが的はずれなのだ。わたしは「たくさんのメスを保有することは大きな家畜群をもつことにつながるし、また、メスをもっていれば、去勢オスが必要になったときにはいつでも交換によって手に入れることができる」のではないかと仮定してみた。これはじつのところ「とりあえずカネをためておく」という発想である。「将来、なにかが必要になるときがくる。それがいつ

になるか、なにがほしくなるか、今はわからない。ほしいものはたくさんある。とりあえずカネをためておけば、それをいつでも手に入れることができる」というのは、わたしたちにおなじみの蓄財の感覚である。そこにあるのは具体的な必要や欲望ではない。わたしたちは倒錯した無限の欲望のなかで生活している。

N・クセノス（一九九五）は、わたしたちがこのような渇望をもつようになった歴史を、稀少性という感覚の発生と関連づけて論じている。彼によれば、わたしたちはすべてのモノの価値を比較し、それが手に入らない状態が一般的だと思い込んでいる。どれかを買えばほかのモノは諦めなくてはならない。使えるカネには限りがある。どれかを買えばほかのモノは諦めなくてはならない」というわけである。こうした稀少性の観念をわたしたちは人間に基本的で普遍的なものだと考えているが、それは西欧近代に生まれた特殊なものである。稀少性の観念が発生し、それが強化されてきた歴史を知るためには、新古典派経済学による理論的な定式化など、複雑な議論が必要になるが、クセノス（一九九五：二）は、わたしたちが「選択というプリズム」をとおして物事を眺めているために、こうした経験をするようになるのだという。すべてのモノには値段がついている。そのためにわたしたちは「これ」と「あれ」を比較し、選択して買い物をする。そのことがわたしたちの際限のない欲望とモノの稀少性の感覚、そして欠落感につながっている。時間もまた、同じである。わたしたちは「もっと時間があれば、いろいろな楽しいことができるのに時間がない」と感じている。

トゥルカナの男性もまた「大きな家畜群をもちたい」と考えていたことはまちがいない。しかしながら彼にとっては、具体的に家畜をなにに使うかという点をぬきにした蓄財という発想がないし、カネ（未経産メス）をためておかなくても、「将来に支払う」と約束することによって親族や友人から必要なモノ（去勢オス）を手に入れることができるのである。

また、上記の男性の話には、わたしたちとは異なる時間感覚が表明されている。つまり、未去勢ヤギが大きくなるまでには時間がかかるのだが、彼はわたしたちが感じるような時間性を考慮していない。貨幣が貨幣として流通することには本質的には根拠がないことを論じた岩井（一九九三：一九〇）は、「貨幣とは時間なのである」と喝破する。貨幣の世界に生きるわたしたちが、いつかはわからない無限の未来という時間性のなかでしか生きられないのに対して、トゥルカナの人びとは現在にしっかりとつなぎとめられている。

トゥルカナ人は、未経産メスとの交換に自分が今、消費する必要がない去勢オスを受けとることはない。しかしながら、去勢オスが貨幣に換算されるようになると事情はちがってくる。さきほど述べたサンブルのスグタ・マルマルの家畜市では、サンブルの人びとも家畜を売買しているのだが、地域間や季節間の家畜の価格差を利用して利潤をあげるために家畜を売買しているサンブル人もいる（湖中 二〇〇六）。彼らは、いわば「家畜転がし」をしているのである。家畜がこうした商品価値をもつと認知される事態が進行すれば、人びとは「去勢オスが高値で売れる」と判断したときにはいつでもメスを提供し、交換に去勢オスを受けとるようになるかもしれない。そこでは、家畜がつねに貨幣に換算されるようになる。こうした世界で「家畜を売却する」ことは、本章で述べてきた「消費する」こととは、まったく性格が異なる行為になるだろう。

第4章

家畜に対する権利

1　所有とはどのような事態か

わたしたちは、自分が所有するものが「自分のモノ」であることを、ほとんど自明のように感じている。それを自由に処分することも、だれかに与えることもできるし、どのように使うかについて他者に指図されるいわれはないと考えている。自分のまわりにあるモノを見まわしてみよう。わたしの服、わたしの携帯電話、わたしのコンピュータ、わたしのカネ……。こうしたモノを、だれかが勝手に処分しようとしたら、わたしは断固として抗議するにちがいない。「わたしのモノを、わたしの同意を得ずに処分するなんて、わたしの権利や自由の侵害である!」と。この論理を推し進めてゆけば「わたしの身体をどのように使おうと、わたしの自由である＝売春のどこがわるいの?」という極端な主張にもつながってゆく。

その一方で、私有財産であっても所有者が自由には使えないという事態もまた、わたしたちがよく経験することである。それを示すよい事例のひとつは、京都における景観の保全をめぐる問題だろう。京都市の行政は、京町家に代表される歴史的な町並みや京都三山にかこまれた景観を保全するための政策を実施している。具体的には、地区ごとに建物の高さやデザインを制限し、屋外の広告物の表示位置や面積・デザインに基準を設けたり、京町家の修理・保全のために資金援助などの支援をおこなっている。また、清水寺や金閣寺、二条城、修学院離宮などの周辺の景観や、いくつかの特定の場所から見た京都三山のたたずまい、とくに「大文字の送り火」の六地点の眺望を守るために、三八の保全区域が指定されている。そしてこの区域内の土地の所有者は、自分の土地の使い方、つまり建物の高さや屋根の色・形態などを条例によって規制されているのである。

この政策は、「景観には公共的な価値が付随しており、公共性によって私的財産の使用が制限される」ことを示しているが、ここにはじつに多くの要素が関与している。京町家や神社仏閣、借景の庭園などが、ある種の価値をもつようになった歴史的な経緯が存在するし、そうした価値をめぐって、行政と保全区域内の土地所有者だけではなく、神社仏閣の所有者、その価値を論ずる歴史学者や経済学者、法学者、景観保全をめざす市民組織、一般の市民や観光客、観光業者や建築業者など、多くのアクターが関与している。つまりこの問題は、政治や経済、あるいは法律や文化といった、ひとつの次元だけを見ていても理解できない。さらに景観の価値は、時代とともにダイナミックに変化している。

こうした価値をもつものを「財（property）」とよぶことにしよう。財には経済的な価値があるだけでなく、個人あるいは集団のアイデンティティにもつながっている。衣装や装飾品はそれを身につける人の自己表現であるし、大きな土地をもち立派な邸宅に住むこともその人の社会的アイデンティティの一部である。歴史と名前をもつ先祖伝来の家宝は、それが所有されてきた集団の継続性を表象し、そのアイデンティティの一部を構成している。さらに、正統性をもって財をコントロールできることは、周囲の人びとに対して政治的な権力をおよぼすための源泉ともなる。

このように「財の所有」とは複雑な現象である。従来の研究を整理したF・ブレンダ＝ベクマンらは(Brenda-Beckmann *et al.* 2006)、西欧近代の法的カテゴリーに依拠してつくられたモデルが、普遍的なものとして主張されてきたと指摘する。とくに、市場経済や商品交換と不可分である「私的・個人的な所有」という概念を前提としたモデルがつくられ、それが無批判に使われてきた。わたしたちは自分の身体と、それを使った労働を自分の所有物とみなし、その労働によって生産したモノは自己の私的な所有物になるという考え方を自明のものとしている。しかしこれは、一七世紀のイギリスの思想家ジョン・ロックが提唱した「労働所有説」を源流とする西欧近代の産物にすぎない。杉島（一九九九：一五）は「所有」という概念自体が、たとえば「出自」と同じように、雑多な現象に対してもちいられる比喩的な表現であり「概念的本質をもたない」ことに注意をうながしている。その意味では「財」もまた同じである（Turner 2017）。

ブレンダ＝ベクマンら（Brenda-Beckmann *et al.* 2006）はまた、所有を「私有」「共有」「国有」「オープンアクセス」と分類する従来の考え方や、「所有権／使用権」あるいは「私的所有／公的所有」にわける二元論的な発想も、財の所有をめぐる現象を理解するうえでは、むしろ有害であると批判している。そして彼らは、社会によって、あるいは時代の変化によって財に対する権利が複雑で多様なかたちをとることを理解するためには「権利の束（bundle of rights）」という比喩をもちいることが有効であると論ずる。

「権利の束」を理解するためには、以下のような事例がわかりやすい。ある土地の所有者が、それを管理する権利を会社に委託しており、その会社は、その土地を借地人に貸し出している。その借地人はその土地を農地として利用し、ほかの人と共同耕作する契約を結んでいる。このようにひとつの土地に対して複数の人が関与し、異なる権利をもっているとき、その土地には「権利の束」が付随しているとみなすことができる。この事例では、土地の所有者の「所有権」、管理会社の「受託権」、借地人の「使用権」、そして共同耕作者の「耕作権」といった複数の権利が存在する。こうした複数の権利が集まって、その土地に関する「権利の束」を構成している。

この事例では、近代的な法律を前提として「権利の束」を構成する個々の権利を説明している。これはわたしたちには納得しやすいものであるが、それだけではまだ、財に対する権利の問題を十分には理解できない。人類学の分野で「権利の束」という考え方を提唱したM・グラックマンは（Gluckman 1965a, 1965b）、アフリカ社会において財に対する権利とは、そのモノに関して自分が「なにかをすること」（使う、売却する、贈与する、貸与する……）を他者に認めさせることであると論じた。すなわち所有とは、他者との関係のなかで政治的に発生する現象であり、特定のモノに対して複数の人が重層的な権利をもっているとき、それを「人とモノ」の関係として分析するのではなく、そのモノに関連する「人と人」の社会的関係にこそ注目すべきであるとグラックマンは主張した。

本章では、トゥルカナ人が家畜に対して複雑で多元的な権利をもっていることを示す。そして、「自分の家畜に対する権利」がいつも他者との交渉にさらされるという、いわば不確実な状況のなかで、人びとが不断に社会関係を再構築していることを論ずる。家畜に対する「権利の束」とは実体的・固定的なものではなく、「そのとき、その場」で人びとが臨機応変にふるまうなかで生成されるのである。

2 財としての家畜……牧畜社会における諸権利に関する従来の研究

牧畜社会において家畜は、もっとも重要な「財」である。A・カザノフとG・シュレー（Khazanov and Schlee

2012: 7）は、『誰が家畜を所有しているのか』と題する書籍の序章で、一頭の家畜に対して複数の人びとが重層的な権利をもつという現象が、とくにアフリカの牧畜社会でひろく見られることを論じている。彼らによれば家畜に関する多様な権利は、以下の五つの基本タイプにまとめられる。

（1）完全な所有権——家畜を人びとに配分して利用させ、また処分する（と畜・売却・贈与する）究極の権利

（2）名目的な所有権——「完全な所有権」がほかの人に属しているとき、「誰々の家畜」というように、自分の名前で語られる家畜をもつ人の権利（父親が子どもに与えた家畜、夫や義理の父が花嫁に与えた家畜など）

（3）分有された所有権——個々の家畜に対して複数の人がいろいろな程度で権利をもつ場合

（4）使用権——家畜のミルクを利用したり、家畜を荷物運搬用に使う権利。処分する権利はもたない

（5）家畜が生む子どもに対する権利——たとえば雇用した牧夫に対して、その労働の代償として将来、特定の家畜が生む子どもを与えるという約束をした場合

こうして一頭の家畜に対して多元的な権利が重層することを、シュレー（Schlee 2012: 260）は「共有された権利（shared rights）」とも表現している。この書籍にはアフリカの牧畜社会を対象とした四編の論文が掲載されているが、すべてがこうした複雑な権利を論じている。たとえばM・ペリカン（Pelican 2012: 218-219）によればカメルーンのフルベ（ボロロ）社会では、世帯主である父親が息子に生前分与しているウシであっても、それをどのように処分するかを最終的に決定するのは父親であり、「名目的な所有権」を有している息子には正統な（legitimate）権利はない。父親はそのウシを処分したあと、かわりのウシをできるだけ早く息子に与えるべきだと考えられているが、それは「道徳的な要請（morally required）」であって、しばしば無視される。また、息子の母親は、自分自身と子どもたちのウシのミルクを利用する「使用権」をもつが、最終的にその家畜をどう使

うかに関しては、やはり世帯主に決定権がある。こうして一頭のウシに複数の人が権利をもつ状態をペリカン(Pelican 2012: 213)は「権利の束」と表現している。アフリカの牧畜社会に関してこの表現を最初に使ったのはP・バクスター(Baxter 1975: 212)であり、彼は「複合的な所有(multiple ownership)」とも表現している(Baxter 1972: 176)。

一頭の家畜に対して重層する複数の権利をこのように分類することは、それなりにわかりやすいのだが、以下の難点がある。こうした社会には明文化された法律がないため、人類学者が使う「所有権」「使用権」といった言葉が、当該の社会の人びとが「こうすべきだ」あるいは「こうしてもよい」と考えている観念や規範のレベルを表現しているのか、あるいは「実際にこうしている」という実践や社会関係のレベルを指示しているのかが明確ではない。わたしたちは、「法的な権利」や「道徳的な要請」といった表現に出会ったときに、自分がなじんでいる常識にあわせて、その表現が意味するところを判断してしまう。わたしたちの社会で「法」とは、「違反すれば強制的な処罰を受けるものである」と考えられている点で「道徳」とは明確に区別されるが、それがどの社会にもあてはまるわけではない。

この難点を克服するためには、上記のブレンダ＝ベクマンらが展開している議論が参考になる(Brenda-Beckmann *et al.* 2006)。彼らは、財の所有をめぐる社会的な現象を考えるときには、以下の四つの層(レイヤー)を区別すべきであると指摘する。(1)文化的な観念やイデオロギー、(2)法や制度、(3)社会関係、(4)日常的な社会実践、である。アフリカの牧畜社会のようにローカルな法的秩序が明文化されていない社会でも「どのようなやり方で財を取得し、それをどのように利用・処分するのが正当であるか」についての社会的な合意がある。これは一般に信念や規範、あるいは規則とよべるものであり、これが(1)や(2)のレイヤーをなしている。ただし、成文化された法をもたない社会では、このふたつのレイヤーを明確に区分して考えることにはあまり意味がない。また、ブレンダ＝ベクマンらは (Brenda-Beckmann *et al.* 2006: 16)、（2）のレイヤーでは「なにが財であるのか」「財をめぐってどんな権利や義務があるのか」が問題になり、これはいずれも所有をめぐる諸要素を特定の基準にもとづいてカテゴリーに類別するものであると指摘している。

（3）のレイヤーでは、「わたしはこのウシの所有者である」「彼女はこのウシのミルクを利用している」といったように、個別の価値をもつ財をめぐって具体的に権利をもつ人びとのあいだにどんな関係があるのかが問題になる。ここに登場する人びとは、直接には具体的な財が関与しないときにも、たとえば特定の親族関係にあるといったように具体的な社会的紐帯をもっているため、財に対する諸権利はそうした社会関係を考慮しないと理解できないことになる。

（4）の日常的な実践のレイヤーでは、人びとは具体的な財を利用し、委譲・相続・売却したりする。また、特定の財をめぐって関係者同士が争うこともある。争いの場面で人びとは（1）や（2）のレイヤーに属する要素をとりあげて「本来はこうあるべきだ」「自分には○○の権利がある」といったように自分の正統性を主張するだろう。こうした日常実践が繰りかえされることによって、（1）や（2）のレイヤーに変化がおこるかもしれない。また、（3）のレイヤーである具体的な社会関係は、（4）のレイヤーである日常実践のあり方につよい影響をもつだろう。そうした意味で、この四つのレイヤーは相互に関連している (Brenda-Beckmann *et al.* 2006)。

このように考えると、アフリカ牧畜社会において家畜をめぐる諸権利を「所有権」「使用権」といったように分類してきた従来の研究は、主として（1）や（2）のレイヤーに焦点をあててきたことがわかる。ケニアのボラナ社会を研究した人類学者のG・ダールは（Dahl 1987: 260）、家畜に対する権利を以下の三つにわけて考えることが有用であると論じている。（ア）法的権利（jural rights）——家畜の処分を最終的に決定する権利、（イ）配分された権利（allotted rights）——特定の家畜を将来、相続あるいは再配分すると約束されている権利、そして（ウ）委任された権利（delegated rights）——家畜の生産物を配分・利用する権利、である。ダールは、（ア）の権利は、家畜を所有する世帯や家族がその外部との関係においてもっている権利であるのに対して、（イ）や（ウ）は世帯や家族の内部における社会関係にかかわるものであると指摘する。ここまでのダールの議論は、上記のカザノフとシュレー（Khazanov and Schlee 2012）の主張と変わらない。

しかしダールは同じ論考のなかで（Dahl 1987）、牧畜社会における女性の地位や役割に焦点をあてつつ、以下のように述べる。一般的に牧畜社会では、男性に対して権威を付与するイデオロギーや文化モデルが優勢であり、女性は男性に服従すべきであるといった行動規範が語られることがあるが、これは理念上のものにすぎない。実際に夫婦のあいだでは、しばしば妻が自分の意見を主張するし、そのインフォーマルな影響力は家畜管理や社会関係において重要な役割をはたしている。これがダールの主張である。ここまでわたしが論じてきたことのなかにダールの議論を位置づければ、ブレンダ＝ベクマンら（Brenda-Beckmann *et al.* 2006）が分類した（3）や（4）のレイヤーに注目すべきであることを、ダールは指摘しているのである。

アフリカ牧畜社会における家畜の所有や権利に関する従来の研究のなかには、（3）や（4）のレイヤーに関連する多くの事例が登場する。たとえば、上記の『誰が家畜を所有しているのか』と題する書籍のなかでシュレーは（Schlee 2012）は、ケニアのサンブル社会について、P・スペンサー（Spencer 1973）の記述を引用しながら、家畜の所有権がつねに制限され、交渉されることを以下のように指摘している。サンブル社会では婚資の額はウシ八頭に固定されているが、その支払い後も花嫁側は花婿側に対してさまざまな機会に家畜をはじめとする贈り物を要求し続け、それが不当に拒否されたと感じる場合には相手を呪詛する力をもっている。それゆえ、家畜の贈与を要求された花婿側は、それに応じるかもしれない。また、サンブル社会では同じクランに属する人びとは相互に支援しあう義務をもつがゆえに「自分の家畜」をいつでも自由に売却できるわけではない。このように家畜には、複数の人が多元的な権利を有しているため、その所有者は「自分の家畜」に対して、だれが、いつ、そうした権利を提示してくるかわからないという不確定な状態にある。

3　「基本家族」における家畜に対する権利……「主管者」の女性

以下には、トゥルカナの人びとが家畜に対してどのような多元的な権利をもち、家畜の所有や利用をめぐっていかなる社会的実践を繰りひろげているのかを記述する。いままでに述べたようにトゥルカナ社会で家畜は、生計を維持するために不可欠なだけではなく、社会的にも宗教的にも、生活のあらゆる面においてもっとも大切な「財」である。トゥルカナ人は家畜に深い関心をもち、ときには利害の対立や葛藤がおこる。彼らの社会生活において家畜の所有と権利をめぐる諸問題は、まさに人生の中心的なテーマなのである。

トゥルカナ社会における家畜の所有を考えるにあたって、まず、一人の成人男性（家長）とその妻、そしてその子どもたちによって構成される家族集団に焦点をあてよう。家長の妻は複数になることもある。また、この集団には既婚の息子とその妻や子どもたち、そして未婚で子どもを産んだ娘たちがふくまれる。この集団を、ここでは便宜上「基本家族」とよんでおく。

この基本家族が飼養している家畜は「誰のものか?」とトゥルカナにたずねると、かえってくるのは家長の名前であり、「すべては家長のものである」と語られる。[2] ただし、このようなトゥルカナ人の説明は上記の財をめぐる四つのレイヤーのうち、(1)あるいは(2)に属するものである。わたしと同じトゥルカナ社会を調査した人類学者のガリバー(Gulliver 1955)は、家畜に対する権利のあり方を詳細に記述している。彼は、基本家族の家畜を「法的(legal)」に所有しているのは家長であり(1955: 125)、成長してゆく息子は自分の母親に配分された家畜に対して次第に「所有権(ownership)」を主張するようになるが、それは「法的」な権利の問題ではなく、どちらかといえば道徳的な態度や感情のレベル(level of moral attitude and sentiment)に属する事柄であると記している(1955: 136)。ここでガリバーが議論しているのは、明らかに(1)や(2)のレイヤー、つまり人びとの観念や信条の領域に属する問題である。

さらにガリバー(1955: 165)は、父親の死後には既婚の息子たちが独立し、それぞれに自分の基本家族を構

---

(2) ただし、こうした質問をするのは人類学者など、外部の人間に限られる。トゥルカナの人びとは自分の家畜だけではなく、近隣に住む人びとの家畜も個体識別してよく知っており、ふつうはこのような質問はしない。遠方からたずねてきた人が、放牧中の家畜の群れをまえにして「これはだれのものか?」とたずねることもあるが、たずねた相手がその群れの牧夫であれば、「自分のものだ」という答えが返ってくるだろう。つまり彼らのあいだでは、文脈に依存せずに「この家畜はだれのものか?」という質問が発せられることはない。このことは、わたしたちが一軒の家のまえで「これはだれの家か?」とたずねたときに世帯主の名前が返ってきても、それがかならずしも「この家の所有者は世帯主の○○さんである」ことは意味しないのと同じである。

えるようになるが、そのとき彼らは、自分の兄弟の家畜に対して「法的」に決められた権利や義務をもたず、兄弟間の関係は、具体的な協力や共同を基礎とした互酬性にもとづくものになると述べている。兄弟は、お互いが結婚するときには婚資の家畜を提供しあう。また、旱魃や略奪によって一方の家畜群が大きく減少すれば、他方はできるだけの援助を与える。それはトゥルカナのだれもが「そうすべきこと」として認めている。しかしガリバーによれば兄弟がお互いの家畜に対してもつ権利は「法的」なものではない。彼が強調しているのは、自分の基本家族をもつ男性（家長）だけが、その基本家族の家畜に対する「法的」な権利をもつことである。

「家長の法的な権利」についてはあとで論ずるが、トゥルカナ社会では、基本家族が自分たちの家畜に対して独立した権利をもつことは、以下のような慣行によって強調される。基本家族のメンバーが親族や友人を訪問して入手した家畜は、かならず自分の集落に連れてきて、いったん家畜囲いに入れなければならない。こうした家畜を自分の家に帰る道中で売却したり、ほかの人に贈与してはならない。また、ひとつの基本家族が家畜を屠って近隣の人びとを饗する場合には、その家畜の右の後肢はかならずその家族のメンバーが消費するものとされている。この後肢を *amuro na ngitalyo* とよぶが、*amuro* は「後肢」、*ngitalyo*（単数形は *etali*）は「慣習」「規範」「伝統」といった意味である。トゥルカナの人びとはまた、基本家族の独立性と一体性を「アウィ・アペイ *awi apei*」と表現する。「アウィ」は日本語の「家」と同じように、文脈によって「物理的な集落」やなんらかのレベルの「父系集団」を意味する。「アペイ」は「ひとつ」という意味であり、「アウィ・アペイ」は「われわれはひとつの基本家族のメンバーである」ことを強調する表現である。この人びとは、家長を中心としてひとつの家畜群を「所有」し、その家畜群を協力して管理しつつ、その恵みをさまざまなかたちでともに享受しながら生活している。この集団の外部には別の基本家族が存在しており、それぞれの基本家族が「所有」している家畜は、明確に区別されている。その意味において基本家族の独立性は明らかである。

さて、基本家族の内部では、家長がすべての家畜を「法的」に所有しているのかというと、事態は単純ではない。まず、その家畜はすべて女性たち――妻たちと未婚で子どもを産んだ娘たち――に「配分」されている。この「配分」の実質的な内容は、以下のように考えればわかりやすい。メスの家畜は、いつかは出産してミルクを搾られる。家畜を搾乳するのは基本的に女性と子どもの仕事である。女性たちは各人、自分に配分された家畜を搾乳して自分の子どもたちとともに消費する。また、オスの家畜は肉を食べるために殺すことがあるが、その肉は、その家畜が配分されていた女性を起点として分配する。つまりミルクをふくめて家畜の生産物を消費する場合には、その中心的な役割をどの女性がひきうけるのかが、すべての家畜個体についてまえもって決まっているのである。この女性を以下では「主管者」とよぶことにする。

トゥルカナ社会では、ひとつの基本家族の家畜を主として種ごとにわけて複数のキャンプで管理することが一般的である。たとえば、乾燥につよくて樹木の葉を好んで食べるラクダは降水量の少ない平地部で飼養するのに対して、より頻繁に給水しなくてはならないウシは、降水量が多くてウシが好む草本類が豊富な山地部で管理する。そのため、ひとつの基本家族のメンバーは分散して居住し、別の基本家族の一部と一緒にひとつの家畜キャンプを形成していることが多い。そして、妻たちや未婚で子どもを産んだ娘たちは、いずれかのキャンプに自分の小屋をもち、そこを自分と子どもたちの生活の拠点としている。ひとつの基本家族のメンバーは別の家畜キャンプを頻繁に訪問しあうが、女性たちが自分の生活拠点を別のキャンプに移すことはほとんどない。ウシ・キャンプに住む女性は、その牛群が壊滅しないかぎり、そのキャンプに住み続ける。しかし彼女は、自分が主管者であるラクダやヤギ・ヒツジも「配分」されていて、それを別のキャンプに住む女性に預けている。逆に彼女は、同じ基本家族に属する別の女性が主管者であるウシを預かって面倒をみており、そのウシのミルクを利用する権利を委譲されている。

また、同居している女性同士のあいだで、搾乳できるメスの頭数に極端な差が出てしまった場合には、それを平準化するために一時的に搾乳用のメスが貸し出されることがある。つまり、そのメスのミルクを利用する権利が別の女性に与えられるのだが、そのときに主管者が変更されるわけではない。メスの家畜が生んだ子どもは、自動的にそのメスの主管者に配分される。また、前章で説明したように、トゥルカナ社会ではオスの家畜を親族や友人に与えて、かわりにメスを入手することがあるが、交換によって取得したメスは、そのために拠出したオスの主管者に配分される。このように、だれが、どの家畜の主管者になるのかは自動的に決定される側面があり、それに異議をとなえるものはいない。

人びとは、家畜を売却して得た現金によって穀物などの食糧品や衣類、調理用の鍋などを購入し、病院代や子どもの学費の支払いをしたり、あるいは、さまざまな儀礼のために家畜を殺したりする。こうした必要が生じたときにそれぞれの女性は、基本的には自分が主管者である家畜を使う。また、家畜が病気になったり怪我をしたときには、主管者の女性を中心として治療が試みられる。そして家長が死亡したときには、それぞれの女性は自分が主管者となっていた家畜を相続することになる。

基本家族のなかでは、すべての家畜には主管者の女性がいる。こうした状況のもとで「すべての家畜を所有している」と語られる家長は、たとえば自分の衣類を買いたいと思ったとき、どの家畜でも自由に売却することができるだろうか。トゥルカナの人びとにこうした質問をしたときの答えは、「家長は主管者に相談しなければならない」というものである。ただし、「家長が悪い人であれば勝手に売却することもあるだろう。それに反対できる者はいない」という意見もある。

以下に記述する出来事は、わたし自身に関連するものであるが、家畜の主管者とはどのような存在なのかを明確にしてくれる。

［事例4—1］

ある日、わたしは三泊四日の徒歩旅行から集落にもどり、旅に同行した人びとをねぎらうために、寄寓していた家族に預けておいた一頭のオスヤギを屠った。このヤギは、わたしがトゥルカナの友人から贈与されたものである。ところが翌日、この家族の第一夫人がやってきてわたしの横にすわりこみ、不満を言い始めた。

「このごろ、あなたは変わってしまった。わたしとあまり話もしなくなったし、モノもくれなくなった。噛みたばこだって、いつもみんなと同じ量しかくれないし……」

わたしは、なぜ彼女が唐突にこのようなことを言い出したのか理解できず「われわれの関係はもとのとおりだ」と言ってみたが、彼女は「あなたは変わってしまった」と繰りかえし、そして前日に食べたヤギに言及した。

「来客をもてなしたり、腹がへったときにヤギを殺すのは悪いことではないけれども、わたしに相談してほしい。相談してくれれば、わたしは『そのヤギは生かしておいて、かわりにこれを食べろ』というように、わたしのヤギを提供するかもしれない。自分ひとりで勝手に決めてしまうのはよくない」

この言葉を聞いてわたしの疑問は氷解した。この女性は、わたしが贈与されたり購入したりする家畜を、すべて自分の手元に置こうとしており、わたしがメスヤギを手に入れたときには「将来、だれがこのヤギのミルクを搾るのか。自分でいいのか」と念を押してきたこともあった。つまり彼女は、わたしの家畜の主管者になろうとしていたのである。わたしが寄寓していた家族には、ほかにも何人かの成人女性がいたのだが、この女性は（二年前に夫と死別しており、わたしよりも一五歳ほど年長）、わたしを自分の「夫」（あるいは「息子」）として位置づけて、ほかの女性とは一線を画そうとしていた。この事例は、夫といえども自分の家畜を独断で処分することはできず、主管者である妻と相談しなくてはならないことを示している。

ここで仮に、夫が友人から家畜をもらってきたと想定しよう。後日、この友人が訪問してきたとき、だれがこの友人に家畜のミルクを提供して歓待するのだろうか。家畜を搾乳するのはその主管者である女性と子どもたちである。もしも友人からもらってきた家畜の主管者が決まっていなければ、だれがこの友人の歓待の労をとるのかがはっきりしない。とくに複数の妻がいる場合には、事情がややこしくなる。もちろん実際の社会関係は、もっと複雑である。妻たちと夫の友人とのあいだには、この一頭の家畜が贈与される以前にも、すでにさまざまなやりとりをとおして互酬的な関係が成立しているかもしれない。そのため、この友人が訪ねてきたときには、どの妻も喜んで家畜のミルクを提供するだろう。けれども、だからといって友人から贈与された一頭の家畜の主管者が決まらないという中途半端な状態におかれることはない。特定の妻は、その家畜の主管者となることをとおして、社会関係の網の目に特定のかたちで参与するのである。

けれども、それでもなおかつ、夫は「妻に相談せずに家畜を処分できる」ことを強調する言明もある。トゥルカナ社会には「アキブの家畜」（*ngibaren a akib*：*akib* の原義は不明）とよばれるものがあり、この家畜を友人などに贈与するときには、妻に相談しなくてもよいとされる。それに対して「イエ［家］の家畜」（*ngibaren a awi*：*awi* は「イエ」の意）とよばれる家畜もおり、これは夫の自由裁量で処分することはできないと人びとは語る。「アキブの家畜」にふくまれるのはヤギとヒツジだけであり、ウシやラクダ、ロバは該当しない。

ただし、夫が「妻に相談せずに家畜を処分できる」といっても、それはたんに「自由にできる」という意味ではないことを、わたしはつぎのような出来事をとおして教えられた。

［事例4―2］

現地調査のときにわたしは、トゥルカナの人びとが罠で捕らえてくる野生のフランコリン（キジ科の鳥の一種）を買い入れて、夕食用にとても楽しみにしていた時期があった。けれどもキジの焼き鳥という垂涎のごちそうも、わたしが独占することはできず、いつも周囲の人びとと分けあっていた。そんなある日、わたしは「アキブの家畜」というカテゴリーが存在することを知り、それは個人が「自由にできる」ことだと思い込んだ。そして、その日の夕食のときに、わたしは周囲の人びとに宣言した。

「このフランコリンは、わたしの『アキブ』である。だからわたしがひとりで食べる！」

まわりの人びとは、一瞬、なんのことかわからずにとまどった表情をうかべていたが、やがてひとりの青年がつぎのように言った。

「オータ、『アキブ』というのはね、あなたがもっているカネや噛みたばこのようなものだ。あなたはだれにも相談しないで、それをだれにでも自由に与えることができる。けれどね、このフランコリンは違う。だって、あなたはこれを食べるんだろ。自分で食べてしまうものは『アキブ』ではない。『アキブの家

広大な原野でヤギを放牧する

ウシの乳搾りをする女性

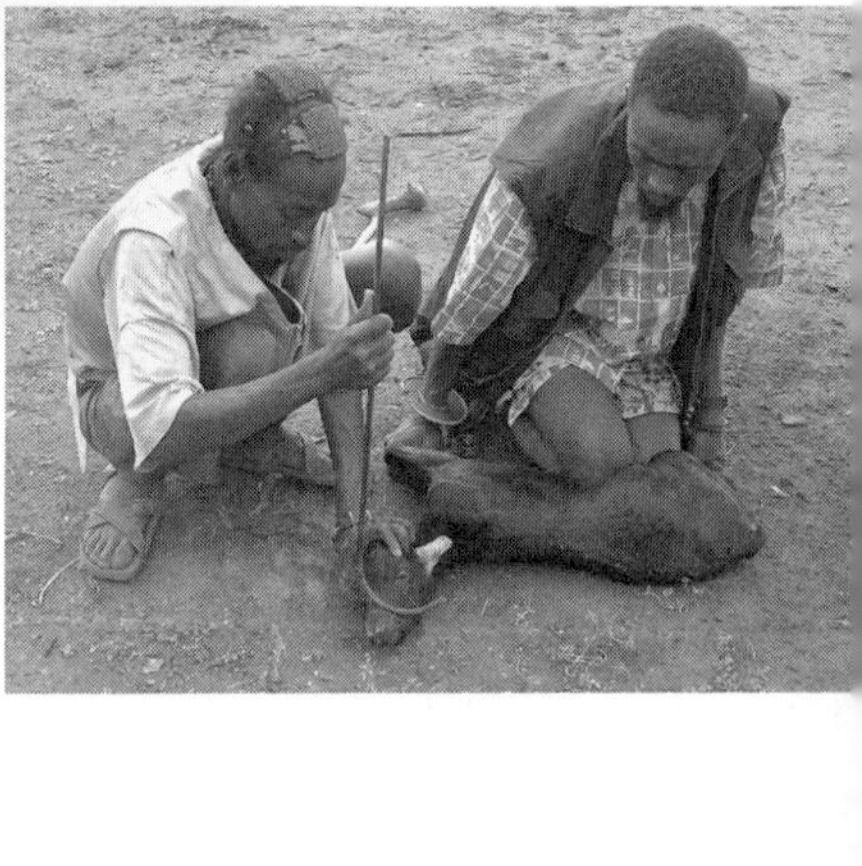

ヤギに焼印をつける

ラクダの放牧

ひっこしの朝。荷物を積んだロバをつれて移動する女性たち

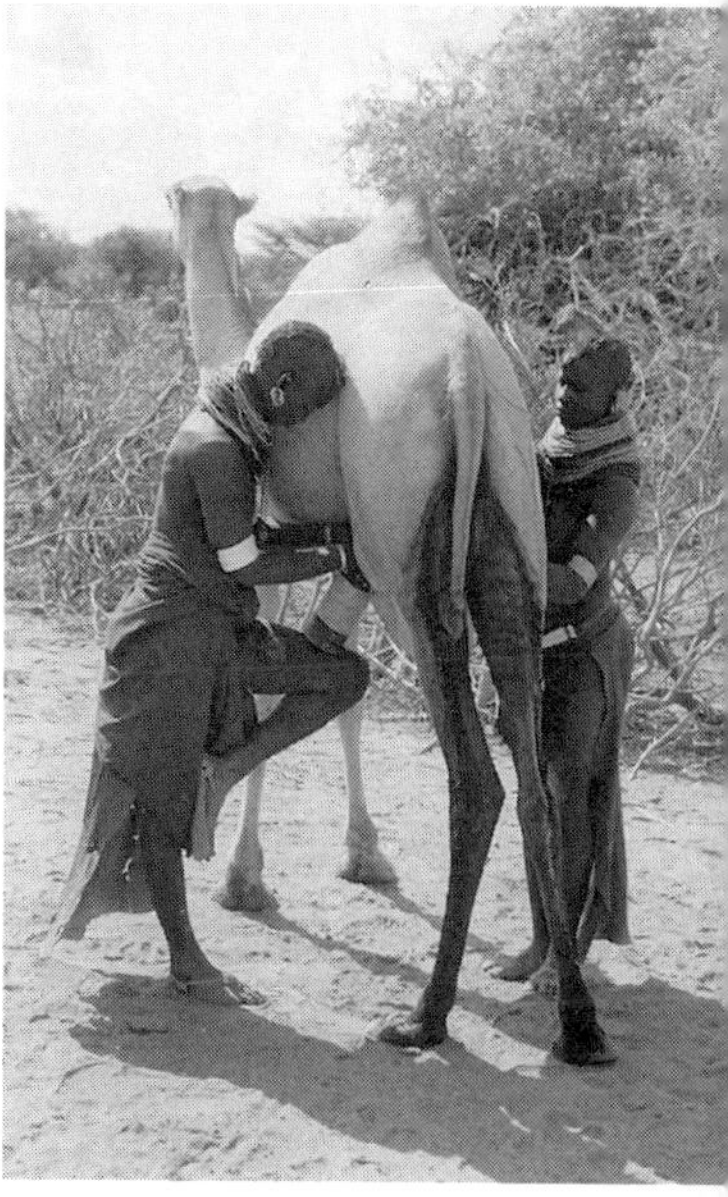

ラクダの乳搾り。膝で
ミルク容器を支えている

畜』は『喜びの家畜』(*ngibaren a alakara*：*alakara* は「喜び」の意)ともよばれる。つまりね、だれかにあげて喜ばせるものなんだ。あたなはそのフランコリンをだれにあげるつもりなんだい?」

これを聞いて絶句しているわたしに対して、その青年はさらに追い打ちをかけた。

「自分には『アキブの家畜』はいない。まだ結婚していないからだ。あなたは結婚しているのかい?」

この青年は、当時のわたしが未婚であることを知っており、結婚して「イエ」を構えている男性だけが「アキブ」の家畜を所有していることを教えてくれたのである。「アキブ」の家畜とは、夫の家畜と妻の家畜を区別するものだと説明する人もいる。すなわち、夫自身が贈与されたり婚資の支払いを受けて、家族の外部から手に入れたヤギとヒツジがこのカテゴリーに相当し、妻が婚資や贈与によって得た家畜は除外されている。「アキブ」というカテゴリーの存在は、たしかに夫の自由裁量の余地をひろげるだろうし、「だれにも相談せずに勝手に家畜を処分した」といって非難されたときには、夫はこのカテゴリーをもち出して応戦するかもしれない。しかしながら、すべての家畜は女性に配分されており、主管者がなんらかの権利をもつことは「アキブの家畜」であっても変わらない。以下の事例は、「婚資を受けとった男性がそれを基本家族のなかでどのように配分するか」に関するものだが、この男性は、自分の権利をつよく主張しない妻を主管者として選ぶという戦略をとっている。なお、婚資の授受については第5章で詳述する。

[事例4―3]

五〇代後半の男性とその第一夫人のあいだに生まれた娘の結婚が近づいた。トゥルカナ社会では、新郎側が新婦側に与える婚資の量は、新郎側がどれだけの家畜を支払えるかを考慮しつつ交渉によって決められる。娘の父親は新郎の親族との交渉を始めており、最初の段階ではヤギ・ヒツジについて「娘の母（第一夫人）に五〇頭、第二夫人に三〇頭、自分に四〇頭」を要求していた。実際に婚資の家畜が支払われたあとで娘の父親は、自分自身が手に入れる家畜を妻に配分して、主管者を決めなくてはならない。彼には二人の妻がいるが、婚資の家畜をどのように配分するのだろうか。この男性の姻族である青年に質問したところ、彼は以下のように答えた。

娘の父親はおそらく、第一夫人ではなくて、第二夫人にたくさんの家畜を配分するだろう。第一夫人には、すでに成人した長男（約三〇歳）がいる。母親の家畜は同時に息子のものである。息子は母親の家畜群を基礎にして自分の家畜を増やしていく。父親が第一夫人に配分した家畜に対しては、彼女の長男も関与してくる。父親が家畜を処分（たとえば友人に贈与する）しようとすれば、第一夫人の長男は、さまざまなかたちで異議をとなえるだろう。長男は、すでに父親にむかって自分の意見をつよく主張できるし、息子と父親の利害が一致するとはかぎらない。父親は、こうした確執を好まないに違いない。だから父親は、自分が婚資として受けとる家畜を自由に采配できるようにするために、まだ若い第二夫人に多くの家畜を配分するだろう。それに対して第一夫人が不満をいった場合には「あなたは娘の母親としてたくさんの婚資を得たではないか」と指摘することもできるだろう。

この説明をしてくれた青年は、新婦の父親が婚資として入手する家畜を「アキブの家畜」と表現していたが、その家畜に対しても、父親が独占的な権利をもつわけではない。また、新婦の父親が多くの婚資を第二夫人に配分することによって、第一夫人や長男との確執を回避したとしても、第二夫人もやはり、いったん自分が主管者となった家畜に対しては権利を主張し始めるだろう。その家畜のミルクを搾り、給水したり健康維持に気をくばったりして世話をするのは第二夫人なのである。

トゥルカナ社会では、たとえば婚資の交渉の場では男性だけが発言するなど、ジェンダー間の差異が強調される場面があるし、生業活動においても分業体制はかなり明確である。しかし、この社会で暮らしたわたしの経験では、女性の発言力は日々の生活のなかで非常に大きい。わたしは、寄寓していた基本家族が特定の家畜を殺したり、売却したりする場面に何度も立ちあうことができたが、家長は主管者である女性に相談し、場合によってはその主張を聞き入れて、最初にえらんだ家畜ではなく別の家畜を処分したこともある。そうした話しあいが翌日以降にもちこされ、時間をかけて合意が形成されたときもある。このような相談がなされる場面では「家長にはたしかにつよい権限がある」と感じるときもあったが、最終的な決定が独断でくだされたことはなかった。

4 息子の成長と家畜に対する権利

1……去勢オスの「同一視」にともなう権利

第2章では、トゥルカナの男性がウシやヤギの去勢オスとのあいだに「同一視（identification）」とよばれる独特の関係をつくることを述べた。男性はみな「自分の毛色」をもっており、あるオスの家畜が「自分の毛色をしている」ことを理由として、親族や友人からそれを贈与してもらうことができる。トゥルカナの少年は五歳ごろになると「自分の去勢オス」の歌をつくり始める。その具体的な対象になるのは、少年の母親あるいは少年自身が搾乳しているメスの家畜が生んだオスの子どもであることが多い。そして、一〇代になった少年は「自分の毛色」を理由にして近親者からオスの家畜をもらうようになり、それに首輪や鈴をつけたり、その個体についての歌をつくってみんなのまえで披露するようになる。

しかしながら、こうして同一視によって手に入れたオスの家畜に対する少年の「所有権」は、いつかは他者の侵害に晒されることになる。少年がその家畜を「所有」し始めるとき、そのオスはまだ小さいのだが、やがてそれは成長して去勢される。立派な去勢オスは基本家族内で食用にされたり、あるいは交換に出されたり売却されたりする。そして少年が同一視している去勢オスもまた、そうした用途のための候補になり、しばしば彼の意志は簡単に無視されてしまう。

［事例4―4］

この事例の登場人物は（図4―1）長老Cとその兄の妻であるA、そしてAの息子のB（約一五歳）、そして三頭の去勢されたオスヤギ（X、Y、Z）である。Aの夫は一九六〇年代の後半に死亡した。その時点でAの夫とCは共同で家畜を管理していたが、それぞれ独自の基本家族と所有する家畜群を有していた。Aは夫の死後、自分が主管者だった家畜を相続し、長老Cと同居して家畜を共同で管理しつつ、自分の家畜は自分自身の監督下においていた。つまり、Aの家畜はCのものとは明確に区別されている。さて、ある日、Aが一頭の去勢ヤギ［Z］を食用にするために殺した。ところがその直後に、Aの小屋のあたりで

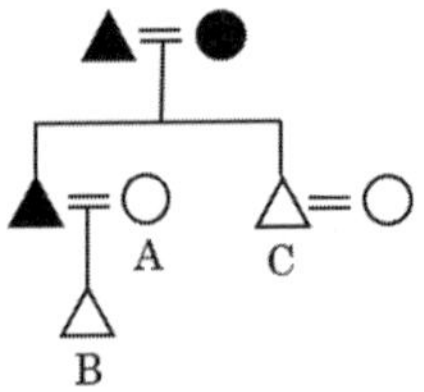

図4-1　［事例4-4］［事例4-5］の登場人物
三角は男性、丸は女性
塗りつぶした人は死亡している

息子Bが激高した口調で母親に怒鳴りつけているのが聞こえてきた。事件の顚末は以下のようなものである。

X、Y、Zは、いずれもBが同一視していたヤギだった。彼はこの三頭のヤギを「自分のもの」だと考えていた。そしてこの事件の約一年前に長老Cとのあいだで、二頭の去勢ヤギを提供して一頭の未去勢ウシを受けとるという交換が成立した。長老Cにとっては「消費するための交換」である。その時点でCは［X］を得て食用にしたのだが、Bが支払うべきもう一頭の去勢ヤギについては、将来に譲渡するという約束をしただけで、どのヤギを支払うのかは指定されていなかった。Bにはヤギ一頭分の「負債」が残ったことになる。Bは未婚なので、この負債は母親Aのものであるといってもよい。

そして、つぎには三か月ほどまえに、Aが［Y］を食用に殺した。ところがBは、このヤギがいったんCに対する負債の支払いにあてられ、Cの同意を得てAが殺したと思いこんだ。それにもかかわらず、実際には負債がまだ残っており、この日に別のヤギ［Z］がCに返済され、Cの指示でAが食用に殺したのである。

Bが母親にむかって主張していたのは、「あなたは自分に断りなく［Y］を殺したが、自分はそれが負債の返済にあてられたと思って黙認した。けれども、それが返済ではなくて、たんに食用にしたのなら許せない。自分の同意を得ないで［Y］を食べたのだから、それを弁償しろ」ということだった。それに対して母親Aは、「あなたは、むかし放牧中にわたしのメスヤギに杖を投げつけて足の骨を折ったことがある。

それが原因であのヤギは死んでしまった。その償いをしろ」と応酬した。周囲の人びとは息子の口調を模倣して笑いころげ、本人も最後には苦笑してしまったため、この喧嘩は深刻な争いにはならなかった。

その夜、この事件についてわたしが母親Aに説明を求めると、彼女は「自分は空腹だったから［Y］を食べたのだし、母親が息子のヤギを食べたからといって弁償するはずがないじゃないか」と言った。彼女はまた、息子に無断で殺したヤギ［Y］は、たしかに息子が同一視していたと認めたが、それを食べるときには長老Cには相談したものの、「まだ小さい息子にはなにも言わなかった」とのことだった。周囲にいた人びとも「Bは、まだ小さい」と、同じことを強調した。

この事例に示されているように、少年が同一視によって獲得した「所有権」は、簡単に無視されてしまう。母親Aが［Y］を屠ったとき、それを息子Bが長老Cに対する負債の支払いだと「思った」こと——つまり息子が本当の理由を「知らなかった」ということは、トゥルカナ社会では考えにくいことである。ここで息子が「知らなかった」と主張していたのは、おそらく、同一視していた去勢ヤギが自分の意志に反して殺されたことへの抵抗のあらわれだったと思われる。けれども、少年の抵抗は無為に終わった。

わたしは、別の家族がある儀礼のために去勢ヤギを殺すことになったとき、約三〇歳の家長である男性が［事例4—4］のBとほぼ同年齢の弟に対して「おまえが同一視しているヤギを提供してくれないか」と注文し、弟が激しく抵抗する場面にいあわせたことがある。この儀礼は、兄個人の損得にかかわる問題ではなく、家族全体が関与すべきものだった。けれども弟は「自分には同一視している去勢ヤギが一頭しかいない」ことを理由にして、頑強に拒否し続けた。そして結局、兄は弟の意志を尊重して別の去勢ヤギを選んだ。このように少年であっても、自分の家畜の「所有権」を防衛できることもある。重要なのは、自己の正当性をつよく主張し、交渉のなかで周囲の人間を説得できるか否かである。

2……息子の成長と母親との確執

わたしは、家畜に対する少年の「所有権」が軽視されることを示したが、少年は成長するにつれて、ときには自分の権利を実力行使によって誇示するようになる。さきほど述べたように女性は、夫の死後には自分が主管者である家畜を相続するのだが、その家畜に対しては息子も権利をもっている。おおざっぱにいうならば、母親の家畜は息子のものであり、その逆もまた正しい。わたしは［事例4―4］に登場した母親と息子の関係が、息子の成長とともに変化してゆく過程を見ることができた。［事例4―4］から八年ほどあとに発生した以下の出来事は、その変化を象徴的にあらわしている。

［事例4―5］

ある日の午後二時すぎ、「なんてことだ！」というAのかん高い声が村落の空気を切りさいた。その声は、集落内のAの小屋のあたりでおこり、しだいに集落の外へと遠ざかっていった。周囲にいた人びとに「どうしたのか」とたずねると、息子Bが恋人の母の兄弟を饗応するために、一頭のメスヤギを放牧中に屠ったという知らせが届いたのだという。トゥルカナ社会では、結婚のときに新郎側が新婦の親族に婚資の家畜を支払うが、Bが殺したヤギは、Aの娘（Bの妹）が婚出したときにA自身が得たものである。け

郵便はがき

料金受取人払郵便

左京局
承認

1117

差出有効期限
2021年9月30日
まで

6 0 6 - 8 7 9 0

(受取人)

京都市左京区吉田近衛町69
京都大学吉田南構内

京都大学学術出版会
読者カード係 行

▶ご購入申込書

書名	定価	冊数
		冊
		冊

1. 下記書店での受け取りを希望する。

都道府県　市区町　店名

2. 直接裏面住所へ届けて下さい。

お支払い方法：郵便振替／代引　公費書類(　　)通　宛名：

送料

ご注文 本体価格合計額 2500円未満:380円／1万円未満:480円／1万円以上:無料
代引でお支払いの場合 税込価格合計額 2500円未満:800円／2500円以上:300円

京都大学学術出版会
TEL 075-761-6182　学内内線2589 / FAX 075-761-6190
URL http://www.kyoto-up.or.jp/　E-MAIL sales@kyoto-up.or.jp

お手数ですがお買い上げいただいた本のタイトルをお書き下さい。

（書名）

■本書についてのご感想・ご質問、その他ご意見など、ご自由にお書き下さい。

■お名前

（　　歳）

■ご住所

〒

TEL

■ご職業

■ご勤務先・学校名

■所属学会・研究団体

■E-MAIL

●ご購入の動機

A.店頭で現物をみて　B.新聞・雑誌広告（雑誌名　　）

C.メルマガ・ML（　　）

D.小会図書目録　E.小会からの新刊案内（DM）

F.書評（　　）

G.人にすすめられた　H.テキスト　I.その他

●日常的に参考にされている専門書（含 欧文書）の情報媒体は何ですか。

●ご購入書店名

都道府県　市区町　店名

※ご購読ありがとうございます。このカードは小会の図書およびブックフェア等催事ご案内のお届けのほか、広告・編集上の資料とさせていただきます。お手数ですがご記入の上、切手を貼らずにご投函下さい。

各種案内の受け取りを希望されない方は右に○印をおつけ下さい。　案内不要

れどもBは、そのヤギを母親に相談もせずに殺してしまった。Aは三〇分ほどして集落にもどってきたが、憤懣やるかたない思いをだれにむかうともなく大声で表出し続け、「Bの去勢ヤギを殺して食べてやる」とまで言い出して、みんなになだめられていた。

この事件は、その後には特別な尾をひくこともなく、うやむやになった。しかしながら、これは母親と息子の関係を大きく変革する事件だったと思われる。わたしは一九八〇年以来、この家族の家畜がどのように使われたのかを追跡してきたが、Bが母親に無断で家畜を殺したことは、この事件がおきた一九八八年九月までには一度もなかった。そして、この事件のあと約二年半のあいだに、Bは少なくとも五頭のヤギを母親に断りなく殺しているし、さらにその後の一年間には、六頭のヤギを同様に殺している。

こうした出来事の背景には、Bの社会関係が家族の外部に拡大していったという事情がある。具体的には、まず、彼が恋人を得たことがあげられる。トゥルカナ社会で娘と恋人関係になった青年は、娘の親族とのあいだに身体的な暴力をともなう激しい争いがおこる可能性を覚悟しなければならないし、娘の親族は青年に対して、なにくれとなくつよい要求を突きつけてくる。Bは一九九〇年に同じ恋人のために一頭、そして一九九一年には、その親族のためにもう一頭のヤギを屠っている。

この時期にはまた、成長してゆく青年に対して、近隣に住む年長の男性や同年齢の青年たちが、「肉を食べさせろ」とつよく要求し始める。こうした人びとのためにBは、一九八九年から一九九二年にかけて少なくとも九頭のヤギを食べさせている。また、トゥルカナの青年は、人びとにヤギを提供するだけではなく、自分も親族や友人のところに頻繁にでかけていき、家畜をもらってくるようになる。こうした交渉をとおして青年の社会的な地平がひろがってゆく。

　このように青年は成長とともに、しだいに母親の家畜に対する「所有権」を獲得してゆく。しかしながら、以前は母親がつよい「発言権」（すなわち「所有権」）を行使していた家畜について、どこかの時点で、その権利を息子に移譲するような明確な区切りがあるわけではない。そしてまた、母親の利害と息子の利害がつねに一致するとはかぎらない。［事例４―５］の母親Ａの立場にたつならば、息子Ｂが殺したメスヤギは、娘が婚出したときに自分が婚資として得たものだし、メスの家畜は、いつかは子どもを生んで家畜群をふやす基礎をつくる。そのメスヤギを殺さなくても、息子は自分が同一視しているオスヤギを選んだり、あるいは友人から家畜をもらって殺してもよかったはずだ、ということになろう。彼女が「息子の去勢ヤギを食べてやる」と言っていたことを裏返せば、「息子が『同一視』している去勢ヤギだけは息子のものと認めるが、それ以外は自分のものだ」という意味になるだろう。彼女もけっして自分の「所有権」を諦めたわけではない。今後も母親と息子のあいだには、家畜をどのように使うのかについての葛藤が生ずるだろう。母親と息子は、そのつど自己の正当性を主張し、相手を納得させなくてはならない。

　この時期に青年は、家畜の「所有者」として認められ始める。わたしはＡとＢの家畜の写真をとって、一頭ずつカードに張りつけて整理していたが、わたしをたずねてきたトゥルカナの人びとは、慣れない手つきでカードをめくりながら「これはＡのもので、○○（人の名前）から贈与されたヤギだ」というような会話を楽しんでいた。そうした会話のなかでこの母親と息子の家畜は、一九八二年以前には「Ａのもの」と表現され、Ｂが同一視していた去勢オスだけが「Ｂのもの」と言われていたのだが、一九八八年には、すべてを「Ｂのもの」と表現する人びとが現われている。

［事例4─3］のなかでも、成長した息子は母親の家畜に対して「自分が権利をもつこと」を主張すると語られていた。子どもたちは成長とともに発言権をつよめてゆく。息子にとって母親が主管者である家畜は、将来に自分が相続するものであるし、娘たちの場合にもその家畜は、自分が搾乳したり世話をしてきた対象である。そうした家畜が売却や食用、あるいは外部への贈与の対象となるとき、子どもたちは母親あるいは父親に対してときにはつよく自分の意見を主張する。さらに、息子が既婚の場合にはその妻が家畜の主管者になっており、父親はそうした家畜に対しては、よほどの事情がないかぎり家長としての権利をもちだしたりはしない。

5 家畜に対する「権利の束」

わたしは本章の第1節「所有とはどのような事態か」で「権利の束（bundle of rights）」という考え方を紹介し、ここまでの記述では、トゥルカナの基本家族のなかで、ある一頭の家畜に対して父親と母親、そしてその子どもたちが、それぞれに自分なりの権利をもっていることを示した。この事態は「権利の束」という考え方を使うとよく理解できるように思える。しかし、ひとつの基本家族のなかで各人が家畜に対してもっている権利は、もう少し複雑である。

家畜群を維持し増殖させてゆくためには、放牧や病気の世話など、さまざまな管理をしなければならない。そうした日常的な実践は、家畜に対する権利のあり方に大きな影響をおよぼしている。すでに述べたように個々の家畜の主管者である女性は、自分の子どもたちとともに、配分された家畜の病気や怪我の世話をするなど、家畜管理の一端を担っている。彼らは、配分された家畜に対する自分たちの権利を主張するときには、こうした労力をそそいできたことに言及する。さらに、ひとつの基本家族のメンバーが異なる家畜キャンプに分散して居住することにより、たとえば父親はラクダ・キャンプ、息子はウシ・キャンプの管理をするといった分業が発生する。その場合に息子は自分が面倒を見ているウシ群全体について、よりつよい発言権を行使する。また、たとえばラクダ・キャンプに居住するひとりの主管者は、自分のウシをウシ・キャンプに住む別の女性にあずけて管理してもらうことになる。そのために家畜を委託された女性は、自分がその家畜の面倒を見ていることを主張することができる。

家畜はかならず毎日、日帰り放牧に出される。牧夫は終日、家畜の群れを統率しつつ草を食べさせ、途中では水場で水を飲ませて管理を続ける。わたしは、調査中に購入したり贈与されたりした家畜を、寄寓していた家族の家畜群と一緒に管理してもらっていた。その群れの牧夫は、わたしのところにやってきて「あなたの家畜を放牧しているのは自分だ。自分になにか、くれるものはないのか」と、よく言ったものだった。このように牧夫もまた、自分が家畜群の世話をしているという事実を、ときにはつよく主張する。ひとつの基本家族が所有する家畜は、そのメンバーが共同で管理しており、そのことによって個々人にある種の権利が発生することになる。

また、その家畜のなかには、家長が婚資の支払いや贈与などによって外部から入手し、それを主管者に配分した家畜もいるが、妻や子どもたち自身が同じような機会に獲得した家畜もいる。そうした個々の家畜の来歴に応じて、個々人の権利主張のつよさは異なってくる。このような状況において、家長には家畜の「所有権」

があり、それ以外のメンバーには「使用権」だけがあると、かたづけることはできない。

さらに、「権利の束」という考え方を採用したとしても、一頭ずつの家畜についてだれがどのような権利をもっているのかは固定的なものではない。たとえば今日、「家族のみんなが空腹である」という理由で、一頭のヤギを殺して食べたとしよう。その家畜を提供した人は、主管者であれ、その子どもであれ、つぎの同じような機会には、「前回は自分が拠出した」ことを主張するだろう。こうした事情は際限なく生起する。そのため、具体的にある一頭の家畜を「消費する」ことが必要になったとき、その一頭をどのように選択するかをめぐっては、それがだれのどのような必要を満たすためかという要素だけではなく、家族内の過去のいきさつも考慮の対象になる。その機会に人びとは、「いま、この場」で自分の権利を具体的に主張する。そして、さまざまな要素が考慮され、メンバーのあいだで折衝が繰りかえされて決定がくだされてゆくのである。

この事情は、基本家族の外部であっても同じである。もちろん、さきほど述べたように基本家族のメンバーは自分たちの家畜に対して、その外部の人びととは明瞭に異なるつよい「所有権」をもっている。しかし、その権利は完全に排他的なものではない。家畜管理のためには、ほかの基本家族と共同する必要がある。家畜に給水するためには深い井戸を掘り、その底にたまる水をくみあげて家畜に与えるが、ひとつの基本家族がほかの家族と一緒に家畜キャンプをつくるときには、複数の基本家族のメンバーが共同して家畜の給水作業をおこなう。そもそも、井戸を掘ると水を得られる場所はかぎられており、その場で人びとは、さまざまに協力しあう。家畜はまた、放牧中に迷子になったり泥棒に盗まれたりする。家畜群を共同で管理している人びとは協力してこの事態に対処する。ウシやラクダが盗まれた場合には青年と成人男性が集まって捜索隊を組織し、ときには数十キロメートルも泥棒を追跡して、その家畜を奪還することもある。こうした捜索隊には、近隣に住む人びとも参加して協力する。

こうした協力関係が存在するからといって、基本家族による家畜の「所有権」があいまいになることはない。しかし、このような共同の実践が存在することを想起すれば、ひとつの基本家族が自分の家畜群に対して完全に排他的な権利をもつわけではないことも容易に理解できるだろう。具体的にそのことが表現されるのは、ウシやラクダが殺されたときである。ヤギやヒツジを殺して食べる場合には、基本家族の内部あるいは居住をともにする人びとのあいだでその肉を分配すればよい。しかしウシやラクダの場合には、近隣に住む人びとがその集落に集まってきて、男性たちは集団でその肉の一部を消費するし、女性たちは、その集落の女性から肉の分配を受けて自分の集落に持ち帰る。それは、近隣住民の当然の権利として認められている。その意味では、ひとつの基本家族が所有する家畜の「権利の束」は、その家族の外部にもひろがっている。

6 「持ち駒」を駆使した折衝

さきほどわたしは、青年になったB（［事例4―5］）が、「肉を食べさせろ」と要求する近隣の男性たちや恋人の親族のためにヤギを殺したことを述べたが、こうした要請には、それなりの正当性が認められているからこそ、ヤギが提供される。B自身も親族や友人から家畜を贈与されているが、それもまた、Bにある種の権利があることを人びとが承認しているからにほかならない。しかしながら、こうしたヤギの饗応や贈与はそれを要求しなければ受けられないし、それを要請する者は、自己の主張が正当なものであることを相手に納得させなければならない。相手もまた、それを拒絶するためには説得力のある論理を駆使しなければならない。その点でこうした交渉は基本家族のメンバー間のものと変わらない。

交渉に臨む人びとが「自分には正当な権利がある」ことを相手に納得させるためにもち出す論理や説明を、ここで「持ち駒」とよぼう。少年の「所有権」がないがしろにされた場合、つぎの機会に彼は「前回に譲歩した」ことを「持ち駒」として使うかもしれない。[事例4—4]の少年は、自分が「同一視」していた去勢ヤギを、かつて母親が無断で屠殺したという出来事をむしかえしたが、それに対抗する母親もまた、自分のヤギが骨折したという具体的な事件を喚起して応酬した。同じように、もし夫が妻の意に反して家畜を友人に与えた場合、妻はその事実を自分の「持ち駒」として蓄えて、つぎの交渉の踏み台にするだろう。ひとつの交渉の結末はつぎの交渉の手段になる。トゥルカナ社会では、こうしたやりとりがはてしなく累積してゆく。個々人は、その交渉にいたるまでの個別の歴史——すなわち折衝の歴史——をかかえていると同時に、ひとつの交渉はつねに個別の出来事である。

このように述べると、この社会には家畜に対する人びとの権利を明確にする規則や規範がないのか、という疑問が出るだろう。いままでに記述したように、たとえば「ひとつの家族が所有する家畜は家長のものである」とか、「家長は家畜をなんらかの理由で処分するときには主管者に相談しなくてはならない」といったように、トゥルカナ社会にも規範や信念が存在する。これは、本章の最初のところで述べた(1)や(2)のレイヤーに関するものである(一二三頁)。人びとは、こうした規範や信念を「持ち駒」として、自分が正当な権利をもつことを主張することもあるだろう。重要な点は、こうした規範や信念はどんな場合にも一貫して遵守されるような絶対的なものではないこと、それをもちだしても相手を無条件に説得できるわけではないところにある。その意味で、トゥルカナの人びとにとって規範や規則を主張することは、「過去に自分は譲ったではないか」とか「わたしにはヤギが一頭しかいないから、あげられない」というように、個別の「事実」を「持ち駒」として駆使することと同じなのである。

一般的にいえば、「昔、○○という出来事があった」という言明は、だれにとっても「事実」でありうるし、「□□の場合は、△△すべきである」という規範や信念は、どんな当事者にも適用することができるだろう。「アキブの家畜」というカテゴリーを認める規則があるかぎり、夫（家長）は、それに依拠して自己の正当性を主張することができる。しかしながらこの規則は、「持ち駒」として使われることはあっても、だれもが抗弁できないような絶対的な規準にはならない。夫の周囲には、つねに「彼の」家畜に対してなんらかの権利をもつ人びとがいる。妻もまた、自分が婚資や贈与によって得た家畜であっても勝手に処分することはできない。だれがどこまで権利をもつのかは、「夫であるから」とか「妻であるから」というような一般的なカテゴリーによって決まるものではないし、特定の家畜個体に関しても「これは○○の経緯で得た家畜であるから、わたしには□□の権利がある」というように明瞭に画定することもできない。

わたしは、トゥルカナの人びとが家畜に対する権利をめぐって、自己の正当性を主張しあうことを論じてきたが、これは、彼らが自分の利益ばかりを追求するエゴイストだとか、功利主義者だという意味ではない。争点になる事柄について人びとが合意を形成し、最終的な了解にいたるためには、このような折衝が不可欠なのである。すべての「持ち駒」が使われるとはかぎらない。どれを使うのかは相手との相互行為のなかで決まってゆく。そして、そうした過程を経て、なんらかの決着がつけられることになるのだが、どのような結末が待っているのかは当事者でもかならずしも予想できるものではない。

7 ラクダの信託と所有——レンディーレとガブラの社会

1……ラクダの信託とは

ここでトゥルカナ社会をはなれて、トゥルカナと同じくケニア北部の乾燥地域に住む牧畜民であるレンディーレとガブラの社会で、家畜がどのように「所有」され「使用」されているのかをみよう（図1—1）。レンディーレの人口は約九万六〇〇〇人であり（KNBS 2019: 423）、その居住域の降水量は年によって大きく変動するが、およそ一〇〇～二〇〇ミリメートルほどにすぎない（孫 二〇一二）。また、ガブラはケニアとエチオピアの国境をまたいで分布しているが、ケニア側には約一四万一〇〇〇人（KNBS 2019: 423）、エチオピア側にも数万人が暮らしている。このふたつの民族は隣接して居住しており、いずれも東クシ語系の言語を話し（Greenberg 1966）、相手の民族のなかに親族や友人がいるなど、社会的・文化的に共通する多くの要素をもっている。

このふたつの民族はいずれも、ラクダとウシ、ヤギ、ヒツジを飼養し、その生産物を利用しながら生活しているが、もっとも重要な家畜はラクダである。彼らの居住地域はつよく乾燥した半砂漠であり、ラクダはそうした環境に対して生理学的・生態学的によく適応した特徴をもっている。このふたつの社会でラクダは、食糧

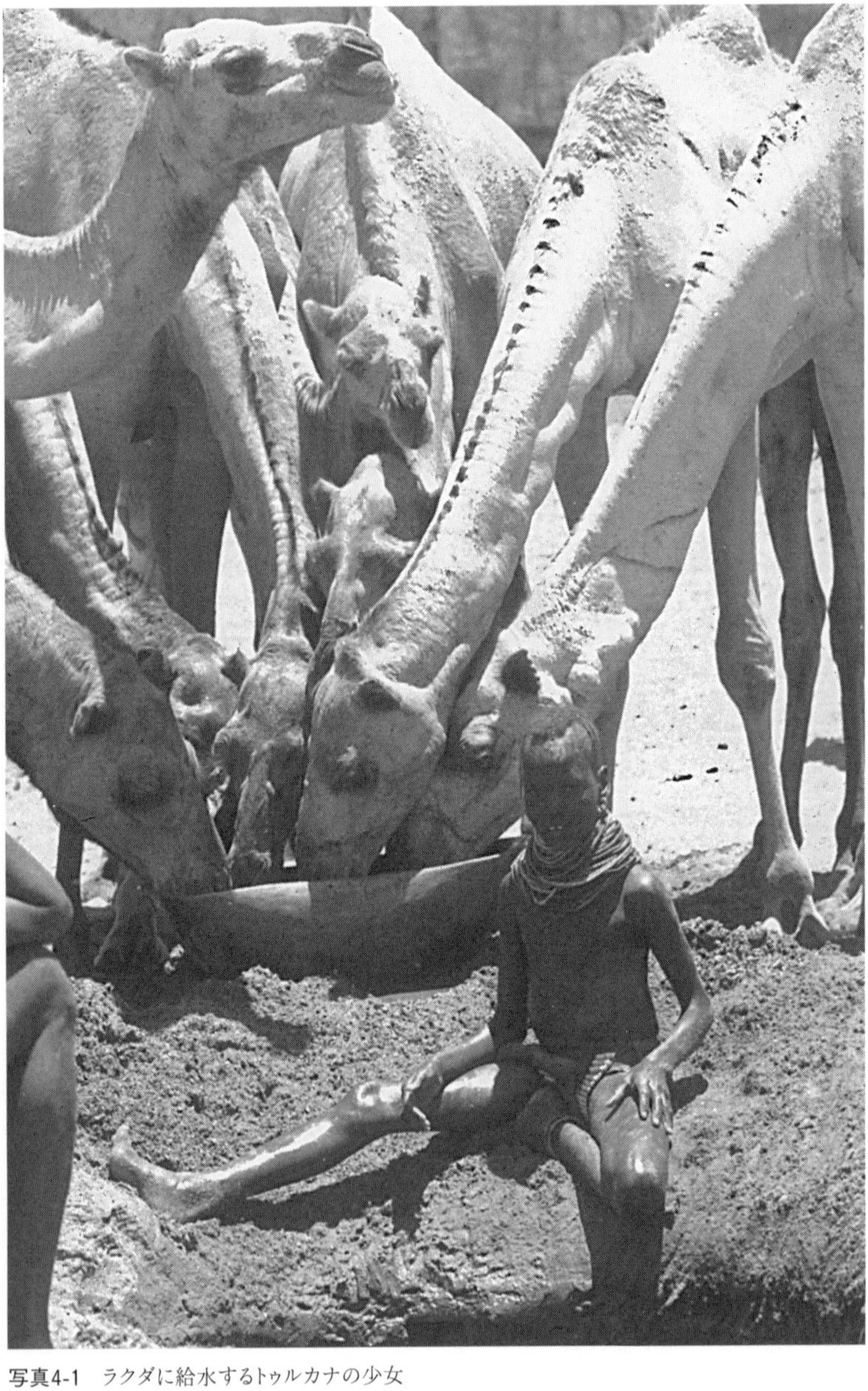

写真4-1　ラクダに給水するトゥルカナの少女

の供給源としてもっとも重要であるし、婚資の支払いにはラクダだけが使われ、主要な儀礼の執行にはラクダの供犠が必須になるなど、社会的・宗教的にもラクダの価値はもっとも高い。ヤギやヒツジは、それを売却したお金で穀物や砂糖、たばこなどの必需品を購入するなど、重要な機能をはたしているが、ウシの飼養頭数は少なく、その価値はあまり高くない。

レンディーレとガブラの社会は、いくつかの重要な点でトゥルカナとは異なっている（佐藤 一九八四、一九八八）。家畜の所有に関するもっとも大きな相違点は、トゥルカナでは父親の家畜が息子たちに分配相続されるのに対して、このふたつの社会では「長男相続制度」をとっている。ここでいう長男とは第一夫人の長男のことであり、それ以外の息子が父親の生前に数頭のラクダを分与してもらうのに対して、長男にはそれがなく、父親の死後にその遺産の大部分を独占的に相続するのである。佐藤（一九八八：二一三）は、そのことによって世代が経過してもひとつの家族の家畜が散逸せず、「家畜共有集団としての家族の共体性」が保持されると述べている。また、レンディーレやガブラの社会では、年齢体系やクラン体系によって人びとの行動が規制される部分がトゥルカナよりもかなり大きい。

さて、両者の社会にはラクダだけを対象として、それを他者に無期限に貸与するという独特な方法がある。以下にはこれを「信託」とよび、佐藤（一九九一、一九九二、一九九四a）と曽我（一九九六、一九九八、二〇〇四）、そしてシュレー（Schlee 2012）の詳細な研究を参考にしながら、その方法を紹介しよう。なお、ある家族がもっているラクダのなかで搾乳できるメスの数が不足し、食用とするミルクがたりない場合には、期間を限定してほかの家族から泌乳しているメスラクダを借りることがある。また、ひとつの家族に属し、同居している既婚女性のあいだで搾乳できるメスラクダの頭数が不均衡になったときにも、泌乳ラクダの貸与がおこなわれる。

こうした家畜の「貸与」をレンディーレでは *kharasime* (Sato 1992)、ガブラでは *karashime* (曽我 一九九八) とよぶ。両民族は、こうしたラクダの「貸与」を以下に述べる「信託」とは明確に区別している。

このふたつの民族が実践するラクダの信託には、いくつかの独特な規則があるのだが、第一に、これはラクダを貸与=借用するものである。ラクダの信託を受けたい者は、そうしたラクダをもっている相手を訪問してラクダをねだる。その相手は、ガブラでは「姻族 (たとえば母方オジや妻の兄弟、姉妹の夫やその兄弟) や同じクランの構成員、かつて同じ集落に住んでおりラクダの世話をしてあげた者や、放牧キャンプで協力しあい友情をはぐくんだ者」そして「生物学的父親」(曽我 一九九八：三八) であり、レンディーレでは、父や兄弟、姻族 (妻の父や兄弟、姉妹の夫)、母の兄弟やそのクランのメンバー、同一のクランに属するものなどである (佐藤 一九九四a：一一六の表4)。いずれにしても、ラクダの信託に関与するのは、すでに緊密な社会関係を有している者同士である。二人の男性が、お互いにラクダを信託しあっていることもある。

以下では、信託によってラクダを貸し出す者を「預託者」、借りる者を「受託者」とよぶ。信託されるのは未経産のメスラクダであるが、まれには経産ラクダの場合もある (佐藤 一九九二：一四四)。首尾よくラクダを信託してもらった場合、そのラクダが将来に出産する子どものうち、メスの子どもの「所有権」はその母ラクダと同様に、もとの所有者 (=預託者) にある。つまりメスの子どもは母親と同じく信託ラクダとなる。一方、オスの子どもは受託者のものとなり、受諾者はそれを売却したり食用に屠ったり、あるいは贈与するなど、処分する権限をもつ。受託者はまた、信託ラクダのミルクを利用することができる。

この信託システムでおもしろいのは、ラクダを信託してもらった人が、そのメスの子どもをさらに別の人に信託することができることである。こうした「又貸し」が繰りかえされてゆくと、AからBに、BからCに、そしてCからDに……という信託のチェーンが出現する。このチェーンのなかで最初にメスラクダを貸し出す者を以下には「所有者」とよぶ。すべてのメスラクダ(＝信託ラクダ)は最初の所有者Aのものであり、オスラクダはその母親を管理している受託者のものとなる。

ここでAが、なんらかの必要が生じたためにBに信託ラクダを返却してほしいと要請したとする。そのときに、もしBのところに適切なメスラクダがいない場合には、BはCのところからそれを調達してAに返却する。Aは、直接にはCに返却を要請することはできない。この信託チェーンにおいては、あくまでもラクダの信託に直接に関与した二者(AとB、BとC、CとD……)だけがその返却に責任をもつのである。

2……信託ラクダの返却をめぐる交渉

このように見てくると、信託チェーンのなかにいるすべてのメスラクダ(＝信託ラクダ)の「所有権」は最初の預託者であるAにあり、BやCは「用益権」(使用権)だけをもっていると表現することができる(佐藤一九九一:二七七、一九九二:一四四)。しかし、以下に示すようにその「所有権」とは、わたしたちが一般的に考えるように、それをいつでも自由に使ったり処分したりできるといったものとは、まったく異なっている。

ラクダの信託関係は、信託されたメスラクダの子孫が生きているかぎり、当事者が死亡しても息子に継承される。メスラクダがメスの子どもを生み、その子どもがまた子どもを生む——ラクダの側にはメスが連鎖する系譜関係があり、人間の側には家畜の相続をとおして父から息子へと連なってゆく系譜がある。ラクダの信託には、こうして連綿と続く長い時間性が付随している。そして、信託ラクダの返却はいつでも要求できるものではない。佐藤（一九九一：二八七）によれば、兄弟間でラクダを信託した場合には、自分たち自身とその息子の代では返済を要求せず、両者の孫の代になってはじめて返済の要求をするのがよい。また、近親の父系親族以外の相手からラクダの信託を受けた者は、三〜四頭のメスラクダを得たころに最初のラクダを返却すればよいし、息子の代にさらに一頭を返却すればよい。逆にいえば、よほどの事情がないかぎり、ほかのラクダは返却しなくてもよいのである。

もし、所有者が信託ラクダを返却してほしいときには、その要求が正当であると社会的に認められる必要がある。それは、結婚するために支払うべき婚資のラクダや、葬式のときに殺すためのラクダが必要になったとき、あるいは旱魃や略奪によって自分の家畜群が崩壊し食糧が極度に不足したときにかぎられる。また、受託者のラクダ管理のしかたが適切でないと所有者が判断したときにも信託ラクダの返却を求めることができる（佐藤 一九九一：二七七—二七八、曽我 一九九八：三八）。

しかしガブラ社会では、婚資や葬送儀礼のためにラクダを必要とする人がいても、その人が自分の信託ラクダを回収するのではなく、同じクランの構成員がその人を支援することのほうが好ましいと考えられている（曽我 二〇〇四：三五三）。また、ある人の家畜が隣接民族によって略奪されてしまったとき、その人は自分が多くの所有ラクダをほかの人に信託していたにもかかわらず、彼はそれを回収して急場をしのいだのではなく、親族や姻族、友人から自発的にラクダを信託してもらって家畜群を再編したという事例がある（曽我 二〇〇四：三五五—三五六）。

このように、信託ラクダの所有者は、いつでもその返却を要求できるわけではないし、また、緊急事態に直面しても返却を求めない場合がある。さらにレンディーレでは、受託者がラクダを返却するとしても一頭だけを返却すればよい（佐藤 一九九一：二八六）。正当な理由がないにもかかわらず頻繁に返済を要求する者は嫌われ、受託者のほうから縁を切られることもあるという（佐藤 一九九一：二八八）。

所有者が自分の窮状を受託者に説明して信託ラクダの返却を求めても、いつでも応じてもらえるわけではない。受託者は「自分がもっているメスラクダは数が少ない」「自分もいま、問題をかかえている」「数年後に来てくれないか」と主張して、返却の要求を断ろうとする場合もある。シュレー（Schlee 2012: 252-3）によれば、ラクダの信託は「貸与であるが、そのラクダは、ふつうは所有者のところにはもどらない」し、その意味で信託ラクダの所有者がもつ「所有権は名目的（nominal）なもの」である。曽我（二〇〇四：三四六）は、ラクダの信託は「半永久的な貸与である」と指摘している。このようにラクダの信託関係において、所有者の権利は大きな制限を受けている。所有者が信託ラクダを返済してもらうためには、長い時間をかけて相手と交渉し、自分の正当性を主張して納得してもらわなければならない。

しかしながら所有者は、自分のラクダを「受託者がきちんと管理していない」とみなしたり、なんらかの原因で受託者との社会関係が悪化したとき、信託ラクダを強制的に回収することがある。この強制回収が実際におこなわれるという事実に注目すると、レンディーレやガブラの社会にはラクダの「絶対的な所有権」ともいうべき権利、すなわち「自分の所有物を自由に差配する権利」が存在するように思える。しかし、実際に人びとがどのようにふるまうのかを検討すると、所有者の権利は複雑な社会関係のなかに絡みとられていることがわかる。以下に、とてもおもしろい事例を三つ、紹介しよう。なお、こうした事例には過去の出来事がどの年におきたのかが正確に記載されているが、レンディーレもガブラも陰暦によって日と週、月、年をかぞえる詳細な体系をもっている。暦年は曜日名をもちいて指示され、七年ごとに同じ名前の暦年が繰りかえされる（佐

藤　一九九二）。

［事例4―6］（曽我　一九九八：四三）

ガブラのAは一九六二年に、Bにラクダを信託した。一九七三年、旱魃のためにラクダを失ったAはBのところに行き、泌乳中のメスラクダと荷物を運ぶためのラクダ、そして数頭のヤギ・ヒツジをくれと要求した。しかしBは、「この旱魃には、みんなが苦しめられている。あなたの要求をすべてかなえることはできない」「泌乳中のメスラクダと荷物用のラクダのどちらかをあげよう、ヤギも数頭あげよう」と答えた。しかしAはそれに満足せず、自分の信託ラクダをすべて強制的に回収すると言った。Bは「どうしてもそうすると言い張るなら長老たちの同意を得てくれ」と、問題を長老会議にもちこんだ。長老たちは、Aの要求は過剰であると考えて強制回収をあきらめさせようとした。しかしAは、長老たちの意見を無視して自分の信託ラクダをすべて回収してしまった。

この事例からは、三つの特徴を読みとることができる。第一にAは、駄獣として使うラクダやヤギ・ヒツジの供与をBに依頼している。つまりAは自分の所有物である信託ラクダの返済を求める以上の要求をしており、Bはそれに応じようとしている。この事実は、彼らが信託ラクダの「所有権」と「使用権」という範囲にはおさまりきらない権利を、相互に認めあう社会関係をもっていることを示している。ラクダの信託において預託者の「所有権」と受託者の「使用権」は明確に規定されているようにみえるが、実際の行為の場面には、この規則以外の複雑な要素が登場するのである。第二の特徴は、「信託ラクダを強制的に回収する」という行為の妥当性は、長老会議にもちこむことができる争点だということである。つまり所有権はいつでも行使できるような絶対的なものではない。第三は、それにもかかわらず、その所有権が絶対的なものであるかのように信託ラクダの回収を強行する人物もいることである。

信託ラクダをこのように強制的に回収することは、ガブラ社会では「クソを掘る悪」（曽我 一九九八：四三）といわれ、非常に忌まわしい行為であると考えられている。これは社会関係の一方的な切断であり、強制回収がおこなわれると社会に大きな衝撃がはしり、人びとは安寧が失われたと感じるという（曽我 二〇〇四）。そして、強制回収を断行した者は旅先でのたれ死にしたり、回収したラクダが病気にかかって子孫が絶えたり、ミルクを出さなくなったりすると信じられている。つまり、所有権を無理矢理に行使した者は悲惨な厄災にみまわれる。

さらに、信託したラクダを強制的に回収した者が、後日にその行為をとがめられ、ある種の「賠償」を支払った事例もある。

［事例4―7］（Schlee 2012: 253）

レンディーレの長老であるAは、かつて、Bに信託していたラクダを強制的に回収し、そのことにBは憤慨していた。その後にAは、ある娘を自分の第二夫人としてむかえるために娘の家族に結婚を申し込んだが、その娘はBと同じクランに属していた。Aは、B本人とそのクラン・メンバーの怒りをなだめて娘との結婚を成就するために「罰金」を支払わねばならなかった。

Aが強制的に回収した信託ラクダが「彼のもの」であったことはまちがいない。しかし、その権利を行使したやり方が不当なものだったため、彼は求婚者という弱い立場になったときに、それをとがめられている。つぎの事例は、ひとつの信託関係は、それ自体で独立したものではなく、人びとはほかの信託関係＝社会関係を考慮しつつ行動していることを示している。

［事例4―8］（佐藤 一九九一：二八四―二八五）

レンディーレ男性のAとBが棍棒でなぐりあう喧嘩をした。翌朝、AはBのラクダ囲いに行き、自分の父方平行イトコであるCがBに信託していた二頭のメスラクダを強制的に回収して自分の家に連れて行った。そのあと、二日間にわたって長老たちがこの問題をどう処理すべきかを話しあったが、最終的な判断はCにゆだねられた。そこでCは自分の近親者であるAの味方をせずに、二頭のメスラクダをBに返すという決断をした。Cは、Bの近親者からラクダの信託を受けており、もしこの二頭のラクダをBにもどさなかった場合には、自分が受託しているラクダを強制回収されることを恐れたのである。

以上、ラクダの信託をめぐる人びとの観念や信条、そして実際の社会関係や交渉を見てきた。彼らが考えるところでは、信託ラクダの所有権が最初の預託者にあることは明確である。レンディーレは、最初の預託者（＝所有者）が所有しているラクダを「アラル *alal*」とよび、それを信託されたラクダ（マール *maal*）から区別している（Sato 1992: 73、佐藤 一九九四ａ：九七）。佐藤（一九九四ｂ：一五四）はまた、すでに子どもを産んだ経験がある女性が比喩的に「所有ラクダ（アラル）」にたとえられるのに対して、まだ出産したことがない女性は「信託ラクダ（マール）」に見たてられると述べている。信託されるラクダは、ふつうは未経産メスであり、この比喩的な表現は「アラル」と「マール」というカテゴリーが対になって使われることを示唆している。また、ガブラ語でも所有ラクダは「ハラル *halal*」とよばれる（曽我 一九九八）。ガブラ社会におけるラクダの所有を分析した曽我（二〇〇四）は、「所有（*halal*）することは信託すること」（三四七頁）であり、「所有者は、すでにラクダを信託したからこそ所有者なので」（三五九頁）あると述べる。つまり、ガブラ社会でもレンディーレと同じく、「所有ラクダ（*halal*）」というカテゴリーは、ラクダを信託するという慣行のなかで、信託ラクダと対をなすカテゴリーとして存在しており、文脈に依存せずに一般的・抽象的に「所有ラクダ」を意味するわけではない。

レンディーレの「アラル」あるいはガブラの「ハラル」は、ラクダの信託制度のなかで明確に所有ラクダを意味しており、その所有は交渉によって変えられるものではない（曽我 二〇〇四）。トゥルカナの基本家族がもっている家畜の「所有権」も、ほかの家族から独立したものであるが、その家畜に対しては、ほかの家族も多元的な権利をもっていた。このことを考慮すれば、レンディーレやガブラの信託制度における「所有」は、複雑な諸権利から構成されるこの制度のなかのひとつの権利であり、「権利の束」の一要素である。この権利は、人びとが交渉のなかで言及し行使する「持ち駒」のひとつであるといってよい。彼らの家畜に対する権利を理解するためには、だれが、だれに対してどんな要求ができるのかに注目しなくてはならないし、それは状況に応じて変化する不確定なものである。それゆえに人びとは、自他の要求をめぐって何日もかけて話しあいを繰りかえし、相互に納得できる解決の道を模索するのである。

3……家畜の所有をめぐるさまざまな交渉

レンディーレやガブラの人びとは、信託ラクダにかぎらず、家畜をめぐってさまざまな交渉をおこなう。以下に紹介するのは、「過去におこなった家畜交換を無効にしたい」という要求が出され、交渉のすえにそれが認められたという、非常に興味深い事例である。

［事例4―9］（佐藤 一九九一：二七八）

レンディーレのAは一九五二年に、同じクランのメンバーであるBにメスの子ラクダを与えて、交換に去勢ラクダを取得した。Bが得たメスラクダとその子孫は順調に繁殖を続けて、その一六年後の一九六八年にBは、この家系に属する九頭のメスラクダを保有していた。これを見ていたAは、「自分が与えたラクダがそれだけたくさんの子どもを生んだのだから、かつての交換取引は等価なものではなくなった。それを解消して、わたしのメスラクダを返してほしい」とBに要求した。この問題をめぐっては、多くの男性が参加する集会が何度ももたれたあと、Bは九頭のメスラクダのうち、八頭をAに返却した。

レンディーレ社会では、メスの子ラクダと成熟した去勢ラクダは等価とみなされ、交換される（佐藤 一九九一：二八〇）。BがAから得たメスラクダは信託ラクダではなく、去勢ラクダとの交換によって入手したものである。わたしたちの感覚では、メスラクダの所有権はBに移ったはずであり、一六年後には九頭のメスラクダの所有者はBだったはずである。それにもかかわらずAは、「かつての交換は等価ではなくなった」という驚くべき主張を展開し、最初に与えたメスラクダ一頭だけではなく、その家系に属する八頭のメスラクダを返却させている。なお、この交換を解消するときにAは、最初に得た去勢ラクダをBに返却したかどうかについて、佐藤（一九九二）はなにも言及していないが、おそらく返却していないものと思われる。また、AがBに対して「交換を解消したい」と要求できたことには、両者が同じクランのメンバーだったことが影響していたかどうかは不明だが、佐藤（Sato 1992: 78-9）は、過去におこった家畜交換を無効にしたいという要請があった別の事例も紹介しており、その当事者は異なるクランに属している。

さて、たしかに［事例4―9］の最初のメスラクダはたくさんの子どもを生んだ。わたしたちの論理では、そのメスが将来に子ども生むことは最初の交換の時点で予想されていたはずだから、Aの主張は不当に思える。しかしAは、この家系のすべてのメスラクダを「わたしのもの」と表現している（Sato 1992: 77）。そして、周囲の人びとがAの主張を正当なものと認めたことは、いったん手放したラクダとその子孫に対して、Aがある種の権利をもち続けていたことを示している。商品交換に親しんだわたしたちは、当事者が等価であると認めたものが交換された場合（店で価格がついている商品を買う場合）には、取引はそこで完結したとみなすが、彼らはそのようには考えない。そもそも、わたしたちの「等価交換」という観念には、貨幣をもちいた商品交換が根深く影響している。そのような概念を、彼らの世界に安易に適用すること自体がまちがっているのだろう。

つぎに、家族集団内における家畜をめぐる権利のあり方を見よう。レンディーレとガブラの社会では、家族集団が保有している家畜の最終的な所有権（＝処分権）は、集団の長である父親が有するとされている。また、父親の死後には第一夫人の長男（以下、単に長男という）がその家畜の大部分を相続する「長男相続制度」をとっている。父親と長男の理念的な一体性を人びとは強調して語るし、また、実際に長男には父親の家畜が生前に贈与されることはない。他方、次男以降の息子に対して父親は、息子の割礼や結婚などの人生の節目となる機会にメスラクダを贈与する。

このような体制のもとで、父親と息子たちは家畜に対してどのような権利をもち、また、お互いに権利をいかに主張しあうのかについて、曽我(一九九六)がガブラ社会について緻密な記載をおこなっているので、以下にそれを紹介しよう。

ガブラ社会では、息子は結婚したあとも父親と同居し続けるべきだとされ、父親とその妻、そして既婚の息子たちから構成される家族集団が飼養する家畜は「すべて父親のものである」と語られる。ただし、これとは矛盾する語りもある。次男以下の息子たちが父親から贈与されたメスと、そのメスの子どもは「息子のもの」であり、オスの子どもは「父親のもの」であるとも語られ、さらに、息子が結婚したあとで生まれたオスの子どもは「すべて息子のもの」になるとガブラの人びとは語る。しかし、こうした「息子のもの」である家畜を「処分する権利」はすべて父親がもっているとされる。息子は、この家族集団の外部から未経産メスを贈与されることもあるが、その家畜のあつかいも同じである。家畜に対する息子の所有権はつよく制限されており、父親は「息子のもの」である家畜も自由に処分できるという。

ただし、実際には父親は、やむをえない事情がないかぎり、次男以下の息子の家畜を取りあげることはしない。もし、息子の家畜を処分せざるをえない場合には、かわりの家畜を与えようと努力する。そうしないと将来、父親の家畜が病死したりミルクを出さなくなったり、あるいは不妊になったりするといわれている。ガブラ社会では、信託ラクダを強制的に回収したものは同じような不幸にみまわれると考えられている。それでも回収を強行する者が存在することを思えば、息子の家畜を処分した父親が、かならずしもそれを補償するとはかぎらないだろう。おそらくその場合には、息子は自分の権利をつよく主張しなければならないに違いない。ただし曽我（一九九六）によれば、次男以下の息子と父親のあいだで家畜をめぐる争いがおきることはほとんどない。

それに対して、長男と父親はしばしば争いをおこす。まえにも述べたように「長男相続制度」をとるガブラ社会では、父親と長男の一体性が強調され、父親が生存しているときに長男はいっさい自分の家畜をもっていない。そして、一方では「家畜はすべて父親のものである」「子どもは父親に従わなければならない」という考え方が存在し、他方では「父親は長男の同意を得ずには家畜を処分できない」という、相互に矛盾する認識も存在する。父親は自分の親族や友人との社会関係を考慮し、また、家族集団全体の利益を勘案しつつ、家畜を贈与したり売却したりする。しかし、長男が父親とは異なる要望をもつことは、容易に想像できる。もし、二人の意見が対立して争いがこじれた場合には、その問題は長老たちの集会にもちこまれ、その場で両者は自分の言い分を主張しつつ、なんらかの妥協点を模索することになる。

もちろん、すべての父親と長男がいつも対立しているわけではない。曽我（一九九六）によれば、両者の関係はむしろ良好であることが多く、それには以下のように相互に関連する二つの要素が関与しているという。第一には、長男の社会的な成長である。ガブラ社会の男性は、未婚のときには父親が住む集落をはなれて、家畜群を連れて放牧キャンプを形成して移動性の高い生活をおくる。そして結婚すると妻とともに集落に住むようになり、家畜放牧のために牧夫を指示する立場に変わる。このように、次第に社会的に成熟してくる長男は、父親が家畜の「所有権」を行使しようとすると、場合によっては異をとなえるようになる。

二つめの要素は第一のものと密接に関連するのだが、長男の成長にともなって、父親が家長としての権限の一部を長男に委譲してゆくことである。家族集団のなかで肉などの食糧を分配する作業を長男にまかせたり、家族のメンバーが消費できるミルクの量にあまり偏りが出ないように、搾乳できるメスを女性に配分する役割を長男に委任する。ガブラ社会には、このような権限の委譲をこまかく決める規則があるわけではない。父親と長男は、日々の話しあいと交渉をとおしてこれを実現する。つまり、一方では家畜の「所有権」は父親にあるという理念が存在するが、他方、長男が社会的に成長してゆくことにともなう両者の実践的かつ現実的な調整によって、その「所有権」の実態は、漸次、異なるものになってゆくのである。このことはトゥルカナ社会でも同様であった。

曽我(二〇〇四)は、ガブラの家族集団内では、すべてのラクダは家長のものとされると同時に、持参財のラクダは妻のものであり、息子が父親から生前分与されたメスラクダは息子のものであるというように、所有が重層的であることを指摘した。そして家族集団内で特定の家畜を処分しようとするとき、その成員はそれぞれに自分の権利を主張し、その交渉のすえにある種の決定がくだされる。この点もトゥルカナの「基本家族」のなかで物事が決められてゆくプロセスと変わるところはない。

8　「権利の束」再考

東アフリカの牧畜社会では、家畜が個人によって「所有」されているものの、じつは、その家畜に対して複数の人びとが多様で複雑な権利をもっていることは、すでに多くの人類学者が指摘してきた。バクスター(Baxter 1975: 212)は、個々の家畜は「権利の束」を担っているとみなすべきだと論じたし、わたしと同じトゥルカナ社会を調査したガリバー(Gulliver 1951: 89)もまた、トゥルカナの家畜所有は、さまざまな程度の、そして多様なタイプの権利が「クラスター」をなしているものとして把握する必要があると述べている。

けれども、このような理解には落とし穴がある。それは、わたしたちが「権利の束」や「クラスター」を、そこに変わらずに存在する実体であるかのようにみなしてしまうことである。そのように誤解したわたしたちは、「どのようなカテゴリーの個人(夫か妻か、父親か息子か……)が、どのような種類の権利(所有権かミルクの使用権か……)をもっているのか」を明らかにすれば、家畜の所有や権利の問題を理解できると錯覚してしまうのである。こうした方法では、彼らの生活世界のなかで家畜の所有や権利がどのようにあつかわれているのかが、見えてこなくなる。

「権利の束」や「クラスター」は、そこに実在しているのではない。人びとが特定の家畜に関する権利をめぐって対面的な相互交渉を繰りかえす過程で、生成され現実化するのである。さらに、そこで生成した「権利の束」は固定的・絶対的なものではなく、つぎにはまた、それが「持ち駒」のひとつとして使われる折衝が待っている。人びとは、つねに「いま、この場」での折衝の流れを見定めつつ、臨機応変にふるまうのである。

第5章

婚資の交渉

1 婚資の支払いと婚姻の成立

トゥルカナ社会で婚姻が成立するためには、新郎側が新婦側の人びとに婚資を家畜で供与しなければならない。その頭数は、ときには新郎側の基本家族が所有している家畜の三分の二ほどにものぼり、これほど多数の家畜がまとめて授受される機会は、ほかにはない。人びとは、自分が築きあげてきた社会関係を総動員し、また、これから構築すべき関係に最大限の思慮をはらいながら、この機会に臨む。婚資を授受することは人びとの人生のなかで、もっとも重要な社会的営為のひとつである。その過程には長い時間がかけられ、さまざまな人びとが関与する交渉がつみかさねられて、その最終的な結果として家畜が授受されることになる。

新郎側の基本家族のメンバーは、だれが何頭の家畜を拠出するのかを話しあい、新婦側ではだれが何頭の家畜を受けとるべきなのかを相談する。婚資のやりとりは、人びとが維持してきた社会関係に即しておこなわれるし、同時にまた、社会関係をあらたに創造し、確立し、そして活性化させるだろう。この章では、支払うべき家畜数を決めてゆく過程で、だれがどのようにふるまい、合意がどのように形成されてゆくのかに焦点をあてる。家畜の授受をめぐってダイナミックにくりひろげられる対面的な折衝の過程にこそ、この人びとの生活世界の特質がヴィヴィッドに表現されている。

具体的な記述にはいるまえに、婚資とはなにか、そしてトゥルカナ社会において結婚することは、人びとの

人生にとってどのような意味をもつのかを説明しておくことにする。(3)

1……婚資とはなにか

婚姻が成立するときに、当事者のあいだでなんらかの財産が授受されることは、多くの社会で一般的におこなわれている。日本でも結納や結納返し、嫁入り道具といったように、結婚にともなって多くの財が授受されてきた。人類学では、新郎側から新婦側の家族に与えられる財産を「婚資（bridewealth）」とよび、人びとがどのような財産を、いかに調達して、だれに、どのように与えるのかは、重要な研究課題のひとつとなってきた。

婚資の支払いに関する古典的な議論では、この授受は、それに関与する二つの出自集団（新郎側と新婦側）の姻族関係や義務―権利関係を確立すると同時に、それぞれの集団の統合性を再確認する機能をもつとされてきた。しかしJ・コマロフは（Comaroff 1980: 15-16）、こうした出自集団が婚姻の成立以前に明確な境界をもって存在しているのではなく、むしろ、新郎側の集団が婚資を調達し、それを新婦側が受けとって分配するプロセスをとおして、両方の集団が構成されてゆく事例があることを強調した。また、従来の議論では、婚姻を「法

(3) 本稿で記述する婚資交渉の具体的な事例は、放送大学による特別講義シリーズ「ヒューマン〜人間・その起源を探る〜」のなかの「家族・結婚――ケニア」に記録されているものである。この番組の撮影から編集の過程では、放送大学の野崎剛一氏、当時に撮影会社IOSのスタッフとしてトゥルカナに行かれた保坂延彦氏と井上清司氏、横山一郎氏、そして岩川千秋氏には、たいへんお世話になり、また、放送大学のご厚意により当時の映像をその後の研究にも活用させていただいた。記して深くお礼を申しあげる。

的」に正当なものとして成立させるためには婚資の支払いが必要不可欠であるとされてきた。婚資の支払いによって女性の生殖能力や労働力が新婦側の集団から新郎側の集団に移譲されると同時に、その後に産まれてくる子どもは新郎側の集団に帰属するようになると論じられ、婚資の支払いはそれを制度化する様式であるかのようにあつかわれてきた。これに対してコマロフは（Comaroff 1980: 17-19）、こうした考え方が西欧の法律学の概念、とくに「法と契約」という考え方につよく依拠したものであることを指摘し、自分が調査したボツワナのシディ（Tshidi）社会では、婚姻にともなって子どもの帰属などに関するさまざまな権利がどのように変わるのかは、婚資の支払いの有無とは単純には関連していないと論じている。

コマロフは（Comaroff 1980: 33-35）、一般的に財の移譲や分与は、それぞれの社会を組織する構成的な原理（constitutive principles）と、人びとの日常的な生活世界における形式や過程を接合するための基礎をなしていると論ずる。つまり、財を移譲し分与する交渉のプロセスをとおして、人びとは自分たちの社会関係を再構成しなおし、社会的な秩序を再定義しつつあらたに現実化してゆく。彼の議論は、第4章で紹介したブレンダ＝ベクマンらの主張（Brenda-Beckmann *et al.* 2006）を、わたしたちに想起させる。彼らは、財の所有をめぐる社会的な現象を考えるときには、四つの層（レイヤー）を区別するとともに、その相互関係に注目すべきであると主張していた。すなわち、婚資の授受をめぐって人びとが相互行為を織りなすなかで、社会の構成的な原理が活性化され、変容し、また内実を与えられるし、逆に、人びとはそうした原理を参照しながら、社会に支配的なイデオロギーや価値観にかたちを与え、婚資の授受に意味を付与するのである。

なお、婚資の支払い額に関しては、研究の便宜上、定額型と交渉型を区別することがある。トゥルカナ社会は後者であって、新郎、新婦の両側の親族が交渉によって支払い額を決めるが、多くの家畜を有する裕福な者ほど、多数の婚資を支払うことになる。また、婚資の支払いのタイミングに関しては、分割型あるいは一括型の社会がある。トゥルカナは後者であり、結婚式のまえに婚資の全体をまとめて支払う。ただし、定額型／交渉型、分割型／一括型というわけ方は、あくまでも大きな枠組みであり、トゥルカナ社会で婚資は一括して支払われるものの、後日に、「受けとり側の◯◯が自分の取り分が少なかったと不満をもっていたことが新婦の不妊につながった」といった診断が呪医によってくだされると、さらに追加の支払いがおこなわれることもある。また、「婚資」という概念自体が研究上の便宜のためのものであり、あとで述べるようにトゥルカナ語には、これに厳密に対応する語彙は存在しない。

2……トゥルカナ社会における親族構造と婚姻

トゥルカナ人は父系の出自をたどり、合計二八個の父系クランが存在することはすでに述べた（Gulliver 1951: 67)。トゥルカナ語でクランは、家畜の焼印をあらわす言葉「*emacar*（pl. *ngimacarin*)」あるいは木製の大きな容器をあらわす言葉「*ateger*（pl. *ngategerin*)」で表現される。まれに、家畜の耳に切り込みを入れてつける耳印をあらわす言葉「*epone*（pl. *nigponei*)」がクランを意味することもある。それぞれのクランは独自のパターンで家畜に焼印をほどこし、また、いくつかの通過儀礼については特有の実施規則をもっている（Barret 1998)。しかし、ひとつのクランの成員が特定の地域に集住することはなく、その全体が集結するような機会もない。クランは政治的・経済的には実効のある機能を有する集団ではない。ただしクランは外婚の単位となっており、トゥルカナ人は具体的に血縁関係がたどれる相手はもちろんのこと、自分の父のクランおよび母のクランの成員とは結婚できないとされている。また、自分あるいは自分の同母兄弟が、すでに姻族関係をもっている集団の女性もまた、結婚相手にはならない。ガリバー（Gulliver 1955: 225）は、この禁止規則について「法的、超自然的な制裁はない」と述べているが、類別的な姉妹にあたるふたりの女性と、ひとりの男性が同時期に性関係をもつことは、近親相姦とみなされる重大な禁忌である。

トゥルカナ社会で政治的・経済的に具体的な協力関係をもっているのは、現存する長老から父系のラインを二〜三世代さかのぼる共通の祖先をもつ人びとであり、婚資の授受にもこの人びとが関与する。ここではこの集団を、便宜上「リニッジ」とよぶことにする。ガリバー（Gulliver 1955: 183）は、この集団を大文字で「Family」と記述し、実効的な集団（effective group）であるとしている。ただしトゥルカナ語にはこの集団を指示する特定の語彙は存在しない。すでに述べたように「アウィ（*awi*, pl. *ngauyei*）」は、日本語の「イエ」とよく似た語彙であり、具体的な建造物としての集落をさすと同時に、さまざまなレベルの父系出自集団も意味する。ここでわたしがリニッジとよぶ集団も、アウィのひとつである。また、ある女性の婚出に際して、授受される婚資の分配をうける権利をもつ人びとを指示する文脈では、同一リニッジの成員は「知りあいである（*eiyamasi*）」あるいは「食いあう（*enyamasi, emujasi*）」「飲みあう（*emasasi*）」という表現が使われる。

ただし、ひとつのリニッジに属する人びとの全体を「集団」とよぶことは、かならずしも実状にあわない。ある特定の系譜上の関係をもつふたりの男性、たとえば父親同士が同母兄弟であるふたりの男性がいるとしよう。トゥルカナ社会では、このこと自体は、ふたりがどのような社会関係をもつのかを決定しない。個々人は家畜管理や婚資の授受、あるいはもめごとの解決などのときに、具体的に協力しあうことの反復によって社会関係を維持している。そのため、極端にいうならば個々人はみな、それぞれに異なる父系親族のネットワークを築いている。こうしたネットワークを維持している人びとは、死者が出たときには同時に剃髪して喪に服し、服喪中には家畜の授受をはじめとするいくつかの禁忌を遵守する。彼らはまた、女性が婚出するときに授受される婚資の家畜に対しては、おたがいに分配を受けるといった互酬的な関係をもっている。さらに婚資の授受には、新郎や新婦のリニッジに属さない友人や姻族も関与することがある。ガリバー（Gulliver 1955: 196）は、ある個人が互酬的な関係をもつ父系・母系の近親者や姻族・友人の全体を「家畜をめぐる連帯者（stock associates)」とよんでいる。

トゥルカナの男性にとって結婚することは、姻族という重要なパートナーを得る契機である。とくに、旱魃や家畜の略奪、病気の流行などによって家畜群が大きなダメージを受けたときに、人びとは自分の妻の兄弟や姉妹の夫を頼りにすることがある（McCabe 2004: 115-119）。また、トゥルカナの男性にとって結婚することは、自分の家畜群を所有して社会的に独立するための重要なステップである。第4章で述べたようにトゥルカナ社会では、基本家族が所有する家畜はすべて、いずれかの女性に配分されている。未婚の男性は成長するにつれて、親族や友人にねだって「自分の家畜」をもつようになるのだが、その家畜の主管者はすべて母親になる。この意味で未婚の男性は、自分の家畜と兄弟たちの家畜のあいだに明瞭な区分をもちこむことができない。母親が死亡している場合には、同母姉妹が主管者になる。そして、結婚することによってはじめて男性は、妻を自分の家畜の主管者にすることをとおして、兄弟の家畜と自分のそれとのあいだに確固とした分離をもちこむのである。トゥルカナの男性たちはみな、最終的には完全に独立することを理想としている。ただし、兄弟からわかれて居住し自分の家畜群を管理してゆく労働力を調達することは実際には容易ではないため、そのときには母の兄弟とともに、妻の父や兄弟あるいは姉妹の夫といった姻族が主要な協力相手となる。

トゥルカナの男性は複数の妻をもつことがあり、二〇歳をこえている一〇八人の男性（未婚者一六人をふくむ）の平均的な妻の数は一・八人、既婚男性九二人の妻の数は平均すると二・二人という報告がある（Gulliver 1955: 243の表から算出）。後述するようにトゥルカナ社会では、結婚するためには多数の家畜を婚資として譲渡しなくてはならず、これを独力で調達することは容易ではない。男性は、とくに初婚のときには父親や兄弟が所有する家畜に大きく依存して婚資を支払うことになる。また、同母兄弟や同父兄弟のあいだでは年長順に結婚すべきであるという規範があるし、父親は、息子の結婚よりも自分で第二夫人以降をめとることを優先するかもしれない。そのために男性の初婚年齢は高くなり、平均すると三二歳、そして女性は二三歳という報告がある（Dyson-Hudson & Dyson-Hudson 1999: 74）。ガリバー（Gulliver 1951: 200）は、女性の初婚年齢は一七歳ほどであるという。

3……「未婚の母」

婚姻について述べるまえに、この社会で「未婚の母」がどのようにあつかわれているのかを簡単に紹介しよう。未婚女性が結婚する以前に性関係をもち、妊娠して出産することがある。この子どもは *i-ka-akyoru*（若者たちのダンスの場の子ども）とよばれ、これに対して既婚女性が産む子どもは *i-ka-awi*（イエの子ども）である。前者の場合、娘の父親が新生児の社会的な父親となり、子どもはそのリニッジの系譜上に正式に位置づけられる。そして生物学的な父親は「罰金」として娘の父親に家畜を支払わねばならない。トゥルカナ語でこの罰金を支払うという動詞は *aki-cul*、支払い自体は *ekiculi* とよばれる。女性が流産した場合でも、胎児が四か月ほどになっていれば「すでに人間 *itwan* である」と語られ、罰金の支払いが要求される。

この罰金の頭数は、わたしが調査を始めた一九七八年頃には、「第一子ではウシ一〇頭とヤギ・ヒツジ二〇頭、第二子以降ではウシ一頭とヤギ・ヒツジ一〇頭」と語られていた。婚資として支払う家畜の頭数が交渉によって決められるのに対して、この罰金の頭数は定額である。実際の支払い事例をみると、一九七〇年代に産まれた子どもに対する罰金では、この頭数が守られた事例が多い。しかし、ウシの支払いは次第にヤギ・ヒツジで代用されるようになり、一九九〇年を過ぎた頃に産まれた子どもに対しては、すべてをヤギ・ヒツジで支払う事例が登場した。すなわち、第一子はヤギ・ヒツジ三〇頭、第二子以降はヤギ・ヒツジ一一頭である。相手との関係が破綻したあと、別の男性とのあいだに子どもを産む女性もいるが、その場合の罰金の家畜数は「第一子」ではなく「第二子以降」のものが適用される。なお、この罰金についてガリバー（Gulliver 1951: 218）は「家畜三〇頭」、T・マケイブ（McCabe 2004: 190）は「ラクダ六〜一〇頭」を支払うと書いている。

罰金として、いつ、どんな家畜を支払うのかは、子どもの生物学的父親の基本家族（支払い側）と子どもの母親の基本家族（受けとり側）のあいだの交渉によって決められる。つまり、罰金の量は定額だが、その支払い方は分割払いである。出産した女性の父親や兄弟と相手の男性が共同で家畜を管理しているなど、良好な社会関係を維持している場合には、罰金の支払いはつよく要求されず、場合によっては十数年にわたって少しずつ支払われる。具体的には、女性の父親や兄弟は「腹が減っているからヤギを食わせろ」と子どもの生物学的父親に要求することもあるし、「子どもが病気だから治療費が必要だ」「子どもの母親の衣類を買う必要がある」といった理由で、売却するためのヤギ・ヒツジを要求することもある。また、当該の女性自身が相手に空腹を訴えてヤギ・ヒツジをもらって食べたり、それを町で売却して食糧を買うこともある。こうした機会に譲渡された家畜は、支払い側と受けとり側が良好な社会関係を維持している場合には贈与と見なされることもあるが、両者の関係が疎遠になると、支払い側はこれを罰金の一部としてかぞえようとする。

この罰金のうち、未支払いの家畜は「負債」となる。第3章でわたしは、「「消費するための家畜交換」とは」において一方が支払いをしていないとき、それは負債とみなされることを述べた。トゥルカナの人びとと負債に関する話をしていると、未婚の娘の出産にともなう未払いの罰金は「人に関する負債」、「消費するための家畜交換」にともなう未払いの家畜は「家畜に関する負債」と区別されることがある。トゥルカナ語で「負債 *amica*」とよばれるものは、このふたつの場合だけに発生する。

わたしはここで十分な数量的データに依拠して論ずることができないが、「未婚の母」であっても、相手との安定した関係がながく続く事例がたくさんある。その場合に女性は、既婚女性と同じように何人もの子どもを産み続け、最終的には罰金が完済されないときも多い。わたしが知っている事例のなかには、最初の子どもが産まれてから二一年後にも、その子どもに関する罰金が完済されておらず、さらにその後に六人の子どもが産まれていた例もあった。ただし、子どもが産まれたあと、当該の男女の関係が破綻してしまうこともある。その場合に女性の基本家族の男性メンバーは、罰金の支払いを相手の男性につよく要求し、完済させようとする。罰金の取り立ては男性の仕事であり、女性本人は、これまでに何頭が支払われているのかを知らない場合もある。罰金として支払われた家畜の一部については、その女性本人が主管者となり、自分の子どもとともにそれを管理してゆく。

さて、男性にとって結婚することは、自分が社会的に独立することや姻族を得ることにつながるという大きな意味をもっているが、女性にとってはどうだろうか。さきほど述べたようにトゥルカナ社会では、「未婚の母」が産んだ子どもであっても社会的に正式の位置づけが与えられるし、その母親が社会的な非難をあびることはまったくない。わたしが集中的な調査をしてきたトゥルカナ地域の北西部では、牧畜セクターで生活する成人女性（つまり町に居住しているのではない女性）のうち、三分の一ほどは未婚の母であった。彼女たちは既婚女性と同じ服装をして、自分の小屋を建てて子どもたちと一緒に生活する。こうした女性のなかには相手と安定した関係を継続して複数の子どもを産んだあと、ときには十数年後に、その男性と正式に結婚した人もいる。その場合には、両者の基本家族の男性メンバーが罰金と婚資の支払いについて話しあい、罰金が減額されることもある。また、男性が「結婚する以前に産まれた子どもの社会的な父親になりたい（自分の父系集団の成員にしたい）」と考えた場合には、その子どもと「結婚する」ために、相手の女性をめとるための婚資とは別個に、家畜の支払いをする。しかし、当事者同士の関係が良好であればこの支払いは免除される（「免除する」＝*a-jalakin*）こともある。「未婚の母」のなかには、こうした結婚をせずに、特定の男性との安定した関係を維持しつつ一生を未婚のままで過ごす人が多い。そのなかには自分の実家ではなく、相手の男性の集落に小屋を建てて住み、その男性が死亡したあとには、その兄弟などに「相続」される人もいる。これは、夫に先立たれた既婚女性が、夫の近親者に「相続」されることとよく似ている。

ただし「未婚の母」には、どこか「人生をまっとうしていない」というニュアンスがつきまとうことも事実である。「未婚の母」は、*apese a ngabus* とよばれるが、これは「（既婚女性が身につける）*ngabus*（というスカート）を身につけている未婚の娘」という意味である。それに対して既婚女性は *aberu* とよばれるが、この言葉は「夫あるいは男性 *ekile*」という単語と対をなして使われ、「女性」そのものも意味する。あとで述べるように正式に結婚した女性は、その後にいくつかの儀礼を経て夫の出自集団に組み込まれてゆくのだが、未婚の母にはそうしたプロセスがまったくない。

4……婚姻が成立する過程——非公式な婚資の交渉と娘の父親の役割

婚姻は、当事者である男女が意気投合して、その後にお互いの親族の合意を得て成立する場合と、求婚者の男性が、相手の娘本人ではなく、その近親者とくに父親の合意をとりつける場合とがある。当然のことながら前者は、お互いの年齢が近い若者同士が結婚する場合であり、それに対して後者では、求婚者の男性が相手の娘よりもずっと年長であることが多い。いずれの場合にも求婚者は、自分の父系リニッジのメンバーに結婚を認めてもらうだけではなく、相手の娘の父親をはじめとする近親親族の合意を得なければならない。求婚者と娘の双方の親族は、近隣に住んでいてすでに知り合いの場合もあるし、あまりよく知らない場合もある。結婚したいと思う相手をみつけた男性は、二~三人の兄弟や友人をともなって、その娘が居住する集落をひんぱんに訪問するようになる。彼らは自分たちの意図を明瞭にしながら、集落の東、二~三〇メートルほどのところに適当な木陰をさがしてすわりこむ。そして集落からたばこや水、食事を与えられ、ときにはそこに泊まりこみながら時間をすごす。彼らのところへは、最初は集落の女性たち、つぎには男性たちが足を運んで訪問者の意図を確認しつつ話しあいをする。この過程で、求婚者の男性側と相手の娘側の双方の人びとが、将来に姻族となる可能性がある相手について、より具体的で詳細な知識を得るようになり、それにもとづいて相手を見定めようとする。この段階で娘の父親や兄弟が求婚を拒否することもあるし、求婚者の側がみずから求婚を放棄する場合もある。

写真5-1　家畜の肉を共食する男性たち

双方がその婚姻を成立させようと考えると、婚資の支払いに関する話しあいがおこなわれる。トゥルカナ社会において婚資として支払われる家畜の頭数は交渉によって決められ、求婚者が裕福であれば多くの家畜を支払う。この交渉の中心人物は、娘側では娘の父親、もし父親が死去していれば年長で既婚の兄や父方のオジなどであり、求婚者側では、本人が未婚であれば父親か既婚の兄あるいは父方のオジが、求婚者が既婚であれば本人自身が交渉を主導する。娘の父親は、自分の父系リニッジのメンバーなど婚資を受けとるべき人びとの顔ぶれを求婚者に説明し、その各人それぞれに何頭の婚資が支払われるべきなのかを伝える。父親は、求婚者の近親親族をふくめて、この支払いに関与する人びとの支払い能力、すなわち所有している家畜数に関する知識をもっており、それにもとづいて要求を提示する。ただし、これはたんなる要求であって、この場で合意を形成しようとするのではないし、求婚者もまた、この要求を値切ったり具体的な約束をすることはないようである。求婚者側の人びとは、こうした要求を聞きながら、だれが何頭の家畜を拠出すべきかに関する相談を続ける。

残念ながらわたしは、こうした話しあいの場に継続して参加する機会がもてなかった。そのためにここでの記述の多くは聞き取りにもとづいているが、人びとの説明によればこのプロセスでは、娘の近親者たち、とくに父親は簡単には合意しないようである。彼は求婚者に、家畜をはじめとするさまざまな贈り物を要求するし、娘の母親などの女性たちも、砂糖や紅茶の葉、たばこなど、比較的少額なものにはじまり、毛布や調理用の鍋などの贈り物を求婚者にねだる。これに対して求婚者は、こうした要請に応ずるだけではなく、ときには要求されなくても去勢ウシや去勢ラクダを娘の父親の集落に連れていって屠り、自分の熱意と気前のよさを示すという。

このように家畜を連れていって贈与することを、トゥルカナ語で *a-rikokin* とよぶが、この動詞は「連れて行く、先導する」といった意味の *aki-rik* から派生している。この贈与は、要請（「ねだり」）がないにもかかわらず、おこなわれる点で、トゥルカナ社会では特異なものである。この贈与を、求婚者が「娘の両親などの合意を得るための戦略」であると解釈することもできる。しかし、婚姻が成立すれば娘の父親や兄弟と求婚者は、将来には協力して家畜を管理するなど、重要なパートナーになることが多い。そのための社会関係の基礎は、婚姻が成立するまでのこうしたプロセスで築かれてゆくのであり、この特異な贈与が相互の信頼関係の形成に寄与していることはまちがいない。なお、*a-rikokin* がおこるもうひとつの機会は、結婚式のあとで新婦が新郎の集落に移住してまもない時期であり、そのときにも新郎は新婦の母親たちのために、要請を待たずにヤギやヒツジを連れていって、それを屠る。

さて、最終的に婚資として何頭の家畜が支払われるのかは、新郎と新婦の双方の親族が一堂に会して、近隣住民も観客として参加する公式の交渉の場で決められるのだが、そのまえに娘の父親は、自分の婚資の取り分の一部を非公式に要求する。この数はウシ二〜三頭とヤギ・ヒツジ一〇頭ほどであり多くはないが、公式に支払われる婚資は、それを受領したあとで人びとの「ねだり」の対象になるため、娘の父親はそのまえに自分の取り分を確保して友人などに預け、隠匿するのだという。こうしたプロセスを経て、求婚者が娘の父親の承諾をとりつけると、その後に娘の父親の父系リニッジのメンバーが求婚者に対してさまざまな要求を突きつけるときに、父親は求婚者の味方をしつつ両者を仲介しようと努力をする。

5……婚資に関する公式の交渉とその授受

これまでに記述した話しあいや贈り物の授受が繰りかえされ、双方が合意できる見通しがつくと、婚資の交渉は公式の場に移される。ここからは求婚者側を「新郎側」、相手の娘側を「新婦側」とよぶことにしよう。公式の交渉の場には、一〇〇キロメートル以上もはなれて住んでいる親族が参加することもあり、一週間以上の期日が費やされるときもある。そのために公式の交渉と結婚式は、よい雨に恵まれて家畜管理がそれほどたいへんではない時期におこなわれることが多い。結婚に関するニュースが伝わると、関係者たちが続々と集まってきて、新郎新婦、あるいはその近親者の集落で待機する。

公式の婚資交渉がおこなわれる日には、まず、新郎の父系リニッジの人びとが集団をなして新婦の父親の集落にやってきて、集落の東、数十メートルほどのところに位置する木の下にすわりこむ。新婦側の父系リニッジの人びともまた、集落のすぐ東にある別の樹陰に集結する。ふたつの集団間の距離は二〜三〇メートルほどである。そしてこの両者から、交互にひとりずつが立ちあがって中央に出てゆき、支払われるべき婚資に関する交渉の演説を繰りかえす。なお、この交渉には女性が直接的に関与することはない。

この場で交渉されるのは、以下のものである。

（1）贈り物の交渉——これは新婦の母親などの近親者に対する贈り物であり、具体的には鍋や毛布、革製のスカートなどが要求され、去勢ヤギ・ヒツジによって支払われることになる。この機会に種オスヒツジや駄用のロバが要求されることもある。

（2）ラクダの交渉——後述するように、婚資として支払うウシやヤギ・ヒツジについては、「誰々に〇〇頭」というように、具体的に個人名と要求頭数をあげて交渉するのだが、ラクダだけはこれとは異なり、合計の頭数だけが交渉される。たとえば、まず新婦側が「ラクダを二〇頭もってこい」と要求し、それに対して新郎側は「われわれが支払えるのは五頭しかない」という応答をおこなう。そして両者は、長時間にわたる話しあいをとおしてお互いに歩み寄れる接点を模索するのである。なお、新郎側が十分なラクダを調達できない場合には、実質的にはウシやロバを代替物として支払うことによって、名目上は「〇〇頭のラクダ」を支払ったことにするという解決方法がとられることもある。こうして支払われたラクダは、新婦の父親の集落に連れてこられたあとで、「*tooma na awi*（イエのなか）」と表現される人びと、すなわち新婦の父親の父系リニッジの成員のあいだで分配されるのが一般的である。この分配方法の決定には新郎側は関与しない。ラクダの授受の方法がほかの家畜と異なるのは、第1章で述べたように、トゥルカナがラクダを飼養するようになった歴史が浅いためだと思われる。

（3）ヤギ・ヒツジの交渉——つぎにはヤギ・ヒツジに関する交渉がおこなわれる。最初に新婦の父親と母親、そして父親に複数の妻がいれば、ほかの妻たちの名前も具体的にあげて、それぞれに対して何頭ずつのヤギ・ヒツジが支払われるべきかが交渉される。この合意ができると、つぎには新婦の父親の同母兄弟や異母兄弟、そして父方並行イトコの一人ひとりについて同様の過程がふまれ、さらには父親の姉妹についても同じ交渉をする。

この（1）（2）（3）が交渉の第一段階であり、この過程全体をトゥルカナ語で「eloto」とよぶ。ここまでが新婦の父親の集落でおこなわれる交渉である。つぎの第二段階は、新婦側の父系リニッジの人びとが新郎側の集落に出向いて、同じようにその束にすわりこむかたちをとっておこなわれる。ここから先をトゥルカナ語で「akuuta（あるいはakiuta）」、すなわち「結婚、結婚式」とよぶ。第二段階の交渉のときに新郎側は、所有しているすべての家畜を囲いのなかに滞留させておき、交渉が終結するまではそれを放牧に出してはならない。第二段階では、以下の家畜の譲渡と交渉がおこなわれる。

（4）ラクダとヤギ・ヒツジの譲渡——まず、上記の（2）（3）で合意したラクダとヤギ・ヒツジが譲渡される。ヤギ・ヒツジの場合には、「（これは）誰々のものだ！」と受けとる人の名前を明示しつつ一人分ずつ譲渡する。こうして与えられる家畜は、新郎側の家畜囲いから出されて集落の束にすわりこんでいる新婦側の男性たちのほうに追われ、その近くにまとめておかれる。なお、交渉の第一段階をすませたあと、このラクダとヤギ・ヒツジは、交渉の第二段階をおこなう日のまえに新婦の父親の集落に連れて行かれることもある。

（5）ヤギ・ヒツジの交渉の続き——ここでは、新婦の同母姉妹や異母姉妹の一人ずつが受けとるべき頭数が交渉される。これをふくんで以下の交渉と家畜の支払いは、（3）と同様に、すべて具体的に個人名をあげて頭数を交渉し、授受がなされる。新婦の姉妹で婚資の分配を受けられるのは、基本的には既婚女性であるが例外もある。

（6）これ以外の新婦の父系リニッジのメンバーに対するヤギ・ヒツジの支払いの交渉と授受。

（7）新婦の母の母、母の兄弟、母の姉妹に対するヤギ・ヒツジの支払いの交渉と授受。

（8）上記でヤギ・ヒツジの授受が終わり、つぎには新婦の父親と母親にもどって、（3）（5）（6）（7）のカテゴリーの一人ずつについて、ウシの支払いの交渉と授受を繰りかえす。

こうして個々人が受けとる婚資をトゥルカナ語では「(誰々の) *anok*（家畜囲い)」、あるいは「(誰々の) *ekimar*（*aki-mar*「数える」という動詞の派生形)」とよぶ。そして、多くの婚資を入手した人びとは、その後に友人や姻族から家畜をねだられることになり、それに応じなくてはならない。トゥルカナ語には、婚資の受けとりや略奪によって多くの家畜をまとめて手に入れた人に対して、家畜をねだって得ることを指す特定の動詞（*aki-der*）もある。逆にまた、婚資として家畜を得た人は、しばらくのあいだ友人の集落などにそれを預けておくことによって、こうした「ねだり」を防ごうとすることもある。

なお、トゥルカナ社会では多くの場合に婚資は一括して支払われるが、数年をかけて分割払いにされることもある。さきほど述べた「未婚の母」の恋人（産まれた子どもの生物学的父親）が、将来にはその女性と結婚しようと考えており、なおかつ、女性の父親や兄弟などの近親者と良好な社会関係を維持している場合には、「罰金」の支払いが婚資の一部と解釈される。しかし、途中でこうした関係が破綻すれば、それは罰金となる。

このように、ある家畜の授受を罰金とみなすか、あるいは婚資としてかぞえるのかは、社会関係を考慮しつつ

写真5-2　踊りに興ずる若者たち。中央の男性数人は高くジャンプしている

交渉によって臨機応変に決めることができる。なお、トゥルカナ語の *aki-teek* という動詞は、「(モノや人が）先に行く」といった意味をもち、将来に結婚すると約束している「未婚の母」に対する罰金を婚資の前払いとみなす場合や、上記4の節で説明した非公式の婚資交渉において、娘の父親が隠匿しておくための婚資を前払いする場合に、その家畜を支払うことを指す。

6……結婚式

すべての婚資が授受されると、いよいよ結婚式である。新郎の父系リニッジの男性は新婦の父親の集落に去勢ウシをつれてきて、その集落の中心にある家畜囲いのなかに追いこんで槍で殺し、その場で解体して肉を新婦の母親の小屋に運びこむ。この去勢ウシは *ekumae* とよばれ、これが殺されることによって婚姻が正式に成立したとみなすの

写真5-3　結婚式のときに歌いつつ踊る人びと

だと、トゥルカナの人びとは語る。結婚式のときには新郎側の女性たちも一緒にやってきて新婦の父親の集落の東に仮の集落をつくり、数日のあいだ滞在する。*Ekumae* の去勢ウシに対しては、新婦の父親が「お返し」に去勢ウシあるいは去勢ラクダを提供する。これを殺して解体するのは新婦の父系リニッジの人びとである。そして、近隣に住む人びとも集まってきて饗宴にくわわり、また、新郎新婦の両リニッジの人びとがおこなういくつかの儀礼にも参加する。数日間にわたる饗宴と儀礼が終わると、新婦は新郎側の人びとと一緒にその集落へむかい、到着後には未婚の娘の服装や装身具をとり去り、新妻のそれに替える儀礼をおこなう。これをもって結婚式は一段落する。

7……結婚後に既婚女性が経てゆく儀礼

結婚後に女性は、以下に述べるような複数の儀礼を、順を追っておこなってゆく。どんな儀礼を、どのようにおこなうかは夫のクランによって異なっているが、ここでは細部を無視して記述する。結婚後に女性が最初の月経を終えたときには儀礼をおこなう。また、既婚女性が新月のときに月経になることは不吉とされており、浄化のための儀礼をおこなう必要がある。この禁忌は結婚後の最初の妊娠まで続く。そして女性が妊娠すると、新婦の実家がヤギやヒツジを提供し、それを新郎の集落まで連れて行って両家の成員が共同で儀礼をおこなう。ただしこの儀礼は、実際には新婦の妊娠直後ではなく、何人かの子どもを産んだあとで実施されることもある。こうした儀礼には、トゥルカナ社会で「子孫を得ること」がつよく望まれていることが示されている。トゥルカナ語で新妻は「*ateran*（pl. *ngaterak*）」とよばれ、第一子を産むまでは夫の母親の小屋ですごす。そして第一子の出産後には「*aberu*（pl. *ngaberu*、「妻、女性」を意味する）」となり、自分の小屋を建ててそこで暮らすようになる。

婚出した女性は実家の集落に入ることができなくなり、ひとつの道具を母親と共同で使うことも禁じられるが、こうした禁忌を解くための儀礼も実施される。そして、既婚女性が通過してゆく一連の儀礼の最後には、「ガスバン（*ngasuban*）」がおこなわれる。第3章でも述べたが、これは「*aki-sub*（「[何かを」おこなう、する、つくる」を意味する動詞）」と語幹を同じくしており、「（これで）おしまい（全部やった）」といったニュアンスをもつ儀礼である。この儀礼では既婚女性の実家がウシを提供し、夫の親族とともにこの儀礼をおこなう。わたしが知っている具体例のなかには、結婚後に三〇年ほどを経たあとでこの儀礼を実施した女性もいる。このように既婚女性がいくつかの儀礼を経てゆくことによって、彼女の夫側への移籍が徐々に遂行され、同時に姻族である両家の紐帯が深められてゆく。

2 婚姻の機会に授受される家畜の種類と頭数、調達方法

トゥルカナ語には「*ngibaren lu a akuuta*」あるいは「*ngibaren a akuuta*」という表現があり、これは直訳すると「結婚の家畜」となる。しかしながら、これを「婚資」と翻訳するのは正確ではない。というのは、これには以下の四種類の家畜がふくまれているためである。

（1）新郎側が新婦側の人びとに譲渡する家畜（いわゆる「婚資」）

（2）新郎側が結婚するまえに新婦側に贈り物をするために売却する家畜

（3）婚資の交渉と結婚式の前後に殺す家畜（食用と儀礼用があるが、儀礼用のものも最終的には食用になる）

（4）新郎側が新婦側以外の人びとに譲渡する家畜

人類学では、上記の（1）を「婚資」としてあつかうことが多い。しかしトゥルカナ語の「結婚の家畜」には、上記の（1）（2）（3）（4）のすべてがふくまれる。これを区別するときには、トゥルカナ語で（1）を「*nganokin*（*anok*「家畜囲い」の複数形であり、婚資の受けとり側の個々人の取り分を意味する）」、（2）（3）（4）を「*akiring*（「肉」の意）」とよぶ。あるいは前者を「*nabarat*（*aki-bar*「裕福になる、家畜数がふえる」という動詞の派生形）」、後者を「*nanyamat*（*aki-nyam*「食べる」という動詞の派生形）」とよんで区別することもある。「*nganokin*」という単語は「婚資」と翻訳することもできるのだが、これは、あくまでも「個々人の婚資の取り分」という

意味である。また、ガリバー（Gulliver 1951: 206）は、ひとつの婚姻に際して支払われた婚資の家畜数を新郎側と新婦側の両方にたずねたとき、ほとんどの場合に前者が後者よりも多かったため、最初に合意した支払い頭数よりも実際に譲渡された頭数のほうが少ないのではないかと推定している。しかしこれは、新郎側が上記の（1）（2）（3）（4）をあわせた全体を「結婚の家畜」として語るのに対して、新婦側は（1）だけをかぞえているためにおきた現象と解釈するのがよいだろう。

以下に、（1）～（4）について説明しよう。まず、上記の（1）の家畜数を二九例の婚姻について示した（表5—1）。先述したようにトゥルカナ社会には標準的な婚資といったものはなく、裕福なものはたくさんの家畜を支払うことになるし、所有している家畜の種類にも差異があるため、婚資の支払いには大きな幅が

表5-1　婚資の家畜数

事例	ウシ	ラクダ	ロバ	大家畜の計	ヤギ・ヒツジ
1	0	2	2	4	430
2	4	3	0	7	63
3	1	5	2	8	78
4	0	8	2	10	212
5	5	1	6	12	211
6	6	3	3	12	58
7	1	10	2	13	47
8	8	3	3	14	130
9	6	8	3	17	114
10	9	5	5	19	188
11	12	9	0	21	172
12	10	12	0	22	4
13	25	1	1	27	37
14	17	3	9	29	104
15	18	8	3	29	146
16	23	6	0	29	68
17	20	11	0	31	105
18	20	12	0	32	80
19	28	6	0	34	31
20	25	10	1	36	40
21	35	1	0	36	151
22	28	10	0	38	146
23	27	13	0	40	152
24	46	0	0	46	147
25	38	10	0	48	110
26	42	7	0	49	35
27	37	23	0	60	96
28	69	0	0	69	30
29	77	13	0	90	20
平均	22.0	7.0	1.4	30.4	110.5

ある。平均すると、ウシは二二・〇頭（〇～七七頭）、ラクダは七・〇頭（〇～二三頭）、ロバは一・四頭（〇～九頭）、ヤギ・ヒツジは一一〇・五頭（四～四三〇頭）となる。前三者を大家畜としてまとめると、その平均は三〇・四頭である。

なお、表5―1に記載した資料はすべて、婚資の分配を受けた個々人にさかのぼって各人が何頭の家畜を入手したのかを聞き込み、それを合計したものである。つまり、ある婚姻の際に「ウシ（ヤギ・ヒツジ、ラクダ）は何頭支払われたのか」という質問をして得た資料（合計の頭数だけをたずねた資料）を除外することによってデータの精度を高めている。また、受けとり人の個人名を特定せずに「ラクダ」としてまとめて支払われる家畜には、ウシやロバで代用されたものがふくまれていることがあるが、この資料ではそれを「ラクダ」とはせず、ウシあるいはロバとしている。また、表5―1の資料には、一九七〇年代後半から一九九五年まで、約二〇年にわたる資料が混在している。

一九四八～五〇年にトゥルカナを調査したガリバー（Gulliver 1955: 229）によれば、三五例の婚資の支払いの平均をとると、ウシとラクダの合計が四七頭（五～八〇頭）、ヤギ・ヒツジが八八頭（〇～三〇〇頭）となっている。また、マケイブ（McCabe 2004: 191）は、平均すると大家畜（ウシとラクダ）は約五〇頭、ヤギ・ヒツジは五〇～二〇〇頭が婚資として支払われているという。ジョンソン（Johnson 1999: 102）は、二二人の男性による四五回の婚姻における婚資の支払いを調査し、完済していないものもふくんで、三二・四ユニットの家畜が支払われたという数字をあげている（ラクダとウシは一頭が一ユニット、ヤギ・ヒツジは一〇頭が一ユニット）。いずれにしてもトゥルカナ社会における婚資の頭数は、非常に多いことがわかる。ただし、人びとが語るところによれば、婚資の家畜数は近年、減少する傾向にある。

さきほど述べたように、婚姻が成立するまでに新婦側の人びとは新郎側に対して「毛布がほしい、革製のスカートがほしい」といったさまざまな贈り物を要求する。新郎側は主としてヤギ・ヒツジを売却して得た現金でそれを購入し贈与することによって、この要求に応えなくてはならない。これが上記の（2）の家畜である。これには五～一五頭ほどのヤギ・ヒツジが費やされる。新郎側はまた、結婚式にともなうさまざまな儀礼や集まってきた人びとを饗応するためにも、家畜を屠らなくてはならない。これが上記の（3）の家畜であり、これには一〇～四五頭ほどのヤギ・ヒツジと一～二頭のウシあるいはラクダが必要になる。

最後の（4）は、いささか奇妙な家畜の譲渡である。婚姻が近づいている新郎のもとへは「（あなたが家畜を与えようとしている新婦側の人びとだけではなく）自分たちも腹が減っている」と言って、家畜をねだりにくる人びとがいる。そして彼らは新郎の家畜囲いに入り、新郎の同意がなくても勝手にヤギ・ヒツジを連れ去ってもよいとされている。このようにして新郎のところから「無断で」ヤギ・ヒツジを連れ去ることをトゥルカナ語で「*aki-rumun*」という。これは「連れてくる、とってくる、つかまえる」ことを意味する動詞であり、「相続する」にも使われる。こうしたヤギ・ヒツジは十数頭から八〇頭ほどにもなる。そして、こうした行動をとる人びとには、新郎の姻族や友人だけではなく近親の父系親族がふくまれることもある。

奇異に見えるのは、こうしてヤギ・ヒツジを与えられる人びとのなかには、新郎の婚資の支払いを支援するために家畜を拠出したり、結婚式が終わったあとで新婦のために家畜（後述する「新婦の名前を呼ぶための家畜」）を贈与している人びとがふくまれていることである。すなわちここでは、短期間のあいだに二者間で相互に贈与が繰りかえされている。このように婚資の支払いの時期は、人びとがお互いに気前のよさを示しあい、惜しみなく家畜を与えあうような祝祭の気分が盛りあがる時期でもある。

婚資の支払いのために新郎はだれからどのような援助を受けるのか、そして支払われた婚資はだれの手にわたるのかを知ることは、人びとの社会関係を理解するための手がかりとなる。ガリバー（Gulliver, 1951, 1955）は、この点についてくわしい分析をおこなっているが、わたしはこの課題には深入りはしない。それぞれの婚姻が成立したとき、新郎に婚資の支援をする人びとが潜在的にどれだけいたのか、その人びとはどれだけの家畜を所有していたのか、といったことがわからないし、また、婚資の家畜の拠出と、以下に述べる「新婦の名前を呼ぶための家畜」の贈与とを関連させて検討できる資料をもっていないからである。ただ、以下に一点だけ指摘しておきたい。

ガリバー（Gulliver 1955: 233）は、「婚資を受けとる人の数は、支払い側で婚資の拠出に貢献する人の数よりも少ない。受けとるのは、新婦の父方・母方の近親者と近い姻族である」と述べているし、また、婚資の調達においては「新郎のすべての『家畜をめぐる連帯者（stock associates）』がなんらかの貢献をするといってもよい」とも書いている。しかしながら、これはわたしの調査結果とは一致しない。婚資を受けとるのは新婦の父系リニッジに属する人びとと、新婦の母方の近親の親族、そして緊密なつきあいを維持している姻族である。この人数は、多くても三〇人以上にはならないと思われる。これに対して婚資の拠出に貢献する人数は、ずっと少ない。それは、新郎の父親、同母兄弟、異母兄弟、父方並行イトコ、母の同母兄弟ぐらいの範囲で、多くても一〇人以上にはならない。

新郎は、婚資の支払いと結婚式をすませたあと、新婦とともに「新婦の名前を呼ぶための家畜」を調達する旅に出かけるのだが、これに貢献する人びとの範囲は非常にひろい。これには結婚後の数年間が費やされることになり、ガリバーが指摘するように、新郎のすべての「家畜をめぐる連帯者」が関与することになる。この連帯者たち、すなわち新郎の親族や友人は、新婦に家畜を与えないと新婦の名前を呼べない、とされている。まず、結婚式をすませた新婦が新郎の集落にやってくると、その集落の人びとは翌朝に家畜囲いの入り口に立って新婦の名前を大声で呼び、与える家畜を指示する。これには、新郎の父親と母親、母の僚妻、新郎の兄弟などが参加する。このあとで新郎は新婦をともなって親族や友人の集落をたずね歩き、同じように「新婦の名前を呼ぶための家畜」をねだる。こうして与えられる家畜は「(新婦の名前を) 呼ぶ」ことから「*anyar* (*aki-nyar-akin* は「呼ぶ」という動詞)」といわれる。また、こうして親族や友人をたずねて家畜をねだるときには、「*aki-but* (失ったものを埋め合わせる)」あるいは「*a-buakin* (返却する)」を相手に求めるという表現もつかわれる。

婚資の支払いのために新郎が「失った」家畜を「戻して」もらうのである。このように婚資を支払ったあとで新郎が家畜を集めることについて、ガリバー (1951, 1955) は、まったく記述していない。彼が「婚資の調達に貢献する人びと」としてあげている事例のなかには、「新婦の名前を呼ぶための家畜」を与えている人がふくまれている可能性がある。

なお、トゥルカナ社会で離婚するためには、婚資として支払われた家畜だけではなく、その子孫もふくめてすべてを返却しなくてはならないとされている。しかしながら容易に想像できるように、これだけ多数の人間に対して支払われた多数の家畜を返還することは不可能に近い。そしてまた、実際にわたしが知るかぎり、婚資が返却された事例、すなわち正式に離婚した事例は、わずかに一例しかない。つまりトゥルカナ社会では、離婚はほとんどおこらないことになる。なお、いくつかのクラン (たとえば、Ngisiger や Ngingoleloto) では、妻と離婚した場合にも婚資の返却を要求しないとされている。しかしながらこの場合には、妻の実家の人びとと、その人びとが所有する家畜が病気になったり、死亡したりするという。

3 婚資交渉の事例

わたしは一九七八年以来、この地域にかよい続けてきたが、トゥルカナ社会で結婚式は、よい雨に恵まれた時期におこなわれることが多いため、婚資の支払いを決める交渉の過程全体に臨席することはなかなかできなかった。以下に記述するのは、一九九八年九月に実施された婚資の交渉と婚姻の事例であり、わたしがそのプロセスに最初から最後まで参加できたのは、このときだけである。この一方の当事者である新婦側の人びとは、わたしが二〇年にわたって親しくつきあってきた家族だったこともあって、これは、こうした場面でトゥルカナの人びとがどのようにふるまうのかを知るための千載一遇の機会となった。

1……登場人物

この婚姻において重要な役割をはたした新婦側の人びととの系譜関係を図5―1に示した。多数の人間が登場するのでやや煩雑になるが、この人びとの関係を説明しておきたい。彼らの始祖である男性Aには三人の妻（a、b、c）がいた。第4章で述べたようにトゥルカナ社会では、家畜は夫の生前にすでに妻たちに「配分」されており、夫の死後には、それぞれの妻の子どもたちが自分の母親に配分されている家畜を相続する。つま

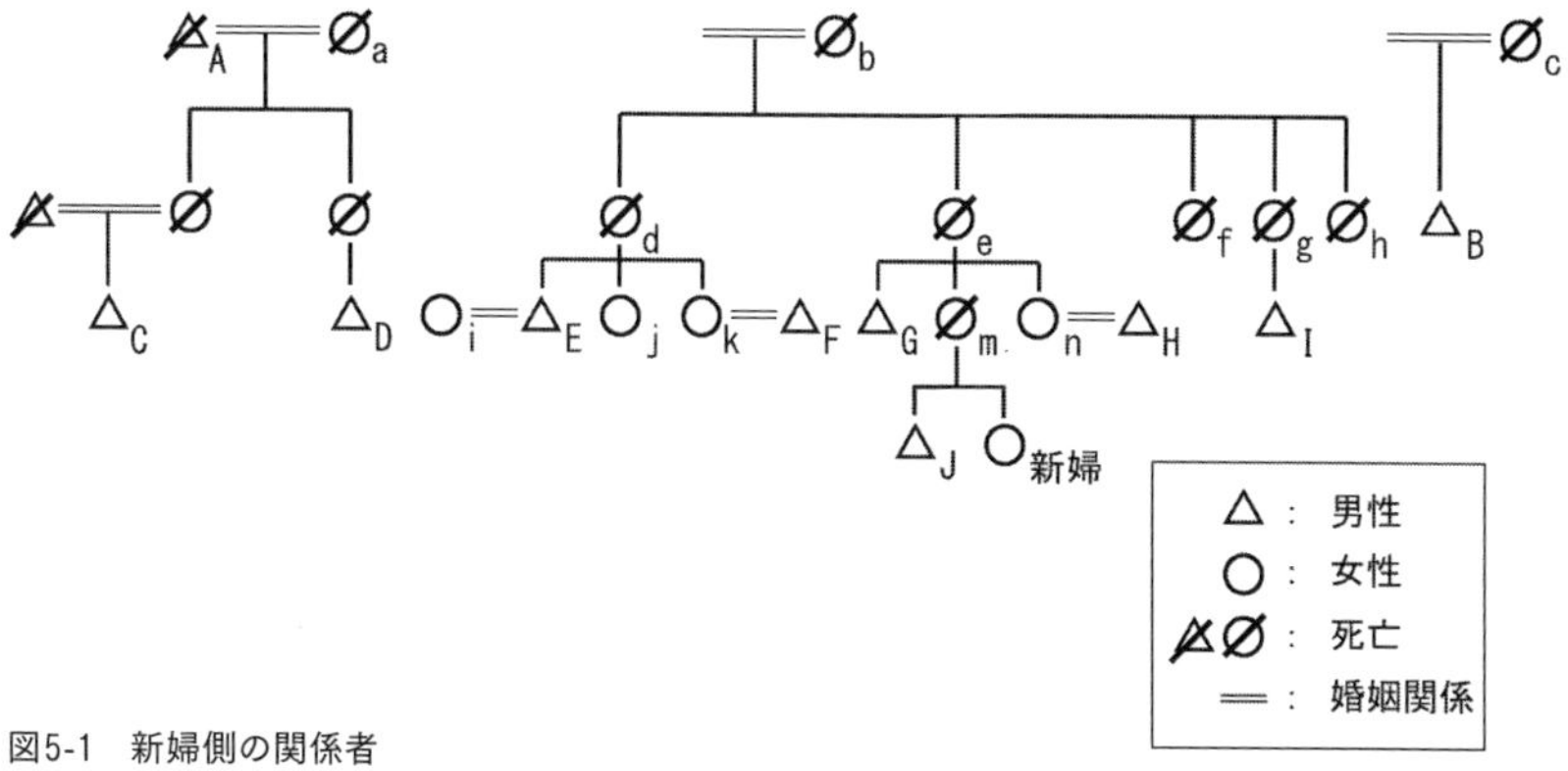

図5-1　新婦側の関係者
注1）iは図5-2のiと同一人物である
注2）女性が未婚のときに子どもを出産している場合には、子どもの父親は示していない

り、Aの三人の妻の子どもたちが形成する三つの集団は、「母親に配分された家畜を相続している」という意味で独自の基本家族であり、DとE、Bがそれぞれの家長である。わたしが一九七八年に現地調査を開始したころには、Aとa、b、cのすべてが他界していたにもかかわらず、図5―1の人びとは同じ集落に住んでおり、家畜群も共同で管理していた。しかし、この結婚式がおこなわれた一九九八年には、a、b、cの子孫たちはそれぞれに独立して三つの集落にわかれて生活していた。

aには、三人の息子と三人の娘がいたのだが、現在、aの子孫たちの代表者となっているのは、その孫のDである。Dの母は未婚でDを産んでいるため、Dは社会的にはAの息子の位置にいる。

bには五人の娘（d〜h）がいたが、いずれも生涯、未婚のままでたくさんの子どもを産んでいる。dの息子のEは、社会的にはDと同じようにAの息子の位置にいる。また、ここで記述する婚姻のときに、新婦の父親の役割をはたしていたのはEである。彼の妻iは、後述するように新郎の同母姉妹（既婚）の娘である。jは、やはり未婚であるがすでに孫もいる老女で

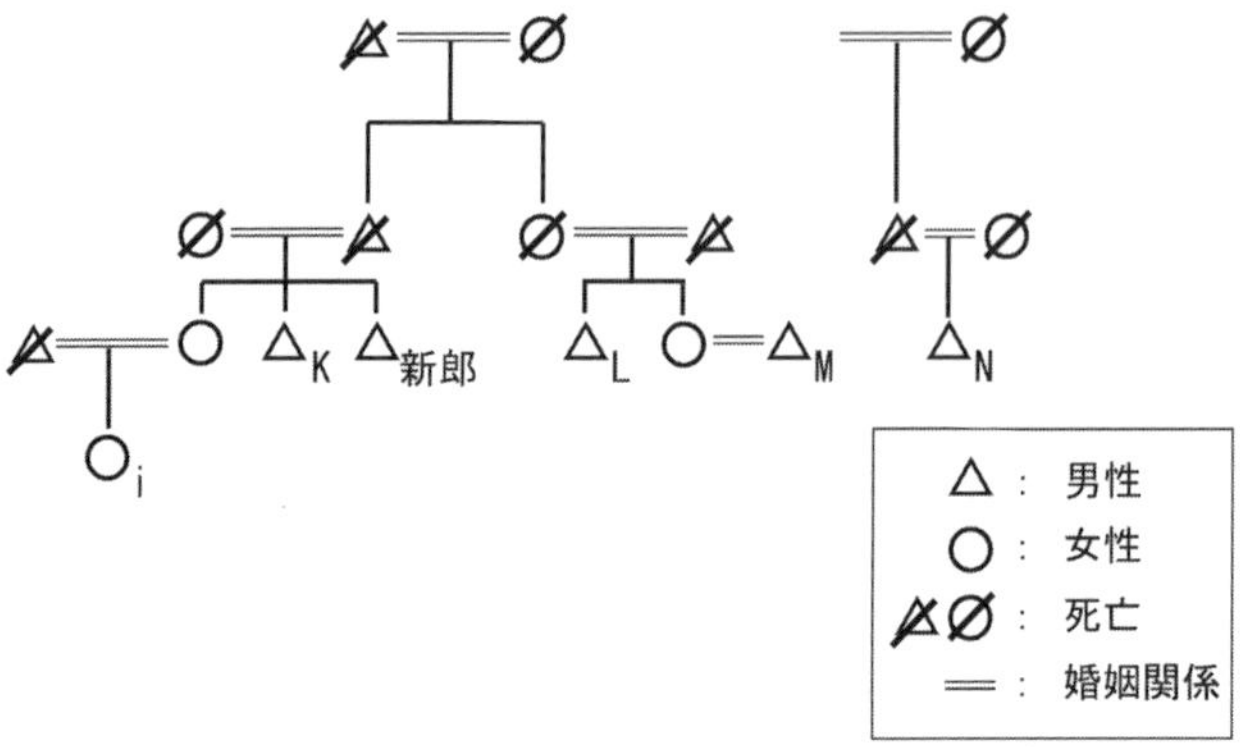

図5-2　新郎側の関係者
注1）iは図5-1のiと同一人物である

あり、この婚姻において新婦の母親の役割を演じている。kは婚出しており、その夫のFは、この婚資の交渉の場で新婦側の人間として重要なはたらきをしている。eの息子のGは未婚である。eの娘のmは、やはり未婚でJと新婦とのふたりの子どもを産み、すでに死亡している。eの娘のnは結婚しており、その夫のHは、Fと同様に新婦一族の姻族として、この婚資の交渉において重要な役割をはたしていた。f、g、hには、それぞれに数人の娘と息子がいるが、いずれも未婚である。

　cの息子のBは、やはりこの結婚において重要な役割をはたしている。彼は、Aを始祖とする父系集団（図5―1）のなかで、もっとも年長の男性である。彼は第三夫人の息子であるために、自分と同じくAの息子の世代に属するDやEよりも社会的には年少であるが、実年齢はDやEよりも高いために、ときにはAを起点とする父系集団の代表者としてふるまうこともあった。

　つぎに新郎側の人びととの系譜関係を見てみよう（図5―2）。こちらは、新婦側ほどは複雑ではない。新郎の父の父には三人の妻がおり、新郎の父の母は第一夫人である。この婚姻では新郎の父の父の第二夫人の息子の息子（N）だけが、わずかに端役を演じたにすぎず、第三夫人の子孫はまったく登場しなかった。新郎の父はすでに死亡しており、この婚姻において新郎の基本家族の家長としてふるまっていたのは、新郎の兄のKである。新郎の父の姉妹は婚出しており、その息子のL、そしてLの姉妹の夫Mは、ともに婚資の交渉において重要な役割をはたしていた。なお、新郎の姉妹は婚出しており、その娘iは、新婦の基本家族の家長であるEの妻である。

2……交渉の過程——第一日目（一九九八年九月六日）

この婚姻のための婚資の交渉は、二日間にわたっておこなわれた。第一日目の前日には、新郎側の親族や友人がE（図5—1）の集落にやってきて、その東の木の下で宿泊している。トゥルカナ社会では集落の「正門」は東側をむいており、その集落を正式に訪問する人びとは、かならず集落の東に陣どるのである。婚資の交渉に先立って、「*lokirnoret*（*aki-ruor* は「話す」という動詞）」のメスヒツジが新郎側から新婦側の男性たちに与えられて槍で殺され、Eの集落の東で消費された。同時に、新婦側から新郎側には返礼としてオスヤギが提供され、これもまた、新郎側の木の下で解体され男性たちがたいらげた。こうした饗宴には男性であればだれでも参加してよいし、肉の分配を受けることができる。この事例では、新郎側では約四〇人、新婦側では約六〇人の男性が饗宴に加わった。Eの集落の近隣に住み、密接な関係をもつ人びとが新婦側の木の下にすわりこんでいたために、こちらの男性の人数が多くなっている。

やがて肉が消費されつくすと、ようやく婚資の交渉が始まった。新郎側の人びとはEの集落の東に五〇メートルほどはなれた木の下に陣どり、新婦側の人びとも、集落の東三〇メートルほどにあった木の下に集まって対峙した。両集団の間隔は約二〇メートルである。このあと、それぞれの集団から、ほぼ交互にひとりずつが立ちあがって中央の空間に出て、演説をするというかたちで婚資の交渉がすすめられた。

交渉の口火をきったのはB（図5—1）である。午前一〇時二六分、両集団の中央に出て行ったBは、「まだ、朝だ。さあ、話しあおう。あなたたちはもう、嫁を連れていった。われわれがほしいものは食べ物（家畜）だけだ」ときりだした。新婦側はまず、中心人物（B、D、E、F）の妻たちの革製のスカートをつくるためのヤギを贈り物としてもってこい、という話から始めた。そして、この話に決着がつくまでに約一時間がかかり、のべ四〇人の男性が演説をした。ひとりあたりの演説時間は、一〜一・五分ほどである（表5—2）。

この合意ができると、午前一一時二三分、つぎに新婦側は「二〇頭のラクダをもってこい」という要求を提示した。ここでも、この要求を最初にもちだしたのはBである。しかしながら新郎側は、最初は「ラクダは、まったくもっていない」と言った。そして、これまでと同じように新婦側と新郎側の双方からひとりずつが交互に立ちあがって演説を繰りかえすことが三〇分ほど続いたあと、午前一一時五七分、ようやく新郎側は「二頭のラクダを出そう」と譲歩した。しかしながらこれは、要求されている頭数とはかけはなれている。さらに交渉が三〇分ほど続いたあと、午後一二時二四分、新郎側は「(ラクダとして) 三頭のロバを追加しよう」と歩み寄り、「ラクダ」の支払いは合計五頭になった。しかしながら要求は二〇頭だった。新婦側は、まだまだ納得しなかった。

このようにラクダの頭数に関する交渉が続くなかで、正午すぎの一二時半ごろ、新婦側の集落から一頭のオスヒツジが連れだされて、集落の東で男性たちが交渉している場よりもさらに東の木の下に集まっていた新郎側の女性たちのところへと引かれていった。この女性たちも前日から来ており、新婦の母親とその僚妻に贈与

表5-2　婚資の交渉：第一日目に演説した人びと

	演説の回数				割合（%）
	贈り物の交渉	ラクダの交渉	ヤギ・ヒツジの交渉	合計	
新婦側					
D	17	6	1	24	40.0
B	4	6	1	11	18.3
E		5	5	10	16.7
G			1	1	1.7
F		5		5	8.3
H		5		5	8.3
C		1		1	1.7
男性1		1		1	1.7
男性2		2		2	3.3
計	21	31	8	60	100.0
新郎側					
K	3	11	2	16	37.2
N	2			2	4.7
L	2	3	1	6	14.0
M	7	2	1	10	23.3
男性3	5	2	2	9	20.9
計	19	18	6	43	100.0
時間帯	10:26–11:22	11:23–13:31	13:32–14:15		
総計（回）（A）	40	49	14	103	
時間（分）（B）	56	128	43	227	
一回あたりの演説時間（B/A）	1.4	2.6	3.1	2.2	

（個人名の記号については、図5-1、5-2を参照）

される「*lokimul*（*ngakimul* は「唾」の意）」とよばれるヒツジを持参していたのだが、このオスヒツジはそれに対する返礼で、新郎側の女性たちが消費する。

一方、男性たちがおこなっていたラクダの交渉は、暗礁に乗りあげたかのように見えた。新婦側は「もっと出せ」と繰りかえすばかりで、具体的に歩み寄るような数値をなかなか提示しなかった。新郎側も「われわれには、もう家畜はいない」と繰りかえすだけだった。そして一二時半すぎには、新婦側の中心人物のDとEは、「あなたたちは嘘ばかり言っている。自分は疲れた。水を飲みに行く」と言って、Eの集落のほうに立ち去ってしまった。中心人物を失った交渉の場は中だるみといった雰囲気になったが、このふたりは一〇分ほどのちにもどってきた。

ラクダの交渉が始まってから一時間半ほど経過した午後一二時五二分、新郎側は「(ラクダとして)去勢ウシを二頭追加しよう」と譲歩した。これで「ラクダ」の支払いは全部で七頭になった。そして新郎側は「ラクダの話はこれでおしまいだ。ヤギの話に移ろう」と提案したが、新婦側はまだ納得しなかった。やがて、午後一時二一分に新婦の父親役であるEが「ラクダは全部で一〇頭出せ。残りは三頭だ」と、はじめて具体的な数値を提示した。そして、さらに交渉が続いたあと、午後一時三一分、新郎側はラクダとしてロバ三頭を追加することに合意した。これで「ラクダ」の支払いはようやく一〇頭になった。

ここまで、ラクダの交渉が始まってから二時間ほどが経過しており、のべ四九人が演説をしている(表5―2)。贈り物の交渉をしていたときよりも、単位時間あたりに演説した人数は少ないが、これはひとりあたりの演説が長くなったわけではなく、ラクダの交渉が途中でゆきづまり、双方のいずれからもだれも演説をしない時間帯があったためである。また、婚資の交渉は双方から交互にひとりずつが演説をする形式を基本としているが、このときのラクダの交渉では、新婦側からのべ三一人、新郎側から一八人と、前者の側から後者の一・七倍ほどの人数が演説をしている。これは、交渉が難航したために新郎側が応答に窮しており、そのあいだに新婦側の男性たちが続いて立ちあがって演説をしたためである。

ラクダの支払いに関する合意ができると、つぎにはヤギ・ヒツジの交渉が始まった。ここでもまた、新婦側の要求を最初に提示したのはBであり、「Aに一〇頭、aに一〇頭、bに一〇頭、そしてcには三〇頭のヤギ・ヒツジをもってこい」という内容だった。cに対して支払われる婚資は、実際にはその息子であるB本人のものになること、そのためにBがcに対する支払いの要求を過大に表現していることは、この場のみんながわきまえていた。しかしながら新郎側は「自分たちは、まったくヤギをもっていない。そのことはあなたたちも知っているとおりだ」と言うばかりで、具体的に供与できる頭数を示そうとはしなかった。この話が始まってから一五分ほど経過したころに新婦側では、「もう、今日の話はおしまいにしよう。あとは、相手のところに行って交渉をしよう」という声が出始めていた。交渉は、午後一時五三分から一三分間中断し、その後に再開されたが、午後二時一五分にとぎれたあと、そのまま流れ解散になった。

さて、ここで表5―2にもどって、交渉にかかわる演説をだれがどのようにおこなっていたのかを検討しておこう。まず、新婦側ではDの演説回数がもっとも多く、全体の四〇%を占めている。ただし、彼の演説の七〇%はこの日の交渉の最初の部分、つまり贈り物をめぐって交渉していた時間帯に集中している。彼は、この日に公式の場で婚資の交渉がおこなわれる以前に、自分には十分な相談がされなかったという不満をもっており、この日には「ラクダの交渉」にはいるまえに、「妻たちの革製のスカートをつくるためのヤギをもってこい」と、つよく主張していた。彼の演説回数が多くなっているのは、そのためである。Bもまた、事前にくわしい相談を受けていなかったという気分をDと共有していた。この点を除外してみると、この日の交渉の中心となっていたのは、新婦側ではB、D、Eであり、FとHというふたりの姻族も、B、D、Eを支援するという重要な役割をはたしていた。

これに対して新郎側では、新郎の兄のK（図5―2）が交渉のかなめの位置にいた。とくに、ラクダの交渉においては新郎側の発言の六〇%以上は彼がおこなっているし、最終的に「ラクダ一〇頭」を支払うことになるまでに新郎側は、「ラクダ二頭、ロバ三頭、去勢ウシ二頭、ロバ三頭」という順番で、四回にわけて支払いの追加を約束していたが、最後のロバ三頭をのぞく追加の支払いを呈示したのは、新郎の兄Kだった。一方、新郎自身はこの場にいたにもかかわらず一度も発言していない。また、新婦側とくらべると新郎側では父系親族の支援がほとんどなく、新郎の父の父の第二夫人と第三夫人の子孫がほとんど列席していない。そのかわりに新郎側では、新郎の交差イトコのLや、Lの姉妹の夫のM、そしてひとりの友人（表5―2の「男性3」）といったように、父系親族以外のものがこの交渉にくわわり、支援者として重要な役割をはたしていた。

3……交渉の過程――第二日目（一九九八年九月七日）

翌日、交渉の舞台は新郎の集落に移された。その集落は、新婦の父親役のEの集落から北に一〇キロメートルほどのところにあった。新婦側の男性たちは前日の夜にEの集落を出発し、道中でEと同じクランに属する遠い親族のところで一頭のヤギを提供してもらって食べ、そこに泊まった。そして明けた日の早朝には新郎の集落にむかい、その集落の東、四〇メートルほどはなれた木の下に集まってすわりこんだ。一方、新郎側の人びとはこの朝、家畜に焼印をつける作業にいそがしかった。婚資として譲渡する家畜には、かならず焼印がつけられていなければならない。また、新郎側の家畜群は、この日の交渉が終わるまで放牧に出してはいけないことになっており、集落の中央にあるヤギ・ヒツジ囲いのなかに、ウシとロバも一緒に入れられていた。

午前八時二五分、新郎側の人びとは家畜群からロバ六頭とウシ二頭を分離し、「これが昨日の家畜だ！（ラクダとして支払ったもの）」と宣言しつつ、その家畜を新婦側の男性たちのほうに追った。それを受けとった新婦側ではひとりの若者がその家畜をまとめていた。この日に譲渡される家畜は、すべてここにとめおくのである。これをすませた新郎側の男性たちは、集落の東にすわりこんだ。前日とは反対だが、構造的にはまったく同じように集落の主と客人とが対峙する布陣ができあがった。

以下に、この日の婚資の交渉と家畜の譲渡がどのようにおこなわれたのかを、最初の一時間ほどを要約することによって示すことにしよう。午前八時二七分、新婦側からDが立ちあがって中央にすすみでて、Aとbのヤギ・ヒツジの取り分（*nganokin*：「家畜囲い」の意）を出せと要求したが、その頭数は言明しなかった。新郎側の男性たちは無言で立ちあがって家畜囲いにむかい、ヤギ三頭とヒツジ二頭を囲いから出して、「A！（の取り分だ）」と大声で指示しながら新婦側のほうに追い、そしてまた、もとの位置にもどってすわりこんだ。

Dはふたたび立ちあがって中央にでてゆき、「Aの取り分として、ヤギをもう一頭追加しろ。そしてbの取り分を出せ」といった。新郎側の男性たちは、ふたたび無言で立ちあがって家畜囲いに行ったのだが、Aの取り分の追加要求には応じず、家畜囲いから五頭のヤギを出して、「b！」と言いながら新婦側のほうに追った。前日の交渉では、新郎側と新婦側の双方から男性が交互に立ちあがって演説をしていたが、この日には、婚資の受けとり手である新婦側が「誰々の取り分を出せ」と主張するのに対して、新郎側は無言で家畜囲いから家畜を出すため、演説は交互にはならなかった。

新婦側は、ふたたびAとbの取り分の追加を要求した。すると新郎の兄が立ちあがり、「われわれの家畜は少ない。ひとり分にこれ以上、追加するわけにはいかない」と応酬した。こうしたやりとりがしばらく続いたあと、新婦側は追加をあきらめて、つぎにはaの取り分を要求した。まずヤギ二頭が出された。これは実際にはDの取り分となる。立ちあがって中央に出て行ったDが「追加しろ」と要求すると、新郎側は家畜囲いに行き、メスの子ウシを一頭出した。するとDは、「それは（ウシの支払いとしてではなく）ヤギ・ヒツジとして出したのだな」と確認した。すると新郎側は、「いや、それはウシとして出したのだ。われわれにはもう、ヤギ・ヒツジは残っていない」と主張した。

一八四―一八六頁で述べたように婚資を授受するときには、理念的にはまず、婚資を受けとる権利をもつすべての人に関してヤギ・ヒツジの取り分を一人ずつ話しあって支払い、それを終えたら、つぎにはウシについて同様のことを繰りかえすことになっている。しかしながら、この交渉において新郎側はこの手続きをふまずに、「自分たちにはもうヤギ・ヒツジはいない」と言って、aのヤギ・ヒツジの取り分の交渉からは、ウシの支払いにすり替えようとしたのである。新婦側は、「それはないだろう。ヤギ・ヒツジがいないなら、まずその代替物としてウシを支払え。そのあと、またウシの支払いの交渉をする」と主張し、しばらく相互の演説が繰りかえされた。

九時八分、結局、aの取り分（すなわちDの取り分）についてヤギ・ヒツジとウシをすべてすませてしまおうとする新郎側の要求がむりやりに通ったかたちになり、aには、ヤギ二頭とウシ三頭が支払われた。Dは、自分はこのなりゆきを承認していないと言いつつ、「つぎには、Bのためにヤギ・ヒツジを一〇頭出せ」と要求して自分の取り分の交渉に終止符をうった。この要求に対して新郎側はBの取り分として、ヤギ・ヒツジではなくオスウシ一頭を支払った。それを確認したBが立っていき「追加しろ」という要求をしたが、新郎側は「家畜の残りは少ないのに、新婦側には自分の取り分を待っている人びとがたくさんいる。ひとり分をふやすと、みんなにはゆきわたらない」という主張を繰りかえした。Bは、自分の取り分の追加を要求する演説を二度おこなったあとで、九時一九分に三度目に立ちあがったときには、「自分の取り分はもういい。つぎはEの取り分を出せ」と譲歩した。このように、ある人の取り分が授受されると、その人は自分で追加を要求したあと、ある時点で自分の要求をとりさげて、「つぎは〇〇の取り分を出せ」と発言することによって、交渉と支払いがすすめられてゆく。

交渉の第二日目に演説した人びとを、表5—3にまとめた。交渉と家畜の支払いには合計二時間一四分が費やされ、のべ三五人が演説している。前日とくらべると演説の数が少なく、とくに新郎側の演説は新婦側のおよそ半分にすぎない。新婦側が「〇〇の取り分を出せ」と要求するのに対して、新郎側は黙ってそれに従うか、あるいはそれを無視して自分たちの意のままに家畜を供与している。ここでは実質的に家畜を差しだすこと自体が、新郎側にとっての交渉手段となっていたと見なせる。

表5—4には、この婚姻で授受された婚資の家畜をまとめた。合計二三頭の大家畜（ウシ、ラクダ、ロバ）と一四頭のヤギ・ヒツジが譲渡されている。受けとった人数は、名目的に名前が言及された人もふくめると一四人であり、一五番目の人（図5—1のC）は、受領者を特定せずに譲渡されたラクダが新婦側で分配されたときに、その分与を受けている。表5—1の頭数と比較

表5-3　婚資の交渉：第二日目に演説した人びと

		演説の回数	割合（%）
新婦側			
	D	7	30.4
	B	5	21.7
	E	5	21.7
	G	1	4.3
	F	1	4.3
	H	3	13.0
	I	1	4.3
計		23	100.0
新郎側			
	K	4	33.3
	新郎	3	25.0
	L	1	8.3
	M	1	8.3
	男性1	2	16.7
	男性2	1	8.3
計		12	100.0
時間帯		8:27−10:41	
総計（回）（A）		35	
時間（分）（B）		134	
一回あたりの演説時間（B/A）		3.8	

（個人名の記号については、図5-1、5-2を参照）

表5-4　婚資の取得者と家畜数

	名目的な取得者	実質的な取得者	ヤギ・ヒツジ	ウシ	ロバ	ラクダ	「ラクダ」の実質
1	A	E	5				
2	a	D	2	3		1	ロバ1
3	b	G	5				
4	c	B		1		1	ロバ1
5	E	E		1		2	ウシ2
6	G	G		1			
7	d	j		1			
8	e	G	1				
9	f	子ども			1		
10	g	I			1	1	ロバ1
11	h	子ども		1			
12	J	J	1	1			
13	F	F		1			
14	H	H		1		2	ロバ1、ラクダ1
15	C	C				3	ロバ2、ラクダ1
	計		14	11	2	10	

（個人名の記号については、図5-1を参照）
小家畜（ヤギ・ヒツジ）の合計：14頭
大家畜（ウシ、ロバ、ラクダ）の合計：23頭

すると、この婚資の量はかなり少ないものだったことがわかる。

なお、この交渉が成立した翌日には、新郎側の人びとが *ekumae* とよばれる去勢ウシ（一八七頁）をEの集落に連れてきて殺し、いくつかの儀礼がおこなわれている。その翌日には新婦側がお返しとして別の去勢ウシを提供して殺し、両家の人びとはさらにいくつかの儀礼を共同で執行した。新郎側の人びとは、Eの集落の東に仮の集落をつくって三泊し、その後に新婦を連れて自分たちのところにもどっていった。

4 婚資の交渉をする人びとのふるまい

真剣勝負と気前のよさ

これまで、婚資の支払い頭数をめぐって対面的な相互交渉の場に臨む人びとが、どのようにふるまうのかを示してきた。この交渉は、もちろん真剣勝負である。婚資を受けとる側は支払い側に大きな要求を突きつける。交渉の第一日目で新婦側は、最初に「ラクダ二〇頭を支払え」と要求した。これに対して新郎側は「われわれはまったくラクダをもっていない」と主張し、双方から演説が何度も繰りかえされたあと、三四分後にようやく新郎側は「それではラクダを二頭だそう」と譲歩している。そして、双方がさらに演説を繰りかえすうちに、新郎側は、三頭、二頭、三頭と三回にわたって「ラクダ」を追加してゆき、最終的に一〇頭という数値で両者が合意するまでには二時間八分が経過し、のべ四九人が演説した。このように合意は簡単に到達できるものではない。

両者が自己の主張をゆずらずに膠着状態が続き、交渉が暗礁に乗りあげそうになることもある。わたしは、ここで紹介したのとは異なる婚資交渉のなかで、つよい要求に直面した新郎が窮地に立ったときに、彼の近親の男性が「自分の家畜を出そう」といって即興的に支援を申し出た場面に居合わせたことがある。それに対して観客たちは、「オー!」というどよめきの声をあげて、その気前のよい行為を歓迎した。こうした行為をトゥルカナ語で *a-ekin* というが、この動詞の意味を人びとにたずねると、「自分の兄弟がだれかと殴りあいのけんかをしているとき、それに加勢することである」という答えが返ってくる。トゥルカナ語には一般的に「助ける、援助する」という意味をもつ別の動詞（*aki-ngarakin*）があるが、*a-ekin* は、「戦いの場で仲間に加勢する」という限定的な意味をもつ。このように、婚資をめぐる交渉は真剣勝負なのである。

交渉に臨む人びとは自分の主張をゆずらず、つよい態度で相手に譲歩を要求する。激しく加熱する交渉を見ていたときにわたしは、「こんなに激しく言い争ったら、当事者の社会関係がこわれるのではないか。最終的に合意しても、どちらかに不満や遺恨が残るのではないか」と感じたものである。こうした交渉において人びとは貪欲に家畜を要求し、あるいは値切っているように見えるし、交渉は功利的で打算に満ちたものに思える。また、実際にトゥルカナの人びとも、婚資の交渉をひかえている新郎は、自分の家畜を少なく見せるために友人などに家畜をあずけておくことがあると語っている。

しかしトゥルカナの人びとは、このような場面で各人が自分の利益を追求することを、利己的であると否定するのではなく、むしろ人間として当然のことであると肯定しつつ、そのうえで対面的な相互交渉のなかで妥協点を見いだそうとする。わたしたちにとってこうした交渉は「相手の利益は自己の不利益になる」ものと思えるが、彼らは自分たちがそのようなゼロサム・ゲームの「値切り合戦」をしているとは考えていない。これがゼロサム・ゲームに見えてしまうのは、わたしたちが常に、結果だけを見ているからである。そのためにわたしたちには、相手との交渉の過程でトゥルカナの人びとが真剣勝負に臨むときの喜びや、最終的な合意に到達したときの深い達成感を見のがしてしまうことになる。

人びとは、つよく自己主張をするにもかかわらず、新郎側と新婦側がかならず交互に演説するという形式を遵守するとともに、だれかの演説を強引にさえぎったりしない。そして、交渉の場に参加していたわたしがつよく印象づけられたことのひとつは、人びとが絶妙のタイミングで気前のよさを示し、かつ、その行為を誇らしげにおこなうことである。

たとえば、交渉のなかで自分の取り分である婚資の家畜を「もっと追加せよ」とつよく要求していた男性が、突然に恬淡とした態度をとり、「自分の分はもう追加しなくていい。つぎは○○の取り分を出せ」というように、要求を鷹揚にとりさげることがある。また、自分の取り分の追加を執拗に要求していた男性に対して、同じ新婦側の男性が「いい加減にしろ」とたしなめたこともあった。このように新婦側の人びとは、手厳しい要求を新郎側に突きつけるだけではなく、潮どきをみてそれをとりさげる雅量を示す。

婚資を支払う側も相手の要求に対して、ときには惜しみなく喜んで応じる。彼らは、この交渉をとおして家畜を「失う」のではない。気前のよさを示すことによって新郎は、新婦の父親や兄弟の信頼をかちとることができる。新郎と新婦の父親や兄弟、どちらにとっても交渉の相手は、将来は姻族となり、生活のあらゆる側面で協働する可能性のある人びとである。彼らは、婚資に関する公式の交渉を始めるまえに、相手についての情報を集めて人物を見きわめ、この婚姻をよいものと考え、それを成立させようという意図をもってこの交渉に臨んでいる。ここで紹介した交渉の具体例では、新郎側のひとりの男性が演説のなかで、「自分たちがこの婚姻を望むのは、新婦本人が気に入ったからではない。男性たちだ（新婦側の男性たちと姻族になりたいのだ）」と語っていた。

一方、新婦の父親は、婚資交渉において新郎側から多くの支払いをひきだす老獪なネゴシエーターとしてふるまうだけではなく、自分の親族がつよい要求を取りさげないときには、新郎側に立って仲介しようとする。ガリバー（Gulliver 1955: 238-9）もまた、婚資の交渉過程で新婦の父親が調整役をつとめることを指摘している。

すなわち新婦の父親は、一方では自分の「家畜をめぐる連帯者」が新郎側に過大な要求をすることを抑制するとともに、他方では新郎に十分な家畜を提供させて「連帯者」たちを満足させるようにつとめる。ここで記述した交渉の事例では、新婦の父親役をつとめていたEが、交渉が難航したときに新郎側に対して「あなたたちはここまで、きちんと支払った。つぎは〇〇の取り分に話をうつそう」といった発言をしつつ、微妙な調整役をつとめていたことは明瞭であった。

公式の婚資交渉において「決裂する」という結末は、実際には用意されてはいないとみなすことができる。ここで紹介した事例においても、交渉の第一日目には、新郎と新婦の両陣営にわかれた男性たちが熱い交渉を繰りひろげる一方で、新婦の集落からは一頭のオスヒツジが新郎側の女性たちを歓待するために提供されている。このヒツジは、婚姻を成就させる過程でかならず譲渡される *lokimul* とよばれるオスヒツジへの返礼であった。つまり、固唾をのむような交渉がおこなわれるのと同時に、この出来事全体は、結婚式という大円団へむかって変更しようがないかたちで進行しているのである。婚資の交渉が公式の場にもちだされた時点で「合意を形成すること」に関する合意は、すでに成立しているといってもよい。

婚資の交渉がおこなわれるときには、周辺に住む人びとが集まってきて観客として演説合戦を楽しむ。交渉の当事者たちは、だれもが雄弁な演説をすることができる。彼らは舞台のうえで一〜三分間、ながいときには一〇分ちかくをかけて歩き回りつつ、ときには大きなジェスチャーをまじえながら熱弁をふるう。その様子は一世一代の演技をしている役者のようである。演説のなかでは相手を説得するために論理や感情に訴える表現が駆使されるが、それだけではなく、韻を踏んだ表現や比喩表現などのレトリックも多用される。ときには、発言の字義通りの意味は理解できても、それが比喩的になにを指しているのかがわからないときさえある。もちろん、とくに弁が立つ人とそうでない人がいる。しかし、どの男性であっても一〇〇人ほどの観衆のまえに出ていき、堂々と自分の意見を開陳する。

この場面に観客として参加している近隣住民は、新郎側が家畜の支払いを値切るために自分の家畜を隠蔽するなどの狡猾なふるまいをしたり、逆に新婦側があまりにも強欲な要求を突きつけることによって交渉が難航すると、そうしたふるまいは自分たちを愚弄する卑劣な行為であると、つよく非難する。トゥルカナ社会では、多数の家畜を所有している裕福なものほど、結婚に際してたくさんの婚資を支払う。どこかで結婚式があったというニュースが伝わってくると、人びとのあいだではかならず何頭の家畜が譲渡されたのかが話題になると同時に、交渉のなかで当事者たちがどのような演説をしたのかも語り草となる。婚資の交渉と婚姻の成就は、人びとの注目の的である。新郎と新婦の親族は、ともに衆人環視にさらされつつ、人生の晴れ舞台を演じようとしている。両者は、この困難な課題にともにとり組み協働する。そしてこれを完遂することは、人びとに大きな誇りの感情と達成感をもたらすのである。

第6章

「ねだり」と対面的な相互交渉

1 「ねだり」というテーマ

第4章でわたしは、トゥルカナ社会で家畜の所有権や利用権がどのように決まってゆくのかを記述した。第5章では、婚資としてどれだけの家畜が支払われるべきかが決められてゆくプロセスを説明した。いずれの章でも、トゥルカナの人びとが対面的な相互行為のなかで、焦点となる問題についての合意を形成しようと努めること、そこでは当事者のあいだで交渉をおこなうことが不可欠であることを論じてきた。この章では、家畜にかぎらず、一般的にトゥルカナ社会でモノがどのように授受されるのかをとりあげて、そこに見られる社会関係の特徴を記述する。ここでわたしが材料とするのは、ひとりの人が相手に「モノを乞う」「ねだる」ことによって開始される相互交渉が、どのようななりゆきをたどるのかである。

この地域で調査をしてきた外国人は、だれもがトゥルカナ人からモノを「ねだられる」という経験をしてきた。その「ねだり」は、「旱魃によって自分の家畜を失った人が食糧を乞う」といったように困窮をきわめた状況で発生するのではなく、日常的にさまざまなモノやカネが「乞われる」のである。もちろんこうした経験はトゥルカナにかぎったことではなく、アフリカで生活する外国人からは、さまざまな機会にモノやカネを「無心された」という話を聞くことが多い。そして、こうした無心は外国人に対してだけではなく、アフリカ人同士のあいだでもおこなわれている。アフリカ各地では、「持たざる者」が「持つ者」になにかを無心することには、当然の権利であるというニュアンスがある。そのため、こうした行為を「ねだり」や「モノ乞い」と表現すると、現場の感覚からはまったく乖離したものになる。

たとえば浜本（二〇一四：五一八）は、ケニアに住むドゥルマの妖術に関する大部な民族誌の「あとがき」に、以下のような印象的なスケッチを書き記している。

彼らは、何かの援助を求める際に、なんだかやたらと態度がでかい（個人の感想です）のだ。最初は不愉快な気分にすらなった。いろいろ自分の窮状を述べたてた後、おもむろに、「さてこの問題に対して、お前にはなにができる？」などと上から目線で（個人の感想です）聞いてくるのである。援助せざるをえないような気分に追い込まれてしぶしぶ援助すると、一応礼は言うが、まるで恐縮したふうもなく、……とても援助してもらった者の態度じゃない（個人の感想です）。……おまけに助けてもらっておいて、やたらと注文が多いのである。「じゃあ、いついつまでにもってきてくれ。忘れるなよ。」なんだよ、その態度は！

こうした文章に出会った人は「この人びとは、なんてずうずうしいのだろう」と感じるにちがいない。しかし、アフリカ各地で調査をしてきた人びとの話を聞いてみると、トゥルカナ人のように直截に、ときには執拗にモノをねだる人びとは、ほかにはいないように思われる。少し具体的に説明してみよう。現地調査にあたってわたしは、いろいろなモノをトゥルカナの地にもちこんでいた。トゥルカナの人びとは、そうしたさまざまなモノをねだりにくる。砂糖や紅茶、トウモロコシの粉などの食糧、シャツやズボン、帽子などの衣類、鍋や食器、スプーン、包丁などの炊事道具、たばこ、薬、そして現金……。あらゆるものが「ねだり」の対象になる。わたしを寄宿させてくれた家族のメンバーだけではなく、外部の人びとも頻繁にやってくる。日本では、子どもが親にむかってなにかを強引にねだることがあっても、おとな同士であればねだる側は懇願するように「下手に出る」。つまり、ふつうはへりくだった態度をとる。しかしトゥルカナの人びとの態度はまったく違う。彼らは「〇〇をください」と頼むのではなく、「自分は正当な権利を主張しているのだ」という自信に満ちた毅然たる態度で「くれ！」と言う。それはかなり強圧的ものに感じられ、わたしは、「それをよこせ！」と強要されている気分になる。トゥルカナの人びとは、「どうしてあなたは、これをくれないのか。あなたはわたしの友人ではないのか。自分はあなたとは無関係の人間なのか」と詰問するようにモノを要求する。彼らに対してては、「わたしのモノ」をどのように使おうとも、それはわたしの自由であるというような常識は、まったく通用しない。こうした場面でわたしは、しばしば苛立たしい気分にさせられ、そうした自分をなかなかコントロールできなかった。

このような「ねだり」にさらされ続けると、自分のもちものは「はたして本当に自分のモノなのか」という奇妙な気分に襲われることもある。自分が身につけている衣服や帽子や腕時計、毎日使っている鍋や食器、買いだめしてある食糧など、すべて「わたしのもの」なのは自明のはずだが、それはじつは仮構にすぎず、ほんとうは「わたしのモノ」など、どこにも存在しないと思えてくる。そうした感情にとり憑かれるとき、モノはどこか輪郭が溶け出すかのように実在感を失い、その頼りなさにわたしは、自分がはたして現実の世界にいるのか、それともこれは夢なのだろうかと、眩暈のようなものすら覚えたこともある。

もちろん、わたしのこのような経験を語るためには、いくつかの留保をしなければならない。まず、わたしはトゥルカナ社会に「勝手に」入り込んだ外部者である。また、いま述べたようにわたしは、たくさんのモノやカネを現地にもちこんでおり、その意味では彼らとのあいだに大きな経済的格差がある。そのような人間が地域住民の無心について語ることは身勝手ではないか、と指摘する人がいよう。

しかしわたしは、トゥルカナの人びとの「ねだり」について語ることが、彼らに対して非礼だとは思わない。それは、トゥルカナの人びとにとってモノをねだることは、日本社会とはまったく異なり、恥でもなく、自分を卑下する行為でもないからである。日本では、モノをねだる人は社会的に劣位になると感じられている。しかし彼らはそのようには考えていない。「恥」だとも「劣位になる」とも思っていないし、むしろ、彼らの社会の価値観や人間観のなかでは、モノをねだることは当然のことなのである。そのため、そうした行為について語ることを「現地の人びとの恥を暴露する」と解釈する必要はまったくないと、わたしは考えている（長島二〇〇六を参照のこと）。以下の記述を読んでいただければわかるように、むしろわたしは彼らの生き方に魅了され、それを「うらやましい」とさえ感じてきた。

また、この章であつかう材料の多くはトゥルカナ人同士のやりとりではなく、外部者に対しておこなわれた「ねだり」「モノ乞い」である。いわば彼らの社会の異分子にむけられた行為が、彼らの社会を解釈するための材料になるだろうか、という疑問が生じるだろう。しかしこの点についても、わたしは楽観的な見方をしている。

あとで述べるように、わたしたちに対する彼らの「ねだり」は、わたしたちがたくさんのモノをもっていたこと、そして断り方を知らなかったことによって、明らかに誇張されたものになっていた。しかしそれは程度の差であって、わたしたちにむけられた「ねだり」の基本的な性格は、彼ら同士のあいだのものと変わらない。エヴァンズ＝プリチャード（一九七八）は、彼が調査したアザンデとヌエル（ヌアー）では、自分たちの社会の外部の者（調査者であるエヴァンズ＝プリチャード）に対する態度が対照的に異なっていたことを述べている。アザンデ人は彼を優越者としてあつかい、自分たちの共同体の内部には入れなかったのに対して、ヌエル人は逆に、彼を共同体の一員である対等な者として遇したという。極端にいうならばヌエルの人びとは、自分たちとは異なるふるまいをすることを、エヴァンズ＝プリチャードに許さなかったのである。

トゥルカナの人びとがわたしたちに示した態度は、ヌエル人のものによく似ている。彼らは外部者を特別あつかいにせず、自分たちと対等な者とみなす。もちろん、わたしたちに対する彼らの「ねだり」は、わたしたちが適切に対応できなかったことによってエスカレートしたものになっていた。しかし、これは彼らが外部者を特別あつかいにしたのではなく、双方の行為がうまくかみあわなかったためである。彼らのなかには、彼らの目には奇妙に映る態度をとるわたしに対して、トゥルカナの「正しい」やり方を教えこもうとした者が何人もいた。彼らは自分たちの価値体系にしたがった行動様式をとれない外部者を、日本人がよくやるように「外人だからしかたがない」といって放置しない。あくまでも自分たちと同じ人間として生きることを求めるのである。そのためにわたしたちは、プライベートな空間に逃げこんだり自分の殻に閉じこもって「ねだり」を遮断することができず、人びととの相互行為に巻きこまれ続けるという、人類学者にとってはある意味で願ってもない幸運な状況におかれていた。

以下にこの章では、このように対面的な状況で「モノをねだる」という場面を材料にして、トゥルカナの人びとの社会関係の特徴について考えたい。この社会でフィールドワークをした研究者たちは、いずれもトゥルカナの「ねだり」に悩まされ、同時にそれを理解しようと努力してきた。最初に、その苦闘の様子をたどってみることにしよう。

2　トゥルカナ人の「ねだり」に魅せられ、悩まされた研究者たち

なにかを「わたしにくれ」というとき、トゥルカナ人は「ナキナイ (*nakinai*)」という。これは *a-inakin*（「与える」の意）という動詞に「わたし（わたしたち）のために～」という意味あいをもつ「*-ai*」が語尾につき、非人称能動態をとったていねいな命令形である (Dimmendaal 1983)。さきほど述べたように、この「ねだり」は外部の人間にとっては理解しにくい、なじみのない行為である。そのために、多くの研究者たちがその苛烈さに困惑しつつ、同時にそれに魅せられ、なんとかそれを理解しようと格闘してきた（伊谷 一九八〇、一九八二、Gulliver 1951、北村 一九九一、一九九六、二〇一九、作道 二〇〇一、河合 二〇一九、Storas 1991など）。また、トゥルカナの隣人である民族に関しても、「ねだり」という行為に焦点をあてた研究はいくつかある（佐藤 一九九四、二〇〇二、内藤 二〇一九、長島 二〇〇六）。

最初に、伊谷純一郎（一九八〇、一九八二）の記述を紹介する。彼は一九七八年に最初のトゥルカナ調査をおこない『トゥルカナの自然誌——呵責なき人びと』（一九八〇）を出版した。そのなかで伊谷は、「これまで長年にわたって歩きまわったアフリカで、トゥルカナほど強烈な印象を私に与えた部族はほかになかった」と記し（二八三頁）、この人びとのあいだで過ごした日々が忘れられないこと、自分がトゥルカナの生き方にすっかり魅了されたことを吐露している。このことは、トゥルカナの「ねだり」に関する伊谷の以下の記述を読むと

きに、しっかり念頭におき続けなければならない。

伊谷（一九八〇）は、トゥルカナの「ねだり」について、「ナキナイ攻勢には、本当に手を焼いた。彼らは、全く天真爛漫にこのナキナイを繰り返すのだがこうも執拗にやられるとこっちが泣きたくなる」（一九五頁）と記し、「ねだり」に対処することが精神的にどれだけ重圧になっていたのかを語っている。ある日の夕方、伊谷は「彼らがいったい、どれだけ私に物をせびり、私の物をむしり取ってゆくのか、一度記録してやろうと思いたつ」（一九八〇：二四三―二四五）。そして、だれが、いつ、なにをねだりにきたのかを克明に記録している。その記録によると、午後五時半から午後八時半までの約三時間に、のべ四二人のトゥルカナが伊谷になにかをねだっている。「のべ」というのは、同じ人が複数回、ねだりにきているからだが、それはあまり多くはない。そして、これを単純に計算すると伊谷は、およそ四分二〇秒に一回、なにかをねだられていることになる。この記録を伊谷がつけていたのは夕食の時間だったため、ねだられたものには、この日の夕食のカレー、カレーのなかの肉、ウガリ、米のメシがふくまれており、さらには、酒や嚙みたばこ、紙巻きたばこ、伊谷がすって短くなったたばこ、薬、ビスケットなどが乞われている。

調査地でわたしたちは、トゥルカナの人びとと同じように、基本的には野外で食事をとっている。そしてトゥルカナ人は、日本人のように食事のときには遠慮してその場を立ち去る、ということをしない。そのため、多いときには十数人にかこまれ、その視線にさらされながら食事をすることになる。伊谷（一九八〇：二四五）は、このように三時間ほど記録をつけ続けたあと、「このあたりで、本当に嫌気がさして、ノートをとるのをやめてしまう。与える私が悪いという反省がないわけではない。しかし、与えないでおこうとすると、その何倍もの努力が必要になるだろう」と述べている。トゥルカナの「ねだり」を断ろうとしても、相手は簡単にはひきさがらないため、押し問答の繰りかえしになる。それに耐えるためには相当に強靱な精神が必要であり、それを有している日本人は、まず、いないのである。

伊谷は、「私の心の軸と彼らの心の軸とはつねに喰い違ったままで、私たちはまことにぎこちないつきあいを続けてきた。私には、あの執拗にして完結することのない物乞い（ナキナイ）の本質が、いまもって理解できないのである」（一九八二：二三〇）とも、述懐している。彼は、トゥルカナの調査を始める以前に、アフリカ各地で長期にわたるフィールドワークに従事しており、アフリカ人のふるまい方やものの感じ方をよく知っていたはずである。しかし、その伊谷であってもトゥルカナの「ねだり」は、論理的にも感情的にも理解が困難なものであった。

日本人だけではない。これまでに本書でなんどか言及してきたイギリス人の人類学者であるガリバーもまた、大部な民族誌の序章の部分でトゥルカナに関する印象的な記述を残している（Gulliver, 1951: 7）。

（トゥルカナの）青年は成長するにしたがって、自分の権利と名誉をつよく主張し、それを勝ちとること、そして自分の利益を防衛することを学ばなければならない。……彼の友人や知人は、彼のビーズやたばこ、家畜など、あらゆるモノをひっきりなしにねだるだろう。彼は、いつ、どれだけのモノを与えるべきかを学び、トゥルカナの社会生活に固有の特性である不断の「ねだり」に対処しなければならない。また、彼自身もほかの人にねだらなければならない。

ガリバーが書いているように、トゥルカナ社会でモノをねだることは欲望をむき出しにする行為ではなく、

「自分の権利を主張するために学ばなければならない」ことである。わたしたちの社会では、自分がほしいモノをだれかにねだって手にいれることが許されるのは主として子どもであるため、トゥルカナの「ねだり」もまた、わたしたちには自己中心的で幼児的なものに見える。しかしながらトゥルカナの子どもたちは、むしろはにかみ屋で、自分の欲求をつよく前面には出せない。彼らは社会の規則を学ばなければならない。おとなたちは、引っ込み思案になってモジモジとしている子どもにむかって「ほら、あそこにおまえの友だちがいるよ。行って○○をねだりなさい」と、やさしくそそのかし、教えこむのである。わたし自身も寄寓していた家族の五〇代の女性から「あなたはなぜ、モノをねだらないのか。もっとねだれ」と諭されたことがある。

もう少し、ガリバーの記述をたどってみよう（Gulliver 1951: 8）。

不断の「ねだり」は、トゥルカナの社会生活における顕著な特徴であり、人びとの人格形成に影響をおよぼしている。たばこやミルク、一片の肉、ポリッジ、ビーズなど、小さなものをねだることは日常的におこなわれるし、状況によっては、もっとも価値の高いものも「ねだり」の対象になる。……わたしも（調査に同行していた）妻も、つねになにかをねだられていた。

ガリバーは（Gulliver 1951: 9）、「（モノの授受には）もちろん互酬的な要素がある……（しかし）モノを贈りかえしたり、援助したりすることは義務ではない。モノは要求しなければ与えられない」と述べ、自分が親しんできたイギリスの習慣と、トゥルカナのそれとのあいだにいかに大きな齟齬があったのかを書き記している。その事例のひとつとして彼は、自分の妻とトゥルカナ男性のあいだでおこった以下のような興味深いやりとりを紹介している。

ある日、わたしたちの調査に協力してくれた男性がやってきて「自分はなにをもらえるのか」とたずねた。わたしの妻は、「あなたは、なにがもらえるのか、(要求するのではなく)待っているべきだ。わたしたちの国では贈り物は要求するものではなく、友人関係があれば、しかるべきときに与えられるものだ」と答えた。すると、その男性はすぐに「自分たちのやり方は違う」と反論した。「ここでは、ほしいものがあれば要求する。そうしなければなにも得られない」。「でも、わたしたちは(あなたたちに)いろんなモノをあげたけれど、だれもそのお返しをくれなかった」と妻が言うと、彼は「ああ、あなたたちは、それを要求すべきなのだ」と答えた。

トゥルカナの人びとは、外部からやってきた人間にモノをねだるだけではなく、彼ら同士のあいだでも、お互いに頻繁にモノをねだりあい、ときに断られ、ときには与えられている。ただし、さきほど述べたようにわたしたち外部者は、彼らにくらべて圧倒的に多くのモノやカネを手元にもっている。また、日常的にモノをねだられるという経験がない外部者は、トゥルカナの「ねだり」にどのように対処したらよいのかわからない。「断固として断ることができずに黙り込んでしまう」というのが、わたしたちの典型的な反応である。トゥルカナの人びともまた、モノをねだったときに外部者が示す戸惑いや沈黙といった態度、つまり「トゥルカナ的」ではない反応を正確には理解できない。そのために「ねだり」の場での対面的な相互行為は、非常にぎこちないものになる。

写真6-1 トゥルカナの集落にて。二〇代後半の筆者と寄寓していた家族の人びと

トゥルカナ社会でながく生活してきたわたしにとっても、「ねだり」に適切に対処することはむずかしい。また、わたしには彼らの社会の一員として、彼らと同様にモノをねだることが期待されているのだが、現在でもまだ、それは心理的な抵抗なしにはなかなかできない。その理由は、わたしがモノをねだる必要がないほど、なんでももっているためではない。わたしの精神は、自分のなじみの世界から自在に抜け出せるような柔軟なものではないのだ。そして、そうしたわたしの態度を彼らは子どもっぽいと感じているはずだ。こうした事情によって、外部者に対する彼らの「ねだり」がどんどんエスカレートしていった側面があることも、ここで指摘しておこう。

ひとつの印象的な出来事を紹介しよう。わたしは、トゥルカナでフィールドワークをするときには、いつも同じ家族のところに寄寓していたが、そこにひとりの男子学生がたずねてきたことがあった。トゥルカナの人びとは彼を大歓迎し、すぐに彼をとり囲んでいろいろ話しかけ、「ねだり」を始めた。わたしは、いきなり「ねだりの嵐」にさらされた学生が困惑していることを知りながら、救いの手をさしのべず、「カルチャーショックを受けるのもいいだろう」と思って放置していた。そのとき、その「人だかり」から少しはなれたところにすわっていた四〇代の男性と、ふと目があったのだが、彼はニヤッと笑ってわたしにウィンクしたのである。

この男性は、わたしが寄寓していた家族のメンバーだった。そして、ケニアの地方都市キタレの近郊にある大農場で働いた経験があり、トゥルカナ社会の外部者のふるまい方が自分たちとは異なることを知っていた。彼はまた、わたしがトゥルカナの地で暮らす過程で、「トゥルカナ的」な態度を少しずつ身につけていったことも見てきた。そうした経験をもつ彼は、若い日本人学生が「ねだりの嵐」にさらされて困惑する様子を、「学び」のプロセスとして、ある意味で楽しんでいた。そのために彼は、右往左往している学生を救出しないわたしの態度を見て、「これがトゥルカナのやり方だ、あなたはわかっている。これでいいよな」と、わたしに合図を送ってきたのだった。

3 「ねだり」の事例

ここまで、トゥルカナの「ねだり」がいかに厳しく、ときにはわたしたちを驚愕させることを述べてきたが、以下には具体例を記述する。その多くは、わたし自身にむけられたものであるが、こうした事例をとおして、トゥルカナ社会で「ねだり」がどのようにおこなわれているのかを示したい。

［事例6―1］

わたしが寄寓していた家族の家長の第二夫人がやって来る。近日中にわたしが一二〇キロメートルほどはなれた町まで行く予定であるのを聞きつけて、車への同乗を頼んできた。その町に住んでいる彼女の友人を訪ねて、鍋をひとつ、もらってきたいのだという。しかしわたしは、車は荷物でいっぱいだから乗せて行けないといって断わった。すると彼女は、眉をしかめてきつい表情で言う。

「それじゃあ、わたしの鍋はどうなるの。町へ行けばもらえるはずの鍋が手に入らない。わたしはいったいどうしたらいいの⁉」

わたしは沈黙する。彼女はさらに続けて、

「わたしを連れて行かないのなら、あなた自身がわたしのために鍋を買ってきておくれ。わたしは肉を煮るための鍋を、ひとつももっていないんだ！」

ほんとうは彼女は鍋をいくつももっていて、わたしはそれを知っているのだが、こうした場面でトゥルカナに「嘘」を指摘しても無意味であることはわたしも承知していた。彼女が表現していることは「自分は鍋がほしい」ということであって、彼女の「嘘」は問題にならないのである。この事例とまったく同じ論理にのっとった事例を、もうひとつあげよう。

［事例6―2］

どこからか手に入れた半ズボンをかかえて彼女がやって来る。その半ズボンが自分の息子には大きすぎるため、町までもって行って修繕したい、そのために必要な一五シリングをくれという。わたしが断わると彼女は、

「じゃあ、このズボンは、いったいどうなるの？　これじゃダブダブで、はけやしない」

そのままでも十分はけるのに、とわたしは心のなかでつぶやく。彼女は、

「これをなおすお金をくれないのなら、息子の体に合ったズボンを、あなた自身が買いなさい。わかった?!」

彼女の発話を日本語になおしてみると、実際の雰囲気がうまく表現できないのだが、それは、そもそもこのような状況がわたしたちにとってはなじみがないためだ。彼女の言い方は「〜してほしい」というよりは、「〜しろ」、あるいは「よこせ」に近いような強圧的なものである。もちろん、すべての「ねだり」が最初からそうした態度でなされるわけではなく、「お願い」といった調子の場合もあるのだが、それはいつでも「要求」に変化しうる。

こうした事例を日本人の論理からみれば、問題になっているのは彼女の鍋やズボンなのだから、わたしが支援を断わったからといって、そのかわりにわたしが買わなければいけない、というのはまったくおかしい。さらに付言すれば、彼女はわたしの車に同乗しなくても町まで歩いていけるのだし、また、ヤギを一頭売りさえすれば、こうした問題を自分で解決できるのである。しかしトゥルカナの人びとは、このようには考えない。

こうした「ねだり」は、それまでにモノやサービスをやりとりしてきた者同士のあいだ、つまり相互に援助しあっている二者のあいだでなされる。そのため、援助を拒否された人は相手を「恩知らず」と決めつけることもできそうにも思われる。けれどもトゥルカナの人びとは、相手が自分に負債を負っていることに言及するよりも、むしろ、「わたしに対する支援を拒否するのは、自分に（あるいは自分たちの関係に）、そうさせるような否定的な面があるのか」という表現をとる。このことを示す事例を以下に紹介しよう。

［事例6―3］

寄寓していた家族の家長がやって来て、体にまとうための布を一枚買ってほしいという。そして彼は、わたしの答えを待たずに機先を制するように言った。

「あなたがもし、これを拒否するなら、わたしに言ってくれ。わたしは邪術者（*ekapilan*）なのか、悪い人間（*erono*）なのか、あるいはあなたとは無関係（*egala*）なのか。どれなのかを言え！」

わたしは、まずい答え方だなと自分でも思いつつも、「以前に上着を一着あげたじゃないか」と言ってみる。しかし彼は、わたしの抗弁を無視して、再度三つの言葉を繰りかえし、「このうちのどれなのか、あなたが言えば自分は立ち去る」と迫ってくる。

彼は、自分に否定的な要素がないならば、モノは与えられて当然だと主張している。同様の論理にのっとり、トゥルカナのあいだでよく言われる表現に、「あなたはわたしを拒否しているのか（*kingerit iyong ayonga?*）」というものがある。「拒否する（*aki-nger*）」は「受容する（*a-chamun*）」と対をなす動詞であり、拒否していないのならモノは当然与えられるべきだ、というわけである。

そしてモノが授受されたとき、受けとった側に顕著な態度は、まったく感謝しないことである。トゥルカナ語には「ありがとう」に相当する表現がない。あえていうならば、「よい」(*ejok*:「こんにちは」というあいさつのときにも使う表現)あるいは「わたしはうれしい」(*alakara*:はしゃぐ、気持ちがよいといった意味)という表現がある。トゥルカナ人で学校教育を受けた人びとは「礼をいう」という西欧の習慣を身につけており、これを使うのだが、一般的には、こうした表現を聞くことはほとんどない。贈与されたモノは、「それを手に入れることは自分の当然の権利だった」もののように受けとられる。

また、与える者はそのモノを手放すことが、自分にとっていかに重大なことかを語る。わたしは物質文化を調査するために、いくつかの道具類を「ねだり」によって受けとった。その相手は、それまでにわたしがいろいろなモノをあげてきた人びとである。しかし、こうしたときに相手は、「この杖をあなたにあげてしまったら、自分は歩くときに男としてどうやって対面を保つのか」とか、「この土鍋がなくなったら、いったいわたしは、どうやって肉を煮るのか」と言ったりして、わたしを当惑させたことが何度もあった。もちろん、こうした表現は字義どおりのものではなく、このように言う者は、わたしに杖や土鍋を与えることをすでに承諾していたし、周囲にいた人びとも当然、それをわかっていた。

一方、「ねだり」をほんとうに拒否したいときにはどうするのか。これは基本的には「いやだ(トゥルカナ語で*mam!*、英語のno!という言い方)」と応じるしかない。あるいは、ねだられたモノが目のまえになければ、「ない」あるいは「もっていない」と言い放つ。その言明が「真実」であるかどうかは問題ではなく、これは贈与を拒否する表現として受けとめられる。このことは、さきほどの［事例6―1］に出てきた「わたしは鍋をひとつももっていない」という主張が、わたしたちには「嘘」であると感じられても、彼らはそれを「嘘を言うな」と糾弾しないことと対応している。彼らは、実際にモノが授受されるか否かに強調点をおいており、どのようにしてその決断がくだされたのかには、あまりこだわらない。そうした態度の基底には、その決断に到達するまでの相手の事情など、結局は知りえないものであって忖度してもしかたがないという感じ方が横たわっているように思われる。

トゥルカナ語の「*a-wwoun*」は「与えることを拒否する」という意味の動詞であり、そこから派生した「*awwoundori*」は、つよい拒絶の表現である。しかしトゥルカナ人同士の会話のなかでこの言葉が使われたことを、わたしはほとんど知らない。数少ない事例は以下のようなものである。

［事例6―4］

わたしが一〇代後半の青年にねだられて、町で買ってきた古タイヤ製のサンダルを彼にわたしたとき、その場にいた三〇代初めの男性が、すぐにそれをねだった。青年は断ったのだが相手は聞き入れずに、ねだったほうが力ずくで取り上げようとして軽いもみあいになった。二人は笑顔を保ってはいたけれども、サンダルの去就をめぐっては本気であった。つかまえられて抵抗していた青年は、弱々しい声で「ごめんなさい」とでもいった調子で「*awwoundori*」という言葉をもらした。

トゥルカナの人びとにモノをねだられたときに、わたしがこの表現（*awwoundori*）を使うと、ねだった人だけではなく周囲にいる人もまた、「ありゃまー、とんでもないことを言うやつだ」といった反応をする。笑いだす人もいた。また、「ねだり」を断るときにわたしは「自分はたくさんのモノを人びとにあげたので、もう貧乏になってしまったから、なにもあげられない」と答えていたことがある。それに対して同居していた家族のひとりが「その言い方はよくない、そのように言っていると、ほんとうに貧乏になってしまうものだ」と言って、以下のような表現をわたしに教えた。

なにもあげられないけど、ちょっと放っておいてくれ。自分は今、なにももっていない。さがそう。そしてもし手に入れたら、あなたにあげよう

この表現とともに、「みつからない」（*agop*：たとえば迷子になった家畜をさがしまわったけれどもみつからない、という意味あいの言葉）という言い方も、トゥルカナ人が「ねだり」の矛先をかわすときにもちいる表現である。また、「つぎの雨期が来たら（あげよう）」という表現がとられることもある。これは、「あなたの支援の要請に、いまは応じられないけれども、雨が降って家畜が増えたらなんとかしよう」といった意味あいである。

こうした表現は、あくまでも一時的な弁明であって無節操にとりうるものではないが、これをおぼえたわたしは、ときどき使ってみた。これに対して人びとは、わたしにとって意外なほど、あっさりと自分の「ねだり」をとりさげたりした。そして興味深いことに、たとえば一年後にわたしが再度、その相手と会ったとき、彼らは「あのときあなたは『さがそう』と言った。どうなったのか？」とわたしに問うものの、「あのとき約束したではないか」と、強硬に約束の履行をせまるという態度はとらない。つまりトゥルカナ人は、「さがそう」「つぎの雨期にあげよう」と言われても、わたしたちのように「言質をとった」とは考えない。ひとの事

情は変わるものである。つぎに再会したときには、そのときの状況に応じて、また相互交渉が始まるのである。

「みつからない」「さがそう」といった表現のもつ意味は、トゥルカナの人びとからみて「まちがって」いる表現と対比すれば、よくわかる。それは、「わたしにねだらずに、あなたは自分のヤギを売って問題を解決すればいいじゃないか」とか、「わたしではなく、あなたの父親にねだったらどうか」といったものである。彼らは絶対にこうした言い方をしない。日本人にとっては、少なくとも建前では「自助」は望ましい状態であるし、自分でできることを他人に依頼するのは、遠慮すべき、恥ずべきこととされている。そのためにわたしは、彼ら自身で解決しうると思われた依頼に対しては、しばしば「なぜ自分でやらないのか」と答えたものである。彼らにとっては、思いもよらない対応だったことだろう。「自分の問題は自分で解決しろ、あなたはそれができるではないか」と言うことは、すなわち「あなたとわたしは関係がない」と表明することを意味する。

それでは、モノをねだられたときに「いやだ！」あるいは「ない！」と応じることもまた、そのときの支援を拒否するだけではなく、社会関係を拒絶していると受けとめられてしまうのではないか、という疑問が生じる。しかし、トゥルカナ人のあいだでもこうした応答はしばしばおこなわれているし、それは深刻な拒絶の表現とは解釈されていない。そのように拒絶されても、ねだった者はある程度の期間をおいてまた同じモノをねだることを繰りかえす。彼らは、「ねだり」を拒否した人の決断は変化しうると受けとめている。もちろん、「ねだり」に対する拒絶がたびかさなれば、その当事者たちの関係は次第に疎遠になっていくだろう。しかし、それはいつでも変化しうると彼らは考えている。彼らにとってもっとも大事なことは、相手に対する働きかけをあきらめず、「ねだり続ける」ことなのである。

4　「ねだり」をどのように理解すべきか

1……互酬性と「負債の感情」

ここまで、トゥルカナ社会では積極的で強引な「ねだり」や「モノ乞い」によってモノが授受されることを述べてきた。しかし、この社会にも「わかちあい」や「気前のよさ」、「他者を支援すること」を高く評価する価値観が存在する。たとえば、男性が集まって大木の樹陰にすわりこみ、ヤギやヒツジの肉を共食するとき、人びとはねだられなくても自分の手元にある肉をほかの男性にわけ与える。その場でおこなわれる分配を見ていると、人びとは競って気前のよさを発揮しているようにさえ思われる。

「わかちあい」を重視する価値観は、早朝に牧童たちが食事をとる場面にも見ることができる。一日中、家畜を追って原野ですごす牧童が放牧に出発するまえに、人びとは優先的に食事を与える。その食事は、十分なミルクを搾乳できる時期であれば大きな木の容器に入れた酸乳である。一〇代前半の牧童は、二〜三人がその大きな容器から交互に酸乳を一口ずつ飲み、けっして独り占めなどしようとしない。容器は、彼らのあいだを何回も行き来する。子どもたちはこの時期から「わかちあう」ことを学ぶのである。

また、集落のなかで食事をとるときには、食事の全体量が少なくて客の数が多ければホスト自身は食べずに客に分配するし、その分配にあたっては、同じ集落のメンバーよりも外部からやってきた客を優先しようとす

写真6-2　寄寓していた家族の子どもたち

る。このときに客は、食事の分配をねだったりはしない。ただし、わたしのようにトゥルカナの人びとのやり方を無視して、食事の分配がゆきわたらない客がいるにもかかわらず、同居している人びとと一緒に自分も食事をとったりすると、その食事が終わるのを待ってから客は「わたしのメシはどこにある」と言い出す。わたし自身が食事をとっていなければ「用意できた食事の量が少なかった。自分も食べていない」と返答することができるが、自分が食べている場合には困った状況になる。なお、さきほど述べたように、日本では「食事の時間には他家を訪問しないようにする」とか、もしすでにその家にいるのであれば「食事の用意ができたら、その家の人に遠慮して退散する」といった行動規範があるが、トゥルカナにはそれはない。

　このようにトゥルカナ社会でも「わかちあい」は普通に見られるのだが、それにもかかわらず多くの場合に強烈な「ねだり」がおこなわれることは、どのように理解したらよいのだろうか。一般論として人間は、モノの贈与を受けたときには「負債」や「借り」の感覚をもつとされる。『贈与論』のなかでM・モース（一九七三）は、贈与を構成する三つの義務として「与える義務」「受けとる義務」とともに「お返しをする義務」をあげた。「借り」の感覚をもつ人は、モノを贈り返すことによって、その感覚に対処しようとする。モノをもらった人には「お返しの義務」が発生するのである。しかしトゥルカナ社会で「お返し」は、要求しなければ与えられない。

トゥルカナ社会における「ねだり」の場面では、「自分たちは親しい関係ではないのか」「自分になにか否定的な要素があるのか」といった表現がでてくる。「親しい関係」であり「否定的な要素」がなければモノは与えられて当然だ、という主張である。そして実際に、モノを受けとった側が感謝を表明することはない。また、こうした場でねだる側は、過去に自分が相手に対しておこなった支援に言及することはほとんどない。つまり「ねだり」は、過去に自分がおこなった贈与に対する返済を求めているのではない。トゥルカナ社会では、モノの贈与を受けた者が、いつ、なにを返すべきなのかは明確ではないし、義務として語られることもない。モノの授受に関与する二者のあいだで、双方からの贈与が最終的に均衡をとることが漠然と期待されているとしても、そのことはけっして明示されない。

こうしてみると、トゥルカナ人の「ねだり」の場面における相互交渉には、M・サーリンズ（一九八四）が「一般化された互酬性（general reciprocity）」として類型化した特徴があらわれているようにも思える。しかし、サーリンズの議論において「一般化された互酬性」にもとづく贈与は、要求されなくても与えられるものであった。それに対して、「ねだられなければ、受けた贈与に対する返済をしなくてよい」とか、「モノを手にいれるためには、つよく要求しなくてはならない」というトゥルカナの人びとの考え方は、いったいどのように理解すべきなのだろうか。彼らには、自分が「負債を負っている」とか、「借りがある」という感覚がないのだろうか。

以下には、以前にわたしが（太田 一九八六）、この点を理解しようとする試みのなかで、「まちがった」解釈をしたことについて述べる。わざわざここで自分の錯誤について語るのは、わたしがおかしたのと同じような誤謬が「負債」や「借り」、あるいは贈与をめぐる人類学的論考のなかに散見されるからであり、かつ、この誤謬には根深いものがあると考えるからである。まず、わたしの「まちがった」解釈を要約しよう。

トゥルカナ社会では、贈与がおこなわれるまえに「ねだり」があるため、当事者たちにとっては、そこでおこなわれる贈与を「ねだりという行為自体」に対する反応として解釈する余地が生ずる。つまり、この贈与は「ねだり」という明確な開始点をもつのと同時に、それに対するモノの授受という終止点をもつという、完結性・自足性をそなえている。そのために贈与を受けた側の「借り」の感情も、弱いものになる。

一般的に「借りがある」「負債がある」という感情がモノの授受を支えることは、人間社会にひろく見られるとしても、その感情のあり方は、それぞれの文化の特殊性に応じたものになる。モノの授受に「ねだり」をもちこんだトゥルカナ社会では、負債の感情は、いわばつよく不活性な状態におかれている。そのために無条件の返礼は義務ではなく、つぎにまた「ねだり」という行為によって負債の感情が活性化されなければならない。

このようにわたしは、この社会にみられるあからさまで強烈な「ねだり」という行為を、「借り」の感覚や互酬性との関連において理解しようとした。その結果、「負債の感情の不活性化」という結論にたどりついたのだった(太田 一九八六)。このように議論したことは、ひとえに、「負債の感情」あるいは「借りの意識」を人間に普遍的なものと想定し、それにもとづいて返礼がおこなわれることを、無自覚に一般化していたためである。しかしこの結論は、以下に述べるように、トゥルカナの「ねだり」を適切に説明するものではなかったと、いまは考えている。

「負債の感情」について松村(二〇一七)は、アフリカのブッシュマン(田中 一九七一)やピグミー(市川 一九八二)の社会の事例を論じている。彼は、「平等主義的」であるといわれるこれらの社会において、権威の発生による社会の階層分化がどのように抑止されているのかについて、以下のように考えた。一般的に人間にとっては、モノの与え手と受け手のあいだに不均衡が生じた場合、すなわちモノがある人から別の人に一方的に授受されたときには、受け手の側に「負債」や「負い目の感情」が発生する。それが蓄積してゆくことは、与え手の側に威信を与え、ひいては従属関係をつくりだす。ブッシュマンやピグミーの社会には、食物の授受が一方的になることを回避するために有効なしくみや、「負債」の発生を抑止するためのメカニズムがある。こうした社会では、食物の分配をとおして負債や威信が蓄積することを抑制し、階層分化を回避して平等な社会をつくっている。こうした議論を展開するなかで松村は、トゥルカナ社会において「負債の感情が不活性化」されているという、上記のわたしの主張にも言及した。そしてアフリカの諸社会には「負債を抑止する分配のモラリティ」が保持されていると論じている(松村 二〇一七:五五)。

たしかにトゥルカナの人びとは、さきほど述べたように、モノを受けとっても感謝を表明することはない。

しかし彼らは、モノをもらうと「負債」や「借り」が発生するものだと説明することもない。また、わたしの周囲には、わたしから一方的にモノを受けとっていた人がたくさんいたが、彼らは、わたしに対して自分が「劣位である」「従属的である」などとは、まったく感じていない。わたしは第3章で「「消費するための家畜交換」とは」において未払いの家畜が「負債 *amica*」となること、また、第5章では、未婚の娘の出産にともなって発生する「罰金」の未払い部分が「負債」となることを述べた。しかしトゥルカナの人びとにとって、一般的に研究者が「贈与を受けた人には負債や借りが発生する」と議論するような負債や借りは「負債 *amica*」ではない。彼らの社会にはその意味での負債の観念は存在しないのである。それにもかかわらず、わたしは「不活性な状態におかれた負債の感情は、ねだりという行為をとおして活性化されなければならない」(それによって、ねだられたモノが与えられる)と考えた。わたしがこうした無理な解釈をしてしまったのは、負債や借りの感覚の存在を無条件に普遍的なものと見なしていたためにほかならない。負債はトゥルカナ社会では「不活性にしたり」「抑止したり」するものではない、と考えるべきである。

それでは、トゥルカナ社会における互酬性とは、どのようなものだろうか。もう一度、モノの授受をめぐる彼らのやり方を、わたしたちのなじみのやり方と対比しながら考えてみよう。すでにのべたように彼らは、モノの贈与をうけても感謝を表明しない。日本人にとっては、感謝し、感謝されることは当然のことである。わたしたちはそれが「好きなのだ」と言ってもよい。そのためにわたしたちは、トゥルカナの態度を理解できない。しかし、日本人のようにある意味で大仰に感謝を表明しないことは、アフリカの多くの社会で報告されている。長島(二〇〇六:一八二)によれば、調査地のテソの老人が以下のように言ったことがある。「イギリス人が持ち込んだ最悪のことばは‘Thank you’だ」「それを言ったら関係は終わってしまうではないか」。この言葉を長島は、人びとが社会関係の継続を望んでいることのあらわれだと解釈している。

つぎの特徴として、彼らはモノの授受を隠すのではなく、むしろ「公表する」という点をあげたい。わたしはトゥルカナの人びとにいろいろなお土産を買っていくのだが、それを取りだして手渡すとき、たくさんの人が周囲にいてそれを見ていると気恥ずかしい気分になり、できればほかの人には知られずに渡したいと感じる。ひとつにはそれは、相手に対するわたしの好意が露呈するからであり、もうひとつには、それを見たほかの人が「自分にもくれ」と言い出すことを懸念するからである。

しかしトゥルカナの人びとは、たとえばわたしがナイロビから買ってきたお土産の毛布を手渡すと、それをみんなの目のまえで広げてみせたりする。こうした事実は、「彼らはモノの授受を社会的に公認することによって、それに関与する当事者の社会関係も強化しているのだ」と解釈したくなる。たしかに毛布を広げた人は、そのことによって「オータは自分の友達だ」と表現しているのかもしれない。さきほどわたしは、自分がトゥルカナの人びとに「物質文化」のサンプルをねだり、それを受けとったとき、彼らは「そのモノを手放すことが、自分にとっていかに重大なことか」を表明すると述べた。このような態度にもまた、同様の解釈をしたくなる。つまり「社会関係は、モノの授受にともなう互酬性によって構築されており、それを『公表する』ことは、その関係を社会化して強化する」といった解釈である。

しかしトゥルカナ社会では、「公表」はいつでもおこるわけではない。もらったモノをほかの人にねだられることを防止するために、わたしに「だれもいないときに取りに来るから、それまで隠しておけ」と、こっそりと言う人も多い。そして、そのようにふるまう人がいることをだれもが知っているし、モノの授受を隠しておくこと自体は、まったく悪いこととはみなされていない。これは第5章で述べたように、婚資の授受に関連して家畜を隠す人がいたとしても、それが道徳的につよく非難されることがないことと対応している。

そもそも彼らは、自分にとって「隠されたもの」、自分が「知り得ないもの」について、あまり忖度しない。トゥルカナ社会では「内緒ばなし」が、ある意味で簡単にできる。たくさんの人がいる場で、わたしが「ほかの人には聞かれたくない」と思うことをだれかに話したいとき、わたしは公然とその人の手をひいてその場から連れ出し、はなれた場で話すことができる。日本人はこのような露骨な「内緒ばなし」を嫌うが、トゥルカナではまったく非難されることはないし、子ども以外には、その場をはなれるわたしたちについてくる人もいない。トゥルカナは「そのとき、その場で」自分に見えていること、表現されていることにしか、あまり重きをおかず、「知り得ないもの」を憶測しないという、いさぎよさをもっている。

また、モノの授受の「公表」に関しても、彼らはその授受によって創出されたり、表明されたりする社会関係を、固定的で絶対的なものとは考えていない。さきほどわたしは、自分がお土産を手渡すときに気恥ずかしい気分になるのは、「自分の好意が露呈するからだ」と述べた。わたしはそのモノの授受には、自分の好意が付随していることをつよく意識している。しかし彼らは、モノの授受に「好意」という人間の内面が付随していることには拘泥しないし、それが「変わらずに続く固定的な実体」であるようには感じていない。わたしはトゥルカナ人のあいだに、「だれかに、なにかを負っている」という感覚がまったく存在しないと主張したいのではない。しかしこの人びとは、モノの授受にともなって形成される互酬的な社会関係の安定性・固定性に、あまり信頼をおいていないと思われる。

それは、以下のような出来事にあらわれている。わたしが寄寓していた家族では、西に隣接して住むジエ人によってほとんどすべてのウシを略奪されてしまったことがあった。そのあと家長は、自分の親族や友人を訪ね歩いて家畜をねだり、生活を立て直そうとしていた。ある日、彼がひとりの友人を訪問する旅にでるという。わたしはその友人を知っており、「彼はウシをくれるだろうか」とたずねてみた。すると家長は「自分はいま、貧乏人になってしまった。昔は、自分は裕福で、その友人との関係もうまくいっていたけれども、彼との関係が昔どおりのものなのか、自分にはわからない」と答えた。この発言を字義通りに受けとめるのはナイーブすぎるかもしれない。しかし、家長が訪問しようとしている相手が、長年の友人であることを知っていたわたしは、この答えに驚き、トゥルカナの社会関係の厳しさを感じずにはいられなかった。

さきほど述べたようにモース（一九七三）は、贈与を構成する三つの義務として「与える義務」「受けとる義務」とともに「お返しをする義務」をあげた。つまりモースは、贈与が自発的におこなわれるという側面よりも、それが義務である側面を強調し、「返す義務」がなぜ発生するのかを探究した。その著作の影響により、「返す義務」は人間に普遍的なものとして存在するかのように思われているが、モースの贈与論を読み直したD・グレーバー（Graeber 2001: 217）は、贈与に対してつねにお返しがされるわけではないことを指摘している。グレーバー（二〇一一：三四）はまた、『負債論』のなかで「人間が他者に対して負っている義務」と「負債」とを峻別し、その違いは以下のように、後者が貨幣によって厳密に計量できるところにあるとする。

ただの義務、すなわち、あるやり方でふるまわねばならないという感覚、あるいはだれかになにかを負っている［借りがある］という感覚、それと負債との違いとは、正確にいえば、なんであろうか？　答えは単純だ。貨幣である。負債と義務の違いは、負債が厳密に数量化できることである。このことが貨幣を要請するのである。

すなわち、貨幣のないところには負債は存在しない。漠然とした「負い目」や「借り」の感覚があるだけであり、それは計量化できない。それにもかかわらず、わたしたちは「他者に対して負っている義務」を「負債」として想像してしまうという根深い性向をもっている（グレーバー 二〇一一：二三）。わたしが、トゥルカナ社会における執拗な「ねだり」を理解しようとして「負債の感情の不活性化」という考え方をもちだしたとき（太田 一九八六）、わたしは、自分自身のこうした「性向」に無自覚であった。

2……コミュニケーションとしての「ねだり」

トゥルカナの「ねだり」と、それにともなうモノの授受を、そこに関連する互酬性や負債の感情という観点から検討したわたしの考え方を、北村光二（一九九六：二九六）は、以下のように批判した。

たしかに彼ら［トゥルカナ］は「物の授受」という結果に強く拘泥する。しかも、その結果とそこにいたる交渉の作業を、完結した、一回限りのものとみなす態度を身につけている。したがって、もしあくまでもこの「物の授受」という結末に拘泥する視点をとり続けるとすれば、「物を与えた側はたんに物を失っただけということになりはしないか」という疑問は、何の答えも与えられずに残ってしまうしかない。（［ ］内は太田）

北村は、トゥルカナの「ねだり」をめぐる交渉を、互酬性や負債の感覚だけに注目して分析することをやめようと提案する。そして彼は代案として、その場でおこなわれる対面的な相互交渉に人びとがどのように関与してゆくのか、その交渉はどのように推移してゆくのかの全体を、コミュニケーションとして分析するという視点を採用した。彼は、「ねだり」の交渉は、モノを授受するかしないかを決めるという目的のための手段ではなく、「そうすること［交渉すること］の目的がそうすること自体にある」のだと指摘する。

このような「ひっくり返し」は、「物の授受」という結末を「交渉」自体から切り離し、その「外部」に生み出される客観的な事実として特権化することとやめるというものの見方を示しているにすぎない。そのとき、交渉のコミュニケーションはたんなる「手段」ではなくなるのである。（北村 一九九六：二九六）

わたしは、北村のこうした立場に全面的に賛同しているので、あとはその論考を読んでいただくのがよいのだが（とくに北村 一九九六、二〇一九）、以下にわたしの表現もおぎないつつ、この議論をまとめたい。なお、ここでコミュニケーションというのは、一般的に考えられているように人間が自分の知覚や感情、思考などに関する情報をほかの人に伝達することだけを意味するのではなく、伝える意志の有無にかかわらず、また、言葉だけではなく表情や身ぶりを人びとが読みあうことによって、同じ場にいる人びとのあいだで否応なく伝わってしまうことすべてがコミュニケーションである。

さて、トゥルカナの「ねだり」の場でモノをねだられる人は、相手の話を聞くこと自体を拒否しないし、拒絶することはできない。モノをねだる人は、多くの場合にまず、「オータ！」と大きな声で相手の名前を呼ぶ。トゥルカナ社会で名前を呼ばれたときに、それを無視することはできない。それには「オー!?」とこたえることが義務であるといってよい。わたしは、それを承知しつつも、相手が遠くにいる場合には呼びかけに応じないこともあるのだが、そうすると近くにいる人がわたしに「オータ、いま、名前を呼ばれているぞ」と返答することをうながす。あるいは、わたしのかわりに呼びかけた相手に対して、「オータは、いま、仕事をしている！」と説明してくれたりもする。このように呼びかけへの応答が義務であることは、それに続く「ねだり」の交渉に、とりあえずは身を投ずるべきであることを意味する。彼らは実際に、だれからの働きかけであっても「いさぎよく」それに応答している。

つぎに、周囲にたくさんの人がいる場面で彼らが「ねだり」をするとき、それはとても雄弁な演説といった調子になることがよくある。ねだる人はまず、「おい、みんな静かにしろ！」「自分がいま、オータにモノをねだるんだ」と言ったりする。周囲の人はこうした発言を身勝手なものと受けとめるのではなく、むしろ、これからなにが言われるのか興味津々といった態度をとる。そして堂々とした「ねだり」が始まるのだが、それは「演説」といっても、あくまでもねだる相手にむけられる発言である。また、ねだる人は観客の同意を求めたりしない。あくまでも「ねだり」は、その当事者である二者間に限定された問題としてあつかわれる。たとえば、トゥルカナの夫婦がわたしのところに来て、それぞれに自分がほしいものをわたしにねだるときにも、彼らは個別にそれをおこなうのであって、もうひとりが口をはさむことはほとんどない。へたに口をだしたものは、むしろ「おまえは黙っていろ」と非難される。

同時に、そこで繰りひろげられる相互交渉には、第三者的な発言はいっさい出てこない。ねだる側は、自分自身や相手との関係に否定的な要素がないかぎり、モノは与えられて当然だという態度をとることはすでに指摘した。彼らは、「ひとを援助することはトゥルカナ社会の規範であるから、それに従うべきだ」というような、当事者にとって外部的な基準をもちださない。ねだられる側も、「その『ねだり』は普通よりも過大すぎる」とか、「あなたのヤギを売れば、（わたしにねだらなくても）その問題は解決できるはずだ」とか、あるいは「あなたの父親はカネ持ちだから、父親に頼んだらどうか」といった発言を徹底的に回避している。つまりこの場面では、「いま、あなたはわたしを助けるのか」というように、二者のあいだの関係だけに焦点があてられている。

「ねだり」の場面の相互交渉において人びとは、「いま、この場」の自分たちの関係だけに目を凝らしている。さきほどわたしは、「ねだり」を拒否するときにとられる「さがそう」「みつからない」「つぎの雨期に」といった表現が、かならず守られるべき約束にはならないことを述べた。こう言われたトゥルカナが後日に「あのとき、あなたはこう言ったではないか」と言うことはあっても、それを根拠にしてモノの授受を迫ることはない。また、なにかをねだられたときに「わたしはあなたに以前、○○をあげたではないか（だから、もう自分にねだるな）」という表現がとられることもない。

このようにトゥルカナの「ねだり」は、徹底的に二者のあいだの問題であり、かつ、第三者的な発言をすることや社会の規範をもち出すことが回避され、「いま、この場」で表現されていることだけに焦点をあてている。こうした特徴をまとめて北村（一九九六：三〇六）は、『外部』の拒否」と表現している。

さて、モノをねだる側は、明らかに自分の利益を追求しているといってよい。そしてねだられる側は、それにすぐに同意するのでなければ、やはり自分の利益のために贈与を拒否しようとしている。このように双方が、もし、自分の利益を確保しようとして利己的にふるまうだけであれば、これは解決不能な状態である。しかも「ねだり」の相互交渉は、お互いによく知っている者同士のあいだでおこなわれている。双方が強硬に自分の主張を繰りかえせば、社会関係が破綻するのではないかとさえ思われる。しかしトゥルカナ社会では、実際にはそのようなことはまったくおこらない。それは、なぜだろうか。

　第一に彼らは、「ねだり」の場で相手が自分の利益を確保しようとすることを、相互に承認しつつ、同時に利害の対立を調停してゆく軌跡の先に、お互いが納得できるゴールをめざそうとしている（北村 二〇一九）。どちらかが相手の圧力に負けて、「しぶしぶ」「やむをえず」ひきさがるという状態を、彼らは好まない。たとえば、「ねだり」を受けたわたしが根負けして、不承不承になにかを差し出したときには、「あなたは気分を害していないだろうな」とたずねられたことがある。「ねだり」が強圧的なものになり、相手を屈服させてしまうことを、トゥルカナ語で「*a-tikokin*」というが、これは「*aki-tik*（［モノや人を地面に］押しつける」といった意味）」という動詞の派生形である。彼らは相手を「圧迫して服従させる」といった結末を回避しようとする。また、たとえば「ねだり」によってもらったヤギが期待に反して小さかったとき、与えた側は、「今回はこれで我慢しろ、つぎにはもっと大きいヤギを食わせるから」と言ったりする。当事者たちにとって「ねだり」の相互交渉は、どのような結末になるかがわからないままにすすんでゆくものだが、その結末は、お互いに承認できるかたちになることが希求されている。

　しかし、お互いに納得できるゴールを目指すといっても、それは、「いま、あなたにこの援助をするから、将来には○○のお返しをしてくれ」といった合意を形成することではない。彼らは「ねだり」の対面的相互交渉を「いま、この場」に限定し、「外部を拒否」している。それゆえ、彼らが相互に納得できるゴールにいたるためには、コミュニケーションを切断せず、あくまでも継続するなかで決着をつけるしかない。そうした「ねだり」は、わたしたちにとっては際限のない苦痛に感じられるが、彼らは相手が相互行為を続けようとするかぎり、それに真摯に応答する。彼らにとっては、コミュニケーションを接続し続けることが重要なのである（北村二〇一九）。

このように、わたしたちにとっては奇妙に見える「ねだり」の相互交渉は、双方が自分の利益を追求しているものの、たんなる「値切り合い」とはまったく異なる。彼らは、モノの授受をめぐってしのぎをけずっていると同時に、「ねだり」の結末をつけるという「直面する困難な問題に仲間として協力して対処しようとする者として、仲間と共有できる『われわれの選択』をその場に生みだそうともしている」と北村（二〇一九：二六）は指摘する。彼らは、一見したところでは利害が対立し、ゆくえの見えない交渉をおこなっているようだが、それは同時に、協働する行為でもある。そうしたプロセスを経て、「ねだり」の相互交渉にかかわってきた二者は、その結末を「われわれの選択」としてその場に生成し、それを共有することができる。

行きがかりに委ねられた相互行為が、小さな「相互理解」を積み重ねながら何らかの決着にたどりついたとき、共存の秩序を再建しようという同じ思いでその問題に取り組んできた当事者たちは、その決着に納得と悦びを感じられるようになるのである（北村二〇一九：二八）

こうしたトゥルカナのコミュニケーションは、わたしたちのやり方と比較すると了解しやすいものになる。わたしたちは、なんらかの利害が対立する相手を納得させようとするとき、「これが規則だから」とか、「多数決で決まったのだから」とか、「子どもは親の言うことを聞くべきだ」といったように、「そのとき、その場」の外部にある第三者的な基準をもちだして、自分の正当性を主張する。それに対してトゥルカナは、相互に納得できるゴールを「対面的コミュニケーションそのものと、その接続によってもたらされる交互行為の経緯そのものから調達しようとする」（北村 二〇一九：三三）のである。この点については、つぎの章で、もう少しくわしく議論する。

ただし、注意すべきことは、北村（二〇一九：二六）が「ねだり」の場に生みだされると指摘した「われわれの選択」とは、その場かぎりのものだということである。これを、「そのとき、その場」でおこなわれた特定の相互行為のプロセスから独立して存在するような固定的な実体とみなすことはできない。このことは、以下のようなわたしたちの経験を想起すればわかりやすい。マラソンのテレビ中継を見るとき、わたしたちは最初から最後まで観戦し続けることによって、最後になって繰りひろげられるデッドヒートに興奮し、力をふりしぼる選手に感情移入して感動する。だが、その感動はそのときかぎりのものである。もちろん、わたしたちはそのレースの記憶をたどって感動を追体験できるが、それは「そのとき、その場」で得た感動とは似ても似つかない。また、先頭をゆく選手がゴールするまえにテレビをつけてゴールの瞬間を見て感動しても、それは、マラソン中継を最初から見続けたときの感動にはおよばないし、ましてや、「自分が応援していた選手が優勝した」という事実を、数時間後にニュースなどで知ったときの喜びは、まったく異なるものである。つまり、マラソン中継の全プロセスを観戦したときにわたしたちが手にする感動は、「そのとき、その場」のわたしの経験から独立したものではないし、どこか自分の外部に対象化できるようなものでもない。「あの感動」は「あのとき、あの場」にだけ存在した単独のものであり、それ以外のどこにも存在しないのである。

トゥルカナが対面的な相互交渉のすえに生み出し、共有する「われわれの選択」は、このように一回かぎりのものであり、なおかつ、その交渉の当事者である二者に限定されたものである。このようにいうと、対面的な相互交渉によって成就されていることは、いかにも場当たり的で刹那的、その場しのぎのように見える。しかしこのことは、第4章で述べたように、家畜の所有や利用をめぐる「権利の束」もまた、当事者たちの交渉の結果として「そのとき、その場」に生成するものであり、かつ、外在的な実体として彼らの未来の行動をつよく拘束するものではないことと同じである。

終章

1　対面的な相互行為に賭ける人びと

「法人類学（legal anthropology）」あるいは「法の人類学（anthropology of law）」という分野では、世界各地で人びとの行為を律する規則とはなにか、ある種の行為を人びとに強制する権威とはなにか、それはいかなる政治体系のもとで可能になっているのか、そして人間にとって法とはなにか、といったテーマがあつかわれてきた。そうした研究は当初、「法とは強制力をともなった規則である」という西欧近代的なパラダイムを無批判に前提にしていた（Hayden 1984）。このパラダイム自体を検討しなかったエヴァンズ＝プリチャード（Evans-Prichard 1940: 162）は、「厳密な意味ではヌエル人は法をもたない」と論じざるをえなかった。しかしその後、こうしたパラダイムを脱する議論が登場し、その代表のひとつがコマロフとロバーツ（Comaroff & Roberts 1981）による研究である。彼らは、ツワナ人がいかに規範的なルールに統制され、それに従うのか、しかし同時に、そのルールをどのように援用しつつ、他者との交渉のなかで自分の権利を主張するのかを分析した。ツワナ人の諍いや交渉のプロセスにおいて、ルールは具体的に言及され政治的な操作の材料となるが、個々のルールはそれぞれの個別な状況のもとで意味や価値をもつのである。この意味でルールとは、個人に外在する絶対的なものではないし、「いつでもどこでも正しい」行為を一義的に決定するようなものではない。本書の第4章で紹介したブレンダ＝ベックマンら（Brenda-Beckmann *et al.* 2006）が提唱した「財に関連する四つのレイヤー」という区分にしたがえば、コマロフとロバーツは法や制度、ルールのレイヤーと、日常的な実践のレイヤーとの相互関係に注目することの重要性を指摘したのである。

トゥルカナ人が家畜を交換するときにどのようにふるまうのかにもどって考えてみよう。第3章で記述したように、トゥルカナ社会には家畜種のあいだに交換レートとよべるものがあった。家畜の交換にかかわる当事者たちは具体的な交渉をするときに、こうした交換レートを参照していることはまちがいない。しかしながらこの交換レートは、全体として首尾一貫した整合性をそなえていないし、また、実際の交換のときに厳密に遵守されるものではなかった。トゥルカナの人びとは、この交換レートを出発点としながら、かならず長く厳しい対面的な相互交渉を経ることによって交換を成立させていた。

そもそも交換が成立するとは、どのような事態だろうか。常識的には、交換されるモノ同士を当事者たちがお互いに「同じ価値である」とみなすことによって、交換が成立すると考えられる。もしそうであれば、「価値」はどのように決められ、「等価性」はどのように保証されるのだろうか。市場経済の世界に生きるわたしたちは、商品に値段がついており、その値段が商品の価値を示しているのは自明のことだと思っている。しかしながら、これはわたしたちの幻想にすぎない。ロンドンやパリでも店で売られているモノに定価がつき始めたのは、わずかに一八三〇年代になってからであり、それ以前には、店の主人と客のあいだで価格をめぐって対面的な交渉がなされていたのである(クセノス 一九九五：一二〇)。

わたしたちの世界でどんな商品とも交換できる貨幣は、すべてのモノの価値を数値化して一義的にはかることを可能にする「ものさし」となっている。そしてわたしたちは、商品同士の価値は値段によって比較できると思いこんでいる。しかし、一万円のズボンひとつには、千円のステーキ一枚の「一〇倍の価値がある」と言明すること、あるいは「一万円のズボンひとつ＝千円のステーキ一〇枚」という等式をたてることには、まったく意味がない。ズボンとステーキの価値は、どのようにしても比較できない。この点について柄谷（一九九〇：三六）は、商品世界でモノの価値として表示されるもの（つまり価格）は虚構にすぎず「相異なる使用価値の関係が、もっと正確に言えば『差異』のたわむれが根底にあるだけなのだ」と述べている。モノとモノの価値の関係は、本来は比較できないという意味で恣意的である。これを「比較＝等置する」ことには、じつは合理的な根拠など存在しない。等置不可能なものを等置することは不合理であるし、そこで問題になる価値が「量」に還元できない質的なものであれば、普遍化することは不可能である。

もう二〇年ほどまえのことだが、東京で電車に乗っていたときに、おもしろい広告に目を惹かれたことがある。それは、全日空が実施していた「日本全国どこに行っても一万円＝超割」の車内広告だった。日本の国内線であれば搭乗期間や発券期間を限定したうえで、どこに行っても一万円にするというサービスである。その広告では香取慎吾が一万円札を顔の横にかざして、満面の笑顔で以下のように電車の乗客に語りかけていた。

・今どきの一万円にできること。六〇〇円のAランチなら一六日分！
・フリース、色違いで五着以上買える、五着もいらないって？
・携帯の通話料は一万円以上いくね、一万円って気がつくと消えてるね～
・そんなんでいいのか一万円！　くやしくないのか一万円！
・おまえはもっとでっかいヤツだったはずだ。あの輝きをとりもどそうぜ一万円！
・さて、お持ちの一万円を「超一万円」にパワーアップする裏技があります
・オレ、ちょっと北海道までカニ食べに行ってくるね

・ぼくは、沖縄の海でダイビング

最初の三行では、どんなモノの価値であっても一万円という同じ価格であれば比較できることが軽妙に語られている。そして、この割引サービスを利用すると、一万円が輝きをとりもどして「超一万円」という高い価値をもつというのが、この広告の「売り」であった。つまりこの広告は、「一万円という価格がついているモノの価値は同じ」という、漠然とした、しかし自明とされる常識に挑戦するものだった。一万円を支払ってなにかを買うことによって得られる満足感は質的なものであり、比較はできない。「一万円」は「モノの価値」を表示してはいないのである。

さて、本質的には「比較＝等置する」ことができないモノ同士の交換は、どのようにして可能になるのだろうか。もちろんそのひとつは商品に価格をつけることである。そしてわたしたちは、それぞれの商品が価格によって表示される価値を、あたかも本来的にもっているかのように感じている。比較できることを当然のように思いこんでいる。しかしながら、このことは貨幣が登場したことによってはじめて現実化したのであり、その逆ではない。つまり商品には、ほかの商品と比較できるような価値が最初から内在していたわけではない。貨幣は、本質的には等置できないものを等置するしくみを隠蔽している。

また、等置できないモノ同士の交換は、物々交換のレートを制度化することによって可能になると考えることもできる。制度や規則はモノとモノの関係が恣意的であることを不可視にする。交換にかかわる当事者は、なんらかの権力に服従して制度や規則を遵守するかもしれないし、たんに慣習に従って交換レートを受けいれるかもしれない。ともあれ、こうした状態を仮定すれば、当事者の意識のうえではあるモノと別のモノが等価であると納得することが可能になる。当事者がそれを等価であると感じないかぎり、交換は成立しないだろう。

しかしながらトゥルカナの人びとは制度や規則といった、その場の「外部」にある超越的なもの、つまり「いま、この場」に外在する規準に依存してものごとを決めない。彼らは、徹底的な対面的交渉をとおして「いま、この場」の合意を形成することによって等置不可能なものを等置する（＝交換する）。なおかつ、その合意はその場かぎりものである。彼らは、「いま、この場」というローカルな文脈に根源的にこだわり、そこで得られた個々の解決を「あのとき、あの場」での個別な解決のひとつとみなして、それを普遍化しない。個々の解決はたんなる「事実」にすぎず、事実とは「ほかのかたちでもあり得た」という意味で不確実なものである。つまり彼らの交渉は、時間的・空間的な限定のなかでおこなわれ、個別で直接的な対面的相互行為の文脈をはなれることがない。これは、いつでもどこでも通用するような一義的同一性を認めないという態度の表明にほかならない。

トゥルカナ人も対面的な相互行為のなかで、さまざまな規範や規則に言及する。しかしながら、こうした規則は機械的に適用されるような絶対的なものではない。「事実」がだれにとっても同じ「事実」とはならないように、規則もまた、つねに解釈にさらされ運用される。この意味において、トゥルカナ人にとって規則とは個人に外在するような拘束的なものではない。

トゥルカナの人びとが実践する家畜交換は、制度や規則、あるいは貨幣といった一義的同一性を生活のなかにもちこむことに慣れ親しんだわたしたちに、世界の偶有性や無根拠性が露呈する場をかいま見させる。そして同時に、本来は等置不可能なものを等置するという不合理な課題、本質的には無根拠な交換をいかにして可能にするのかという困難な課題に対する実践的な解法を、わたしたちは彼らの家畜交換にみることができる。対面的な相互交渉の場では、交換されるモノのあいだの等価性ではなく、むしろ合意を形成すること自体が課題となっているといってもよい。

家畜の所有や利用をめぐる権利についても、トゥルカナ人は同じように相互行為のなかで「いま、この場」の合意を形成しようとする。東アフリカ牧畜社会のイデオロギーでは、しばしば「家畜は家長のものである」とされる。トゥルカナ社会では、これは基本家族の一体性を表現するイディオムであり、フォークモデルである。しかし、家畜の所有や利用をめぐる実際の関係は、そのように単純ではない。本書の第4章でわたしは、トゥルカナやレンディーレ、ガブラの社会には家畜の所有や利用に関して、どのような規則があるのかを網羅的には記述しなかった。その理由は、そうした規則を羅列して、それを「所有権」と「使用権」あるいは「完全な所有権」と「名目的な所有権」といった区分に従って整理するだけでは、この人びとの家畜をめぐる実践は理解できないためである。彼らの社会では、一頭の家畜に対して複数のひとが多元的な権利をもっており、それは「権利の束」と表現できる。しかし、この「権利の束」を実体的にとらえて、それがその一頭に対して権利をもつ人びとの行動を決定すると考えるのはまちがいである。人びとの権利は不確定であり、つねに他者との交渉のなかで更新され、創出され続けてゆく。

わたしたちの社会でも、「財」の所有や利用をめぐって、さまざまなもめごとや対立、争いが発生する。そのときの単純な解決方法は、警察に訴え、裁判所に判定してもらうことである。わたしたちは、その方法によってもめごとに公正な立場から決着がつけられると考えている。つまりわたしたちは、自分では解決できないと思われる争いの裁定を、ある種の権威をもった第三者にゆだねるのである。東アフリカ牧畜社会にも、国家が整備している法律や制度が存在し、各社会には「〇〇のときは、こうすべきである」と人びとが語る規範が存在する。しかし人びとは、家畜に関する権利をめぐるもめごとを法や制度、規範に無条件に依拠して解決するのではない。彼らは対面的な相互交渉によってその解決に臨む。そしてその場では、利害が対立する人びとが自己の利益を追求して議論をおこなうのだが、最終的に目指されているのは「他者とのあいだに合意を形成して秩序を創出する」ことである。

わたしたちから見れば彼らの交渉は、利己的で打算的なものであり、勝者と敗者が生み出されるように思える。しかし、東アフリカ牧畜民が家畜をめぐって交渉を繰りかえしているからといって、彼らが「自分の欲望を主張しあっている自己中心的な人びとである」と考えるのはまったくまちがいである。こうしたイメージが出てくるのは、わたしたちの世界における私的所有観や損得勘定を、そのまま彼らの世界に投影しているためにすぎない。わたしたちは「モノを私的に所有する」ことを自明視し、かつ、「私的所有」は他者の存在とは無関係に成立していると感じている。そのためにわたしたちは、「牧畜民もまた、私的に所有している家畜の帰趨をめぐって競合している」と想定する。しかしながら、彼らにとって家畜を所有し利用する権利は、他者による不断の承認と不可分のものであり、他者が不在のところでは「財」も「所有」も存在しえない。家畜に対する権利は「わたしと向きあう(=交渉する)他者との関係」において、はじめて具体化するのである。

ところで、第4章の最初に紹介したブレンダ=ベクマンらが編集した書物(Brenda-Beckmann *et al.* [eds.] 2006)のタイトルは、『Changing Properties of Property(所有の属性が変化する)』である。ここでは「property」という単語がふたつの意味で使われている。ひとつは「所有」あるいは「所有権」であり、その具体的な対象となる「財産」や「所有物」である。もうひとつは、あるものが有している「属性」「性質」「特質」「固有性」である。

この点に注目した鷲田清一(二〇〇〇:五)は、「propriété =property」という単語がもつふたつの意味は「逆である」と論じている。なぜなら、「「所有」はその意味からしてもともと他人への譲渡や交換の可能なものであるのにたいして、「固有」は他のものとは取り替えのきかない譲渡不能な特性、つまりはあるものの「かけがえのない」あり方こそを意味するからである」。この単語が人間に対して使われる場合には、人格の「(自己)固有性」を意味する。こうした認識を出発点として鷲田は、近代社会の特質を論じている。「私的所有・私有財産」が制度化されることは、近代において個人の市民的自由を保証する前提条件であったし、わたしたちはそれに疑念をはさむことがなく、自分の所有物を処分することは個人の自由であると感じている。同時にわたしたちは、所有に関するこうしたまなざしを生活のすべての局面に浸透させ、自己の固有性や同一性(アイデンティティ)の根拠を内在的に規定しようとする。独自な存在としての〈わたし〉の根拠を、他者とは切りはなされたところで自己の内的な属性に求めようとするのである。

わたしたちが「私的な所有/固有」という観念に、脅迫的なまでにとり憑かれていることを論じた考察の最後に鷲田(二〇〇〇:四〇)は、「これまで〈所有〉というかたちで問題になってきたものの多くを、可処分権という、物の支配の言語によってではなく、他者との〈交通〉という言語で語りなおす必要が」あるのではないかと述べている。第4章で紹介したグラックマン(Gluckman, 1965a)もまた、財に対する権利について考えるときには、「人とモノ」の関係ではなく、「人と人」の関係に注目すべきであると指摘していた。すなわち「所有」とは、他者との関係のなかにしか存在しえない。しかしわたしたちの社会では、第一に「私的所有」を無条件に想定し、第二に所有の根拠を最終的には法律にゆだねることによって、他者を不在にしてしまった。これに対して東アフリカ牧畜社会の人びとは、家畜に関する権利をつねに他者との対面的な相互交渉のもとにおき、その軌跡のなかで合意を形成することに賭けている。こうした相互行為は「真剣勝負」である。わたしたちにとってそれは、いかにも厳しいものに感じられるが、そのプロセスをとおして牧畜民は、他者とのあいだに交歓と相互承認をつねに創出しているのである。

2 「他者」と〈わたし〉の「かけがえのなさ」

ここまで、トゥルカナの人びとが対面的な相互行為のなかに外的な基準や第三者的な言説をもちこまずに、交渉そのものの推移のなかで、ものごとを決めようとすることを述べてきた。その交渉には、対峙する二者がいた。第5章で記述した公開の場における婚資の交渉に臨むのは厳密には二者ではない。しかし、新郎と新婦の両方の陣営が対峙し、双方からひとりずつが立ちあがって演説するという形式は、基本的には二者のあいだの交渉と変わりないものだった。このように、なんらかの争点をめぐって対面的な相互行為の場で対峙する二者、つまり自己と他者とは、彼らにとっていったいどのような存在なのだろうか。

わたしはトゥルカナの人びととともに生活するなかで、彼らの自己肯定的で誇り高い生き方に魅了されてきた。彼らの即興的で臨機応変の言動に当惑しながら、それを理解しようと努める過程で多くのことを学んできた。本書で紹介したように彼らの行動のしかたは、わたしたちのものとはまったく異質にみえる。しかし、それは理解できないものではないし、わたしたちのやり方からそれほど大きくかけはなれているわけでもない。本書の序章で述べたように、現在のわたしたちの社会では、グローバリゼーションやネオ・リベラリズムが浸透するなかで、あらゆるものごとが個人の選択の対象になり、「個人化」が進行して継続的な社会関係を結びにくくなっている。そしてわたしたちは、〈わたし〉を「かけがえのない」存在であると肯定的にとらえる感覚を失ってしまった。こうした困難な状況に立ち向かうために、トゥルカナの人びとの生き方は、わたしたちに多くの示唆を与えてくれる。ここでは「彼らにとって他者とはなにか」という、ややつかみどころがない課題を考えるなかで、彼らの生き方からなにが学べるのかを考えてみたい。

1……「呼びかけ」と応答

最初に指摘しておきたいのは、だれかに呼びかけられたときには、かならず返答しなくてはならないという、彼らの行為の様式である。この点については、第6章の「ねだり」に関する記述のなかですでに紹介した。「オータ！」と名前を呼ばれたとき、それを無視して返事をしないことはトゥルカナ社会では不可能である。なにかをねだる場面にかぎらず、相手がどんな意図をもって自分に呼びかけているのかわからなくても、ともかく応答しなければならない。これは、わたしたちの社会でも同じようにみえる。しかしトゥルカナ社会では「呼びかけ」を、いつでもだれでも、だれに対してもおこなってよい。日本社会では、だれかに話しかけようとするとき、それが相手に対する無礼な干渉にならないように気をつかう。相手がほかの人と話していたり、なにかに熱中していたりすれば、適切なタイミングをみはからいつつ、自分がそれに割り込むことを詫びながら話しかける。しかしトゥルカナ社会では、こうした気遣いは不要である。このような配慮をすることは、まったく期待されていない。そのために現地でわたしは、フィールドノートを書いていたりインフォーマントに集中的な質問をしているときに、突然に横から「オータ！」と呼ばれて、仕事を中断して返答することが日常茶飯事であった。

「呼びかけ」にはかならず応答するという彼らの姿勢は、「名前を呼ばれる」ときにかぎらず、なにかの「働きかけ」を受けたときにも同じである。以下の出来事はそのことをよく示している。わたしは現地で村を拠点にして調査をしていたが、必要なものを買うためにトゥルカナの友人と一緒に町まで出て行くことがあった。あるとき、見知らぬ老女が近づいてきて「カネをくれ」と言った。彼女は「カモになる外国人がいる」と思ったのかもしれない。一緒にいたわたしの友人たちは、最初、「おい、そいつを放っておけ」と言って老女を追い払おうとした。わたしは内心、「やっかいな老女が退散してくれたらありがたい」と思っていた。しかし、その老女が「わたしがこの男にカネをねだってなにが悪いの！」と言い放つと、わたしの友人たちはすぐに「わかった、わかった」と苦笑してひきさがったのである。このようにトゥルカナの人びとは、その老女がどのような人間であれ、わたしに働きかけることには当然の権利があるとみなしているし、それを無視したりせず、きちんと応答することが「正しい」やり方なのである。

だからといってわたしの友人たちが、みすぼらしい身なりをしていた老女を気の毒に思ったわけではないし、困っている人は助けるべきだとか、温かい心をもって支援すべきだと考えていたわけでもない。彼らは、だれでも、どんなときでも他者に働きかけることは正当なことであるし、それを拒否せずに応答することもまた、人間が当然なすべきことだとみなしているだけである。また、この場合にわたしの友人が「老女を迷惑に思っている」わたしの気持ちを忖度して、わたしの代わりに老女に応答することもトゥルカナ社会ではありえない。もちろんわたしはカネをあげなくてもよい。しかし、働きかけられたのはわたしであるから、わたし自身が老女と向きあって応対しなくてはならない。北村（二〇〇二：一〇四）は、トゥルカナ社会では「人は協働すべきだという……肯定的原則が、あらゆる社会的やりとりに一貫して適用される」と述べている。働きかけられた者は、かならずその場に踏みとどまり、みずから相手との相互行為に臨むのである。

他者と向きあい、そこから安直には離脱できないような相互行為は、わたしたちの生活のなかでも発生する。鷲田は（一九九九：五六）、他者と「眼がかちあう」という、わたしたちがよく知っている経験を例にあげて、その場では「複数の主体が共時的な相互接触へとさらされる」と述べる。そのとき、「自他の視線は否応もなくひとつの磁力圏へと引き入れられ、……自他はともにおなじひとつの共通の〈現在〉につなぎとめられ、そこから任意に退去することはできない」（鷲田 一九九九：六二）のであり、その場でこそ、深いコミュニケーションが成立する。

このように、わたしたちにとっても直接的で緊密な相互行為をおこなうこと自体は、めずらしいものではない。しかしわたしたちは、このような「張り詰めた場」から退散したり、それを回避することを自他ともに許しているところがある。それに対してトゥルカナ社会では、北村（二〇一九：二五）が指摘するように「コミュニケーションにコミュニケーションを接続し続けることを容易で望ましいものにする相互行為の場がいつでも確保され」ている。それが可能になるのは、人びとが他者の呼びかけにかならず応え、そしてその場に踏みとどまり続けるからにほかならない。彼らは、こうした場において臆することなく相手との対面的な交渉や折衝に身を投じている。

2……〈わたし〉の「かけがえのなさ」

つぎに、対面的な相互行為の場でトゥルカナの人びとは、相手を「具体的な個人」としてあつかう、という特徴について考えたい。わたしは本書の第5章で、彼らの社会関係は当事者間の親族カテゴリーによって一義的に決まるものではないことを指摘した。婚資の家畜の調達や、支払い頭数を決める交渉とその授受に参与するのは、新郎や新婦の父親とのあいだで、家畜管理やもめごとの解決のために具体的な協力関係を反復してきた人びとである。個々人はみな、こうしたプロセスをとおして構築した独自のネットワークをもっている。彼らは、「われわれの父親同士は異母兄弟である」とか「彼は自分の妻の兄弟である」といったことに言及することもある。しかしそうしたカテゴリーは出発点にすぎず、社会関係を構築し維持してゆくためには、あくまでも個々人の具体的なつきあいが重要になる。そしてこの特徴は、なんらかの争点をめぐる対面的な相互行為のなかにも明確にあらわれる。こうしたカテゴリーは、その場の「外部」にある。彼らはそれに依拠して相互行為の軌跡を描こうとはしない。

トゥルカナの北に隣接して住む牧畜民ダサネッチの社会を調査した佐川（二〇一一：三五五）は、他者との相互行為に臨む「姿勢」を以下のように整理している。第一に人間は、相手に特定の属性を付与しつつ、その属性に依拠して自分がなすべきことを決めることがある。「彼らは、われわれとは異なる○○という性質をもつ」といったように、相手を特定のカテゴリーに押しこめてそのイメージを形成しつつ、それに応じた関係をつくることである。このようなやり方を佐川は「他者を先取する姿勢」とよぶ。このとき、自他の境界が強固になるとともに、個々人の具体性は捨象される。これとは対照的なやり方は、相手が自分とは異なる存在であることを認めつつ、その場で相手のふるまいに呼応しながら相互に行為を接続することをとおして、ある種の秩序を創出するものである。このような生き方を佐川は、「他者と共在する姿勢」とよんでいる。ダサネッチはこのふたつの「姿勢」をともに有しているが、「他者と共在する姿勢」が前面に出ることによって相手との共存と地域社会の秩序形成が可能になっていると佐川は論じている。

このふたつの「姿勢」はダサネッチが有する「他者観」でもある。この他者観を理解するためには、ハンナ・アレント（一九九四）の考え方が参考になる。彼女は、まず、「多種多様な人びとがいるという人間の多数性（plurality：複数性）は、活動と言論が成り立つ基本的条件」であり（一九九四：二八六、カッコ内は太田の註）、そして「人間の多数性とは、唯一存在（unique beings）の逆説的な多数性である」（二八七頁）と述べる。単純化するならば人間の活動は、唯一無二の存在である複数の人びとがともに生きている世界でおこなわれる。そして、「人びとは活動と言論において、自分がだれであるかを示し、……人間世界にその姿をあらわす」（二九一頁）。しかし、「その人が『だれ』（who）であるか述べようとした途端、私たちは、語彙そのものによって、彼が「なに」（what）であるかを述べる方向に迷いこんでしまう」（二九四頁）。この議論でアレントは、ひとが「だれであるか」（「誰性」「正体」とも翻訳されている）を、そのひとが「なんであるか」と対置している。後者は、そのひとの性別や年齢、身分、職業、国籍などの属性のことであり、彼／彼女がどんなカテゴリーに属すのかを示す。それに対して前者の「だれであるか」は、そうしたカテゴリーには還元されない性質、つまり「その人がその人自身である」「唯一無二の存在である」ことを意味している。そして、彼／彼女が「だれであるか」を語ろうとしても、その人を固有名で指示する以外には、わたしたちは適切な表現方法をもたないのである。佐川（二〇一一）が定式化した「他者を先取する姿勢」と「他者と共在する姿勢」は、アレントの「なん

写真終-1　儀礼のために集まった女性たち

であるか」と「だれであるか」という区分に対応している。

トゥルカナ人が他者とむきあうときには、相手をつねに「目のまえにいて顔が見える〈あなた〉」として遇する。〈あなた〉は性別や年齢、職業や国籍など、さまざまな属性をもちながら、どのカテゴリーにも還元されないひとりの生身の人間としてあつかわれる。「いま、この場」で〈わたし〉と〈あなた〉が具体的な個人として対面し、お互いに相手の行為に反応しつつ相互関係を創出する。このようにみると、わたしたちの日常生活のなかにも、こうした関係はふつうに存在することがわかる。相手を、個性をもったひとりの独自の存在として認めて、そのとき、その場で対面的なやりとりをするなかで、共在する関係をつくってゆく。しかしわたしたちは、しばしばトゥルカナとは正反対のやり方で人間関係を調整しようとすることもある。相手は男性か女性か、老人か若者か、あるいは日本人か外国人かといったように、相手がどんなカテゴリーに属しているのかを参照しながら、その行為を予測しつつ（＝先取しつつ）、自分の態度を決めようとする。そうしたときに相手は、たとえ物理的にはわたしの目のまえにいるとしても、没個性的で「不在」になる。そして〈わたし〉は、他者との直接的・身体的な相互関係から退去してしまうのである。

アレントはまた（一九九四：二九一―二九二）、「その人が「何者」（"who"）であるか……［を示すこと］をある意図的な目的として行なうことはほとんど不可能である」と述べる（［　］内は太田）。これは、ひとは自分が「だれであるか」を意図的に他者に示すことはできないことを意味している。〈わたし〉が「だれであるか」は、他者によって認識されることのなかに現れてくる。すなわち、〈わたし〉が自分自身を唯一無二の存在であると感知できるのは、他者との関係のなかにおいてでしかない。鷲田（一九九九：一三〇）は、以下のように述べている。「〈わたし〉の固有性は、……他者によって見いだされるものとしてある。「だれか」として他者に呼びかけられるとき、それに応えるものとして〈わたし〉の特異性があたえられる。他者のはたらきかけの宛先として、ここに〈わたし〉が生まれるのだ」。また、レヴィナスの思考の核心を論ずるなかで熊野（一九九九：一四六―一四七）は、レヴィナスにとって倫理とは「他者との関係」そのものであることに注意をうながしつつ、以下のように指摘する。

他者を私が構成するのではない。逆である。到来する他者、私の世界の外部から到来する他者のみが、私の単独性を指定し、私を「この」私として、唯一の私として構成する。そうであるならば、そのような他者との関係にあってだけ、……私は〈私〉でありうる、と考えることが可能であることになる。

わたしたちはしばしば、「わたしとはだれか」「自分の特徴はなにか」とか、「わたしは独自な人間だろうか」という問いを、自分自身の内部をのぞきこむことによって確かめようとする。しかし、〈わたし〉の「かけがえのなさ」は、他者から切りはなされたところには存在しない。トゥルカナの人びとは対面的な相互行為において、かならず他者の呼びかけに応え、あくまでもその場に踏みとどまろうとする。そして相手を「顔が見える〈あなた〉」として遇し、「いま、この場」の「外部」にある基準やカテゴリーをよりどころにするのではなく、あくまでも交渉の推移のなかで、そのつど合意を形成し共生を志向する。〈わたし〉の「かけがえのなさ」は、他者とのこうした応答関係のなかでのみ、現実化するのである。

3……「見えないもの」を憶測しない「いさぎよさ」

最後に、他者との関係におけるトゥルカナ人の「いさぎよさ」ともいうべき特徴について述べておきたい。彼らは、相手を「目のまえにいて顔が見える〈あなた〉」として遇すると述べたが、それは、相手に対して「気配り」や「やさしさ」「おもいやり」を示すという意味ではない。相手をその属性にもとづくカテゴリーに還元しない、ということにすぎない。さらに、彼らにとって他者とは「話をしなくても気持ちが通じる」とか、「わたしの事情を察してくれる」といった存在ではない。彼らは、このような「見えないもの」をあまり顧慮しない。逆にいえば、他者が具体的に言明したり行為によって示したもの、つまり「表現したもの」「見えるもの」だけを問題にする。第6章の「ねだり」のところで紹介したように、人類学者ガリバーの妻がトゥルカナ男性にむかって「わたしたちは（あなたたちに）いろんなモノをあげたけれど、だれもそのお返しをくれなかった」と言ったとき、その男性はシンプルに「あなたたちは要求すべきなのだ」と返答している。「表現されなかったもの」は存在しないのである。ここに彼らの厳しさとともに「いさぎよさ」や「すがすがしさ」がある。

ハンナ・アレントの人格概念を探究した論考のなかで橋爪（二〇一六）は、公的領域において人びとの活動は明確な「現われ」をもつのに対して、言明や行為の背後にある「動機」は、本来「隠れるべき」ものであるとアレントが考えていたことを指摘している。ある活動が選択されたとき、その動機は本人も明確には認識していないことが多い。動機はあいまいで多義的なものである。それは、「内面」や「心」あるいは「素顔」と同様に主観的なものであるのに対して、ひとの活動は、そのひとが「だれであるか」とともに複数の他者に開かれている。アレント（一九九四：七五）は、「私たちにとっては、現われ（アピアランス）がリアリティを形成する」と述べる。人間の「内面」や「心」ではなく、互いに異なる個々人の「現われ」こそが、わたしたちに世界のリアリティを確信させる。そのように言いきるアレントの姿勢に、わたしは、「表現されたもの」だけを現実として認め、「見えないもの」を憶測して思い悩むことがないという、トゥルカナの人びとの生き方と同じ「いさぎよさ」を見いだすのである。

＊
＊
＊

中村雄二郎（一九九二）は、近代科学が信頼され説得力をもってきたのは、普遍性と論理性、客観性という、「自分の説を論証して他人を説得するのにきわめて好都合な三つの性質」（一九九二：六）を獲得したからにほかならないという。しかしこうした近代の知は、主観と客観、あるいは主体と対象の分離や断絶を前提にして、主観や主体が対象に一方的に働きかけるという世界観をつくってきた。その世界では、人間が他者に自分の身体をさらしつつ、具体的な場所でおこなう相互行為が排除されてきたのである。このように指摘した中村は、わたしたちが「真の経験」を手にするためには、「われわれがなにかの出来事に出会って、〈能動的に〉、〈身体をそなえた主体として〉、〈他者からの働きかけをうけとめながら〉、振舞うこと」（一九九二：六三）が要請されていると論じている。同様のことは、カメルーン出身の人類学者であるF・ニャムンジョも指摘する。彼は、アフリカ人はフロンティア的性格をもつという。それは、中村（一九九二）が列挙した近代科学の特質を拒否しつつ「つねに移動し他者と出会い折衝する」（ニャムンジョ 二〇一六：三二七）という特徴を有する。フロンティアでは「誰もが誰かに働きかけ、働きかけられる。何でも行為の主体になり同時に客体にもなる。そこでは、弱さも強さも流動的であり状況依存的である。生の特徴も永続的であるというより、流動的で相互依存的に変化している」（三二九頁）。そして、そうした世界における人びとの行為は共生的実践（コンヴィヴィアリティ）になるとニャムンジョは主張する。

繰りかえしになるが、トゥルカナ人は対面的な相互行為において他者の呼びかけにかならず応答し、その場に踏みとどまって退出しない。そして、「いま、この場」の外部にあるもの——法や制度、規則、組織、権威といった超越的なもの——に依拠せず、対面している人びとが、そのつど、その場でのやりとりのなかから秩序を生成する。こうした相互行為のゆくえは、予測することがむずかしく、状況依存的で流動的である。わたしたちは、そうした不確定で一貫せず、過渡的なものを回避したがる。固定的で継続性をもつもの、見通しが立ち安定しているものを求めがちである。しかし、〈あなた〉と〈わたし〉の「かけがえのなさ」は、どのカ

写真終-2　トゥルカナの人びととの記念撮影

テゴリーにも還元されない具体的な個人として対面するという、本質的に相互依存的な関係性のなかにしか生まれない。このことをわたしたちは、トゥルカナの人びとともに、もう一度、考えてみてもよいのではないだろうか。

謝辞

本書が完成するまでには、じつに多くの方々からご支援をいただいた。これを執筆していたのは、新型コロナウィルス感染症が日本で猛威をふるい始めてから、その第二波がようやく落ちついて経済活動が徐々に始まるまでの日々だった。わたしはその間、ほとんど自宅にこもって執筆に専念していたが、多くの先行研究を読み返し、また、自分が書いた論文をみなおしながら筆をすすめる作業はとても楽しかった。同時にこの時間は、トゥルカナの調査を開始して以降、この四〇年ほどの出来事を顧みつつ、あらためてたくさんの方々から多大な恩義を受けてきたことに思いを馳せるものとなった。

わたしがアフリカ研究を志したのは、二〇〇一年八月に亡くなられた伊谷純一郎先生との出会いがきっかけだった。はじめてアフリカの調査に出かけたときには、先生にトゥルカナまで連れて行っていただき、フィールドワークの手ほどきをしていただいた。先生の学恩のありがたさを、いま、あらためてひしひしと感じている。かさねて感謝の言葉を申しあげたい。東アフリカ牧畜社会の研究を開始できたのは、田中二郎さんのおかげである（わたしたちの伝統にしたがって「さん」と呼ばせていただきます）。わたしの最初のトゥルカナ調査は、田中さんが代表者であった科研費によって実現したし、その後もアフリカで、そして日本で、ひとかたならぬご指導をいただいた。また、トゥルカナの隣人であるレンディーレの研究をされてきた佐藤俊さんからも多大なご支援をいただいてきた。大学院生だったときには一九九六年一〇月に逝去された原子令三さんにたいへんお世話になり、市川光雄さんには学生時代に始まり職を得てからも、研究と教育にかかわるさまざまなご指導をいただいた。本書の出版が可能になったのは、二〇一三年一二月に亡くなられた掛谷誠さんとご遺族の掛谷英子さんのご支援による。掛谷さんは大学院生時代からの大先輩であり、公私ともにほんとうにお世話になった。あらためて感謝を申しあげたい。

トゥルカナ研究を一緒にすすめてきた北村光二さんからは、書かれたものを読み、また議論をするなかで多くのことを教えていただいた。トゥルカナで現地調査をともにした河合香吏さん、作道信介さん、羽渕一代さんにもたいへんお世話になった。栗本英世さんや曽我亨さん、湖中真哉さんからも、東アフリカ牧畜社会研究を深めるために大きな恩恵を受けた。ひとりずつのお名前はあげないが、京都大学で教鞭をとっていたときに一緒に勉強した学生のみなさんからも、さまざまな刺激を受けながら研究を続けることができた。わたしが奉職していた大学院アジア・アフリカ地域研究研究科とアフリカ地域研究資料センターの教員と研究員、事務員のみなさんからも多方面にわたるご支援を受けた。こうしたみなさまにこの場を借りてあらためてお礼を申しあげる。

ケニアの首都ナイロビにある日本学術振興会ナイロビ研究連絡センターの歴代の駐在員の方々からは、現地調査をおこなうにあたって多大なご支援をいただいた。ナイロビ大学人類学・ジェンダー・アフリカ研究所の教員をはじめとするケニア人研究者にも多くの便宜をはかっていただいた。本書の実現にあたっては、京都大学学術出版会の大橋裕和さんにお世話になった。記して謝意を表したい。

本書は、多くの研究助成金の支援をうけて可能になった。ここではそのすべてに言及することはできないが、日本学術振興会から最近にうけた以下の科学研究費補助金を記して謝意を表したい。
① 基盤研究（C）「ケニア難民居住地における難民と地元民の統合：難民支援のパラダイム・シフトの検証」（研究代表者：太田至、課題番号：19K12502、二〇一九～二〇二一年度）
② 基盤研究（S）「『アフリカ潜在力』と現代世界の困難の克服——人類の未来を展望する総合的地域研究」（研究代表者：松田素二［京都大学］、課題番号：16H06318、二〇一六～二〇二〇年度）
③ 基盤研究（C）「多国籍企業の石油開発がケニア地元民に与える不利益に関する研究：土地収奪と地域紛争」（研究代表者：太田至、課題番号：16K01978、二〇一六～二〇一八年度）
④ 基盤研究（S）「アフリカの潜在力を活用した紛争解決と共生の実現に関する総合的地域研究」（研究代表者：太田至、課題番号：23221012、二〇一一～二〇一五年度）
最後になったがトゥルカナの人びとからは、計り知れない恩恵を受けた。これからもよろしくお願いしたい。また、アフリカでの研究を支援してくれた家族と丸山豊・玲子夫妻にも、お礼を申しあげる。

＊＊＊

本書は、以下の論文をもとにしているが、いずれも大幅に書き直している。序章と第2章、そして終章の第2節は書き下ろしである。

二〇一九「遊牧の思想とは何か——困難な時代を生き抜くために」太田至・曽我亨（編）『遊牧の思想——人

類学がみる激動のアフリカ』昭和堂、一―一四頁（曽我亨と共著）
二〇一九「交歓と相互承認を創出する――家畜の所有をめぐるトゥルカナ・レンディーレ・ガブラの交渉」太田至・曽我亨（編）『遊牧の思想――人類学がみる激動のアフリカ』昭和堂、五五―九〇頁
二〇一六「アフリカのローカルな会合における「語る力」「聞く力」「交渉する力」――コンゴのパラヴァー・ボラナのクラン集会・トゥルカナの婚資交渉」松田素二・平野（野元）美佐（編）『紛争をおさめる文化――不完全性とブリコラージュの実践』京都大学学術出版会、一二九―一六三頁
二〇〇四「トゥルカナ社会における婚資の交渉」田中二郎・佐藤俊・菅原和孝・太田至（編）『遊動民（ノマッド）――アフリカに生きる』昭和堂、三六三―三九二頁
二〇〇二「家畜と貨幣――牧畜民トゥルカナ社会における家畜の交換」佐藤俊（編）『遊牧民の世界』京都大学学術出版会、二二三―二六六頁
一九九六「規則と折衝――トゥルカナにおける家畜の所有をめぐって」田中二郎・掛谷誠・市川光雄・太田至（編）『続・自然社会の人類学』アカデミア出版会、一七五―二一三頁
一九八七「トゥルカナ族の家畜分類とそれにともなうハズバンドリーの諸相」和田正平（編）『アフリカ――民族学的研究』同朋舎、七三一―七六九頁
一九八七「牧畜民による家畜群の構造的把握法――北ケニアのトゥルカナ族の事例より」和田正平（編）『アフリカ――民族学的研究』同朋舎、七七一―七八六頁
一九八七「家畜の個体名はいかに付与されるか――北ケニアの牧畜民トゥルカナ族の事例より」和田正平（編）『アフリカ――民族学的研究』同朋舎、七八七―八一六頁

一九八六「トゥルカナ族の互酬性——ベッギング（物乞い）の場面の分析から」伊谷純一郎・田中二郎（編）『自然社会の人類学——アフリカに生きる』アカデミア出版会、一八一—二一五頁

参考文献

アレント、H（一九九四）『人間の条件』（志水速雄（訳））ちくま学芸文庫
伊谷純一郎（一九八二）『大旱魃――トゥルカナ日記』新潮社
伊谷純一郎（一九八〇）『トゥルカナの自然誌』雄山閣
市川光雄（一九八二）『森の狩猟民――ムブティ・ピグミーの生活』人文書院
岩井克人（一九九三）『貨幣論』筑摩書房
梅棹忠夫（一九六六）「Datoga牧畜社会における家族と家畜群」川喜田二郎・梅棹忠夫・上山春平（編）『人間―人類学的研究』中央公論社、四二三―四六三頁
エヴァンズ＝プリチャード、E・E（一九七八）『ヌアー族』（向井元子訳）岩波書店
太田至・曽我亨（編）（二〇一九）『遊牧の思想――人類学がみる激動のアフリカ』昭和堂
太田至（二〇一六）「アフリカのローカルな会合における「語る力」「聞く力」「交渉する力」――コンゴのパラヴァー・ボラナのクラン集会・トゥルカナの婚資交渉」松田素二・平野（野元）美佐（編）『紛争をおさめる文化――不完全性とブリコラージュの実践』京都大学学術出版会、一二九―一六三頁
太田至（二〇〇四）「トゥルカナ社会における婚資の交渉」田中二郎・佐藤俊・菅原和孝・太田至（編）『遊動民（ノマッド）――アフリカに生きる』昭和堂、三六三―三九二頁
太田至（二〇〇二）「家畜と貨幣――牧畜民トゥルカナ社会における家畜の交換」佐藤俊（編）『遊牧民の世界』京都大学学術出版会、二二三―二六六頁
太田至（一九九八）「アフリカの牧畜民社会における開発援助と社会変容」高村泰雄・重田眞義（編）『アフリカ農業の諸問題』京都大学学術出版会、二八七―三一八頁
太田至（一九九六）「規則と折衝――トゥルカナにおける家畜の所有をめぐって」田中二郎・掛谷誠・市川光雄・太田至（編）『続・自然社会の人類学』アカデミア出版会、一七五―二一三頁
太田至（一九八七a）「家畜の『個体性』の認知、およびその意味についての試論」和田正平（編）『アフリカ――民族学的研究』同朋舎、八一七―八二七頁

太田至（一九八七b）「家畜の個体名はいかに付与されるか――ケニアの牧畜民トゥルカナ族の事例より」和田正平（編）『アフリカ――民族学的研究』同朋舎、七八七―八一六頁
太田至（一九八七c）「トゥルカナ族の家畜分類とそれにともなうハズバンドリーの諸相」和田正平（編）『アフリカ――民族学的研究』同朋舎、七三一―七六九頁
太田至（一九八七d）「牧畜民による家畜群の構造的把握法――北ケニアのトゥルカナ族の事例より」和田正平（編）『アフリカ――民族学的研究』同朋舎、七七一―七八六頁
太田至（一九八六）「トゥルカナ族の互酬性――ベッギング（物乞い）の場面の分析から」伊谷純一郎・田中二郎（編）『自然社会の人類学――アフリカに生きる』アカデミア出版会、一八一―二一五頁
柄谷行人（一九九〇）『マルクスその可能性の中心』講談社文庫
河合香吏（二〇一九）「敵と友とのはざまで――ドドスと隣接民族トゥルカナとの関係」太田至・曽我亨（編）『遊牧の思想――人類学がみる激動のアフリカ』昭和堂、一九七―二二四頁
北村光二（二〇一九）「自己肯定的な生き方を支えているもの――トゥルカナ社会における「物乞い」のコミュニケーション」太田至・曽我亨（編）『遊牧の思想――人類学がみる激動のアフリカ』昭和堂、一七―三五頁
北村光二（二〇〇六）「「世界と直接に出会う」という生き方――「東アフリカ牧畜民」的独自性についての考察」河合香吏（編）『生きる場の人類学』京都大学学術出版会、二五―五七頁
北村光二（二〇〇四）「「比較」による文化の多様性と独自性の理解――牧畜民トゥルカナの認識論（エピステモロジー）」田中二郎・佐藤俊・菅原和孝・太田至（編）『遊動民（ノマッド）――アフリカに生きる』昭和堂、四六六―四九一頁
北村光二（二〇〇二）「牧畜民の認識論的特異性――北ケニア牧畜民トゥルカナにおける「生存の技法」」佐藤俊（編）『遊牧民の世界』京都大学学術出版会、八七―一二五頁
北村光二（一九九六）「身体的コミュニケーションにおける「共同の現在」の経験――トゥルカナの「交渉」的コミュニケーション」菅原和孝・野村雅一（編）『コミュニケーションとしての身体』大修館書店、二八八―三一四頁
北村光二（一九九一）「「深い関与」を要求する社会――トゥルカナにおける相互作用の「形式」と「力」」田中二郎・掛谷誠（編）『ヒトの自然誌』平凡社、一三七―一六四頁

熊野純彦（一九九九）『レヴィナス入門』ちくま新書
栗本英世（二〇二〇）「違和感、不快感と不断の交渉――共生の相互作用的基盤について」志水宏吉・河森正人・栗本英世・檜垣立哉・モハーチゲルゲイ（編）『共生学宣言』大阪大学出版会、三一―五二頁
栗本英世（二〇一九）「書評：太田至・曽我亨（編）『遊牧の思想――人類学がみる激動のアフリカ』昭和堂、二〇一九」『アフリカ研究』九六：三一―三四頁
栗本英世（一九八〇）「牛の移籍と社会関係」『季刊人類学』一一：二一〇―二五三頁
湖中真哉（二〇〇六）『牧畜二重経済の人類学――ケニア・サンブルの民族誌的研究』世界思想社
小馬徹（一九九〇）「キプシギスの家畜の分類と個体識別についての覚書」『国立民族学博物館研究報告別冊』一二：四九―八八頁
サーリンズ、M・D（一九八四）『石器時代の経済学』（山内昶訳）、法政大学出版局
佐川徹（二〇一一）『暴力と歓待の民族誌――東アフリカ牧畜社会の戦争と平和』昭和堂
作道信介（二〇〇一）「〝つらさ〟を手がかりにしたフィールド理解の試み――北西ケニア・トゥルカナにおけるフィールドワークから」『人文社会論叢（弘前大学人文学部）』第五号、七七―一〇九頁
佐藤俊（二〇〇二）「レンディーレ社会におけるねだりの社会的制御」佐藤俊（編）『遊牧民の世界』京都大学学術出版会、二六七―三二四頁
佐藤俊（一九九五）「遊牧社会と市場経済」秋道智弥他（共編）『生態人類学を学ぶ人のために』世界思想社、一一一―一三〇頁
佐藤俊（一九九四a）「畜友――ラクダがつなぐ人間関係」大塚柳太郎（編）『講座地球に生きる3 資源への文化的適応――自然との共存のエコロジー』雄山閣、九五―一二〇頁
佐藤俊（一九九四b）「物乞いの諸相――家畜とともに生きる社会」掛谷誠（編）『講座地球に生きる（2）環境の社会化――生存の自然認識』雄山閣、一四三―一六七頁
佐藤俊（一九九二）『レンディーレ――北ケニアのラクダ遊牧民』弘文堂
佐藤俊（一九九一）「ラクダ移譲の制度的側面――ケニア北部のレンディーレ社会の事例」田中二郎・掛谷誠（編）『ヒトの自然誌』平凡社、二七一―二九二頁

佐藤俊（一九八八）「遊牧民の二つの適応戦略――トゥルカナとレンディーレの社会・生態学的比較」香原志勢（編）『人類学講座第九巻・適応』雄山閣、二〇一―二二〇頁
佐藤俊（一九八四）「東アフリカ牧畜民の生態と社会」『アフリカ研究』二四：五四―七九頁
杉島敬志（一九九九）「序論――土地・身体・文化の所有」杉島敬志（編）『土地所有の政治史――人類学的視点』風響社、一一―五二頁
曽我亨（二〇〇四）「個人と共同体の相克――ラクダ牧畜民ガブラにおける家畜の所有と信託制度」田中二郎・佐藤俊・菅原和孝・太田至（編）『遊動民（ノマッド）――アフリカに生きる』昭和堂、三四〇―三六二頁
曽我亨（一九九八）「ラクダの信託が生む絆――北ケニアの牧畜民ガブラにおけるラクダの信託制度」『アフリカ研究』五二：二九―四九頁
曽我亨（一九九六）「不平等な家畜相続制度――ラクダ牧畜民ガブラの親と子の葛藤」田中二郎・掛谷誠・市川光雄・太田至（編）『続・自然社会の人類学』アカデミア出版、二一五―二四二頁
曽我亨・太田至（二〇一九）「遊牧の思想とは何か――困難な時代を生き抜くために」太田至・曽我亨（編）『遊牧の思想――人類学がみる激動のアフリカ』昭和堂、一―一四頁
田中二郎（一九七一）『ブッシュマン』思索社
ドッド、N（一九九八）『貨幣の社会学』（二階堂達郎（訳））青土社
富川盛道（一九六九）「ウシの焼き印――東アフリカのDatoga牧畜民の人間関係」『アジア・アフリカ言語文化研究』（二）：一―二八頁
孫暁剛（二〇一二）『遊牧と定住の人類学』昭和堂
長島信弘（二〇〇六）「無心の壁再考――アフリカ人の個人的援助要請の意味を探る」『貿易風』（1）：一七一―一八二頁
内藤直樹（二〇一九）「ねだられることを許す――アリアールにおけるねだりの経験からみた社会」太田至・曽我亨（編）『遊牧の思想――人類学がみる激動のアフリカ』昭和堂、三七―五四頁
中村雄二郎（一九九二）『臨床の知とは何か』岩波新書
ニャムンジョ、F（二〇一六）「フロンティアとしてのアフリカ、異種結節装置（カレンシィ）としてのコンヴィヴィアリティ――不完全性の社会理論に向けて」松田素二・平野（野元）美佐（編）『紛争をおさめる文化』京都大学学術出版会、

三〇九―三四七頁
野沢謙（一九九五）「家畜化と毛色多型」福井勝義（編）『講座地球に生きる（4）自然と人間の共生』雄山閣、一一三―一四二頁
波佐間逸博（二〇一五）『牧畜世界の共生論理――カリモジョンとドドスの民族誌』京都大学学術出版会
橋爪大輝（二〇一六）「公開性と人格――アーレントにおける人格の現象性」『クァドランテ』一八：六三―八二頁
浜本満（二〇一四）『信念の呪縛――ケニア海岸地方ドゥルマ社会における妖術の民族誌』九州大学出版会
福井勝義（一九九一）『認識と文化――色と模様の民族誌』東京大学出版会
ホッファー、E（一九六五）『変化という試練』（田崎淑子・露木栄子（訳））大和書房
ポランニー、K（一九九八）『人間の経済Ⅰ』（玉野井芳郎・栗本慎一郎（訳））岩波書店
ポラニー、K（一九七五）『大転換――市場社会の形成と崩壊』（吉沢英成・野口建彦・長尾史郎・杉村芳美（訳））、東洋経済新報社
松村圭一郎（二〇一七）「分配と負債のモラリティ――アフリカの名もなき思想の現代性」『思想』一一二〇：三九―五九頁
モース、K（一九七三）『社会学と人類学Ⅰ』（有地亨・伊藤昌司・山口俊夫（訳））、弘文堂
リーンハート、G（二〇一九）『神性と経験――ディンカ人の宗教』（出口顯（監訳）坂井信三・佐々木重洋（訳））法政大学出版局
鷲田清一（二〇〇〇）「所有と固有――proprieteという概念をめぐって」大庭健・鷲田清一（編）『所有のエチカ』ナカニシヤ出版、四―四一頁
鷲田清一（一九九九）『「聴く」ことの力――臨床哲学試論』阪急コミュニケーションズ
Abbink, J., 2003. Love and death of cattle: The paradox in Suri attitudes toward livestock. *Ethnos* 63 (3): 341-364.
Almagor, U., 1978. *Pastoral Partners: Affinity and Bond Partnership among the Dassanetch of South-west Ethiopia*. Manchester: Manchester University Press.
Almagor, U., 1972. Name-oxen and ox-names among the Dassanetch of southwest Ethiopia. *Paideuma* 18: 79-96.
Amoroso, E. C., & P. Jewell, 1963. The exploitation of the milk-ejection refrex by primitive peoples. In (A. E. Mourant & F. E. Zeuner,

eds.), *Man and Cattle*. Royal Anthropological Institute, Occasional Paper No. 18, pp. 126-137.

Appadurai, A., 1986. Introduction: Commodities and the politics of value. In (A. Appadurai, ed.) *The Social Life of Things*. Cambridge: Cambridge University Press, pp. 1-63.

Barrett, A. J., 1998. *Turkana Iconography*. Kijabe: Kijabe Printing Press.

Baxter P. T. W., 1975. Some consequences of sedentarisation for social relationships. In (T. Monod, ed.) *Pastoralism in Tropical Africa*, Oxford: Oxford U.P., pp. 206-229.

Baxter, P. T. W., 1972. Absence makes the heart grow fonder: Some suggestions why witchcraft accusations are rare among East African pastoralists. In (M. Gluckman, ed.) *The Allocation of Responsibility*, Manchester: Manchester University Press, pp. 163-191.

Beaton, A. C., 1936. The Bari: Clan and age-class systems. *Sudan Notes & Records* 19: 109-145.

Beattie, J. H. M., 1957. Nyoro personal names. *Uganda Journal* 21:99-106.

Beech, M. W. H., 1911/1966. *The Suk: Their Language and Folklore*. New York: Negro Universities Press.

Beidelman, T. O., 1966. The ox and Nuer sacrifice: Some Freudian hypotheses about Nuer symbolism. *Man* (*n.s.*) 1: 453-467.

Beidelman, T. O., 1960. The Baraguyu. *Tanganyika Notes & Records* 55: 244-278.

Benda-Beckmann, F. von, K. von Benda-Beckmann, and M. G. Wiber, 2006. The properties of property. In (F. von Benda-Beckmann, K. von Benda-Beckmann, and M. G. Wiber, eds.) *Changing Properties of Property*. Oxford: Berghahn Books, pp. 1-39.

Benda-Beckmann, F. von, K. von Benda-Beckmann, and M. G. Wiber (eds.) 2006. *Changing Properties of Property*. Oxford: Berghahn Books.

Best, G., 1983. *Culture and Language of the Turkana, NW Kenya*. Heidelberg: Carl Winter, Universitatverlag.

Broch-Due, V., 1999. Remembered cattle, forgotten people: The morality of exchange and the exclusion of the Turkana poor. In (D. M. Anderson and V. Broch-Due, eds.) *The Poor Are Not Us: Poverty and Pastoralism in Eastern Africa*. James Currey, Oxford, pp.50-88.

Brown, J., 1990. Horn-shaping ground-stone axe-hammers. *Azania* 25 (1): 57-67. DOI: 10.1080/00672709009511408

Carr, J., 1977. *Pastoralism in Crisis: The Dasanetch and their Ethiopian Lands*. Chicago: The University of Chicago, Department of Geography, Research Paper No. 180.

Clark, D., 1958. Karamojong age-group and clans. *Uganda Journal* 14: 215-218.

Clark, D., 1952. Memorial service for an ox in Karamoja. *Uganda Journal* 16: 69-71.

Cranstone, B. A. L., 1969. Animal husbandry: The evidence from ethnography. In (P. J. Ucko & G. W. Dimbleby, eds.), *The Domestication and Exploitation of Plants and Animals*. London: Gerald Duckworth & co ltd.

Comaroff, J. L., 1980. Introduction. In (J. L. Comaroff, ed.) *The Meaning of Marriage Payments*. London: Academic Press, pp. 1-41.

Comaroff, J. L. and S. Roberts, 1981. *Rules and Processes*. Chicago: University of Chicago Press.

Comaroff, J. and J. Comaroff, 1990. Goodly beasts, beastly goods: Cattle and commodities in a South African context. *American Ethnologist* 17: 195-216.

Cunnison, I., 1966. *Baggara Arabs: Power and the Lineage in a Sudanese Nomad Tribe*. London: Clarendon Press.

Dahl, G., 1987. Women in pastoral production: Some theoretical notes on roles and resources. *Ethnos* 52: 246-279.

Dahl, G., 1979. *Suffering Grass: Subsistence and Society of Waso Borana*. Stockholm studies in social anthropology, Department of Social Anthropology, Stockholm: Univerdity of Stockholm.

Dahl, G., & A. Hjort, 1976. *Having Herds*. Stockholm studies in social anthropology 2, Stockholm.

Dalton, G. 1965. Primitive money. *American Anthropologist* 67: 44-65.

Dimmendaal, G. J., 1983. *The Turkana Language*. Dordrecht: Foris Publications.

Dioli, M., 2018. Nomad aesthetic: Cattle modifications among the northern Turkana of north west Kenya. *Pastoralism: Research, Policy and Practice*, 8: 6: 1-10. DOI: 10.1186/s13570-017-0110-4

Dubosson, J., 2014. Human self and animal other: The favorite animal among the Hamar. In (F. Girke, ed.) *Ethiopian Images of Self and Other. Schriften des Zentrums für Interdisziplinäre Regionalstudien, Band 2*. Halle (Saale): Universitätsverlag Halle-Wittenberg. pp. 83-104.

Dyson-Hudson, N., 1966. *Karimojong Politics*. London: Clarendon Press.

Dyson-Hudson, N., and R. Dyson-Hudson, 1999. The social organization of resource exploitation. In (M. A. Little and P. W. Leslie, eds.) *Turkana Herders of the Dry Savanna*, pp. 69-86. Oxford: Oxford University Press.

Einzig, P. 1947. *Primitive Money: In its Ethnological, Historical and Economic Aspects*. London: Eyre & Spottiswoode.

Evans-Pritchard, E. E., 1956. *Nuer Religion*. London: Oxford University Press.

Evans-Pritchard, E. E., 1940. *The Nuer: A Description of the Modes of Livelihood and Political Institutions of a Nilotic People*. London: Oxford University Press.

Evans-Pritchard, E. E., 1938. Economic life of the Nuer: Cattle. *Sudan Notes & Records* 21: 31-77.

Evans-Pritchard, E. E., 1934. Imagery in Ngok Dinka cattle-names. *Bulletin of the School of Oriental Studies* 7: 673-678.

Ferguson, J., 1985. The bovine mystique: Power, property and livestock in rural Lesotho. *Man* (NS) 20: 647-74.

Gluckman, M., 1965a. *The Ideas in Barotse Jurisprudence*. Manchester: Manchester University Press.

Gluckman, M., 1965b. *Politics, Law and Ritual in Tribal Society*. Oxford: Basil Blackwell.

Goldschmidt, W., 1976. *Culture and Behavior of the Sebei: A Study in Continuity and Adaptation*. California: University of California Press.

Gray, R. F., 1964. *The Sonjo of Tanganyika: An Anthropological Study of an Irrigation-Based Society*. Connecticut: Greenwood Press.

Greenberg, J. H., 1966. *The Languages of Africa*. Bloomington: Indiana University.

Gregersen, E. H., 1977. *Language in Africa: An Introductory Survey*. New York: Gordon and Breach.

Grunnet, N. T., 1962. An ethnographic-ecological survey of the relationship between the Dinka and their cattle. *Folk* 4: 5-20.

Gulliver, P. H., 1955. *Family Herds*. London: Routledge & Kegan Paul Ltd.

Gulliver, P. H., 1952. Bell-oxen and ox-names among the Jie. *Uganda Journal* 16: 72-75.

Gulliver, P. H., 1951. *A Preliminary Survey of the Turkana*. Cape Town: Cape Town University.

Gulliver, P., & P. H. Gulliver, 1953. *The Central Nilo-Hamites*. London: International African Institute.

Hayden, R. M., 1984. Rules, processes, and interpretations: Geertz, Comaroff, and Roberts. *American Bar Foundation Research Journal* 9 (2): 469-478.

Hoffer, E., 2006. *The Ordeal of Change*. Titusville: Hopewell Publications.

Hollis, A. C., 1909/1969. *The Nandi: Their Language and Folklore*. London: Oxford University Press.

Huntingford, G. W. B., 1953a. *The Northern Nilo-Hamites*. London: International African Institute.

Huntingford, G. W. B., 1953b. *The Southern Nilo-Hamites*. London: International African Institute.

Hutchnson, S. E., 1992. The cattle of money and the cattle of girls among the Nuer, 1930-1983. *American Ethnologist* 19: 294-316.

Imai, I., 1982. Small stock management and the goat naming system of the pastoral Gabra. *African Study Monographs, Supplementary Issue* 1: 43-62.

Ingold, T., 1980. *Hunters Pastoralists and Ranchers*. London: Cambridge University Press.

Insoll, T., T. Clack and O. Rege, 2015. Mursi ox modification in the lower Omo valley and the interpretation of cattle rock art in Ethiopia. *Antiquity* 89: 91-105. DOI: 10.15184/aqy.2014.31

Jacobs, A., 1965. *The Traditional Political Organization of the Pastoral Masai*. D. Phil. Thesis, University of Oxford.

Johnson, B. R. J., 1990. *Nomadic Networks and Pastoral Strategies: Surviving and Exploiting Local Instability in South Turkana, Kenya*. Ann Arbor: UMI.

Johnson, B. R. J., 1999. Social networks and exchanges. In (M. A. Little and P. W. Leslie, eds.) *Turkana Herders of the Dry Savanna*, pp. 89-106. Oxford: Oxford University Press.

Khazanov, A. M. & G. Schlee 2012. Introduction. In (A. M. Khazanov and G. Schlee, eds.) *Who Owns the Stock? Collective and Multiple Property Rights in Animals*. New York: Berghahn Books, pp. 1-23.

Kenya Population Census, 1979. Central Bureau of Statistics, Ministry of Economic Planning and Development, Republic of Kenya.

Kipkorir, B. E., 1973. *The Marakwet of Kenya: A Preliminary Study*. Nairobi: East African Literature Bureau.

Klima, G. J., 1965. *Kinship, Property and Jural Relations among the Barabaig*. Michigan: University Microfilms Inc., Ann Arbor.

KNBS (Kenya National Bureau of Statistics), 2019. *2019 Kenya Population and Housing Census, Volume 4: Population by Socio-Economic Characteristics*. Nairobi: Kenya National Bureau of Statistics.

Kopytoff, I., 1986. The cultural biography of things: Commoditization as process. In (A. Appadurai, ed.) *The Social Life of Things*, pp. 64-91. Cambridge: Cambridge University Press.

Lamphear, J., 1992. *The Scattering Time: Turkana Responses to Colonial Rule*. Oxford: Clarendon Press.

Lamphear, J., 1988. The people of grey bull: The origin and expansion of the Turkana. *Journal of African History* 29 (1): 27-39.

Lamphear J., 1976. *The Traditional History of the Jie of Uganda*. London: Clarendon Press.

Lawrance, J., C. D., 1957. *The Iteso*. London: Oxford University Press.

Leslie, P. W., R. Dyson-Hudson, E. A. Lowoto and J. Munyesi, 1999. Ngisonyoka event calendar. In (M. A. Little and P. W. Leslie, eds.)

Turkana Herders of the Dry Savanna, pp. 375-378. Oxford: Oxford University Press.

Leslie, P. W., R Dyson-Hudson, and P. H. Fry, 1999. Population replacement and persistence. In (M. A. Little and P. W. Leslie, eds.) *Turkana Herders of the Dry Savanna*, pp. 281-301. Oxford: Oxford University Press.

Lewis, B. A., 1972. *The Murle: Red Chief and Black Commoners*. London: Oxford University Press.

Lienhardt, G., 1961. *Divinity and Experience: The Religion of the Dinka*. London: Clarendon Press.

Lynch, M. & L. H. Robbins, 1977. Animal brand and interpretation of rock art in East Africa. *Current Anthropology* 18: 538-539.

Massam, J. A., 1927/1968. *The Cliff Dwellers of Kenya*. London: Frank Cass & Co. Ltd.

McCabe, J. T., 2004. *Cattle Brings Us to Our Enemies*. Ann Arbor: The University of Michigan Press.

Merker, M., 1910. *The Masai*. HRAF Files, FL12 Masai, Source No. 18.

Middleton, J., 1961. The social significance of Lugbara personal names. *Uganda Journal* 25: 34-42.

Nalder, L. F., 1937/1970. *A Tribal Survey of Mongolla Province*. New York: Negro University Press.

Odede, W., 1942. Luo customs with regard to animals (with particular reference to cattle). *The Journal of East Africa and Uganda Natural History Society* 16: 127-135.

Pelican, M. 2012. From cultural property to market goods: Changes in the economic strategies and herd management rationales of agro-pastoral Fulbe in north west Cameroon. In (A. M. Khazanov and G. Schlee, eds.) *Who Owns the Stock? Collective and Multiple Property Rights in Animals*. New York: Berghahn Books, pp. 213-230.

Peristiany, J. G., 1939. *The Social Institution of the Kipsigis*. London: Routledge & Kegan Paul Ltd.

Rayne, H., 1919. Turkana. *Journal of the Royal African Society* 18: 183-189, 254-265.

Reid, J. A., 1930. Some notes on the tribes of the White Nile Province. *Sudan Notes & Records* 13:149-210.

Rigby, P., 1969. *Cattle and Kinship among the Gogo*. Ithaca: Cornell University Press.

Sato, S., 1992. The camel trust system in the Rendille society of northern Kenya. *African Study Monographs* 13 (2): 69-89.

Schlee, G., 2012. Multiple rights in animals: An East African overview. In (A. M. Khazanov and G. Schlee, eds.) *Who Owns the Stock? Collective and Multiple Property Rights in Animals*. New York: Berghahn Books, pp. 247-294.

Schneider, H. K., 1968. Economics in East African aboriginal societies. In (E. E. LeClair, Jr. and H. K. Schineider, eds.) *Economic*

Anthropology. New York: Holt Rinehart and Winston, pp. 426-445.

Schneider, H. K., 1953. *The Pakot (Suk) of Kenya with Special Reference to the Role of Livestock in their Subsistence Economy*. Michigan: University Microfilms, Ann Arbor.

Searle, A. G., 1968. *Comparative Genetics of Coat Colour in Mammals*. London: Logos Press.

Seligman, C. G., & B. Z. Seligman, 1932. *Pagan Tribes of the Nilotic Sudan*. London: George Routledge & Sons Ltd.

Shipton, P., 1989. *Bitter Money*. American Ethnological Society Monograph Series, No. 1, American Anthropologist Association, New York.

Spencer, P., 1998. *Pastoral Continuum*. Oxford: Clarendon Press.

Spencer, P., 1990. Pastoralism and the dynamics of family enterprise. In (C. Salzman and J. Galaty, eds.) *Nomads in a Changing World*. Naples: Institute Universitario Orientale, pp. 211-231.

Spencer, P., 1973. *Nomads in Alliance: Symbiosis and Growth among the Rendille and Samburu of Kenya*. London: Oxford University Press.

Stenning, D. J., 1959. *Savanna Nomads*. London: Oxford Univ. Pr.

Storas, F., 1991. Cattle complex or begging complex: Livestock transaction and the construction of Turkana society. In (R. Gronhaug, G. Haaland and G. Henriksen, eds.) *The Ecology of Choice and Symbol*, pp.50-65, Bergen: Alma Mater Forlag.

Thomas, E. M., 1965. *Warrior Herdsmen*. London: Secker & Warburg.

Torney, S., 1981. The Nyangatom: An outline of their ecology and social organization. In (L. Bender, ed.), *Peoples and Cultures of the Ethio-Sudan Borderlands*. Michigan: Michigan State University, pp. 137-178.

Torry, W., 1973. *Subsistence Ecology among the Gabra: Nomads of the Kenya/Ethiopia Frontier*. Ph. D. thesis, Columbia University.

Turner, B., 2017. The anthropology of property. In (M. Graziadei and L. Smith, eds.) *Comparative Property Law*, Cheltenham: Edward Elgar, pp. 26-46.

Wienpahl, J., 1985. Turkana herds under environmental stress. *Nomadic Peoples* 17: 59-87.

Wienpahl, J., 1984. Women's roles in livestock production among the Turkana of Kenya. *Research in Economic Anthropology* 6:193-215.

Zeuner, F., 1963. *A History of Domestic Animals*. New York: Harper and Row.

人名索引

事項索引

著者紹介

太田 至（おおた いたる）

京都大学名誉教授。京都大学大学院理学研究科修了、理学博士。京都大学大学院アジア・アフリカ地域研究研究科・教授、京都大学アフリカ地域研究資料センター長などを歴任。
主な著書に、『遊牧の思想 —— 人類学がみる激動のアフリカ』(共編著、昭和堂、2019年)、*African Virtues in the Pursuit of Conviviality: Exploring Local Solutions in Light of Global Prescriptions*(共編著、Langaa RPCIG、2017年)、『アフリカ潜在力(全 5 巻)』(総編集、京都大学学術出版会、2016年)などがある。

生態人類学は挑む　MONOGRAPH 1
交渉に生を賭ける——東アフリカ牧畜民の生活世界

2021 年 2 月 20 日　初版第一刷発行

著　者　太　田　　至
発行人　末　原　達　郎

京都大学学術出版会
京都市左京区吉田近衛町69番地
京都大学吉田南構内(〒606-8315)
電　話 (0 7 5) 7 6 1 - 6 1 8 2
F A X (0 7 5) 7 6 1 - 6 1 9 0
Home page http://www.kyoto-up.or.jp
振　替 0 1 0 0 0 - 8 - 6 4 6 7 7

ISBN978-4-8140-0316-7
Printed in Japan

ブックデザイン　森　華
印刷・製本　亜細亜印刷株式会社
定価はカバーに表示してあります